职业教育高速铁路客运服务专业系列教材

高速铁路客运设备设施

杨 沁　王 帅　主　编

陶雪艳　李益佳　张 玮　副主编

李晓红　主　审

人民交通出版社股份有限公司

北　京

内 容 提 要

本书为职业教育高速铁路客运服务专业系列教材,全书共4个项目,包括高速铁路客运站设备设施、和谐号动车组列车设备设施、复兴号动车组列车设备设施,以及高速铁路站-车移动设备。

本书采用"校企合作、双元开发"的方式,由铁路类职业院校骨干教师和中国铁路武汉局集团有限公司客运专家共同编写而成。教材设有任务发布、任务目标、任务书、任务展示、笔记区和拓展知识等栏目,内容结构设计新颖,通俗生动,突出知识的系统性和实用性。

本书可作为高速铁路客运服务专业教材,也可作为铁道交通运营管理专业群拓展课程教材,同时也可供高速铁路相关从业者和社会人士阅读参考。

本书配套的资源有 PPT 课件、实训单、案例、习题及答案等,任课教师可加入"职教铁路教学研讨群"(QQ 群:211163250)获取课件。

图书在版编目(CIP)数据

高速铁路客运设备设施/杨沁,王帅主编.—北京:
人民交通出版社股份有限公司,2023.10 (2024.11重印)
ISBN 978-7-114-19008-7

Ⅰ.①高… Ⅱ.①杨… ②王… Ⅲ.①高速铁路—客运设备 Ⅳ.①U293.2

中国国家版本馆 CIP 数据核字(2023)第 187458 号

职业教育高速铁路客运服务专业系列教材
Gaosu Tielu Keyun Shebei Sheshi

书　　名:	**高速铁路客运设备设施**
著 作 者:	杨　沁　王　帅
责任编辑:	杨　思
责任校对:	孙国靖　宋佳时
责任印制:	刘高彤
出版发行:	人民交通出版社股份有限公司
地　　址:	(100011)北京市朝阳区安定门外外馆斜街 3 号
网　　址:	http://www.ccpcl.com.cn
销售电话:	(010)85285911
总 经 销:	人民交通出版社股份有限公司发行部
经　　销:	各地新华书店
印　　刷:	北京武英文博科技有限公司
开　　本:	787×1092　1/16
印　　张:	16.5
字　　数:	398 千
版　　次:	2023 年 10 月　第 1 版
印　　次:	2024 年 11 月　第 3 次印刷
书　　号:	ISBN 978-7-114-19008-7
定　　价:	49.00 元

(有印刷、装订质量问题的图书,由本公司负责调换)

前言

【编写背景】

在交通强国战略的支撑下,近年来,我国高速铁路快速发展,我国已成为世界上高速铁路里程最长、运输密度最大、成网运营场景最复杂的国家。高速铁路是一个高效率运营体系,市场潜力巨大,对专业人才的需求不断增加。为满足行业对高素质技术技能人才的需求,培养更多高素质技术技能人才、能工巧匠和大国工匠,编写组编写了本教材。

【教材定位】

"高速铁路客运设备设施"是高等职业教育高速铁路客运服务专业的一门专业基础课,课程目标包括掌握高速铁路客运站的设备设施相关知识(如客运站房、票务设备、乘降设备和信息服务设备基本知识),掌握和谐号动车组列车设备设施相关知识(如动车组构成、技术特点以及CRH1、CRH2、CRH3、CRH5、CRH6、CRH380动车组的设备基本知识),掌握复兴号动车组的设备设施相关知识(如CR400AF、CR400BF、复兴号智能动车组的基本知识),掌握高速铁路站-车移动设备的使用(如客运对讲设备和音视频记录仪及站、列车客运无线交互系统终端设备的基本知识及使用)。

为实现课程培养目标,教材的内容选择和教学设计是通过校企双元合作,在大量企业调研工作的基础上完成的。本教材可作为高速铁路客运服务专业的教材,也可作为铁道交通运营管理专业群拓展课程教材,还可作为铁路客运的职工培训教材。

【特色创新】

编者在教材的编写过程中深入贯彻党的二十大精神,落实《关于深化现代职业教育体系建设改革的意见》(中办发〔2022〕65号)等文件精神,融入最新教育、教学和教材开发理念,将课程思政理念有机融入教材对应学习项目中。本教材有以下特色创新。

1. 教学设计体现项目式、任务式和模块化学习理念

在遵循技术技能人才成长规律和学生认知特点,对高速铁路客运服务相关岗位进行职业能力分析的基础上,对接企业岗位工作标准和技能鉴定标准,以项目描述、建议学时、任务发布、任务要求、任务目标、任务书、任务信息、笔记区等为载体组织教学单元。全书设计了 4 个项目,根据每个项目的职业能力要求,设计了 26 个典型任务,每个任务后还设计了任务展示和任务评价,方便开展教学和实施评价。

2. 内容融入了新知识、新工艺、新规范

近年来,高速铁路客运设备不断更新、升级。教材在编写过程中结合现场实际介绍了铁路运输新设备,引用了最新的标准和规范,如 2023 年开始施行的《铁路旅客运输规程》等。

3. 融入课程思政元素,注重开阔学生专业视野

教材中灵活设置了项目描述、任务发布、思政课堂等小栏目,为教师开展课程思政教学提供了良好的素材。将树立遵章守纪、安全意识,弘扬精益求精的专业精神、职业精神、工匠精神以及增强民族自信等文化内涵融入各个栏目中,拓展学生对课程的认识深度和广度。

4. 方便活页式装订,已印刷活页孔位置

为更好地贯彻执行《国家职业教育改革实施方案》(国发〔2019〕4号)中"倡导使用新型活页式、工作手册式教材并配套开发信息化资源"的理念,本教材在全书印刷了活页孔位置,教师和学生可根据自身需求,将教材拆分打孔后放入 B5 纸张 9 孔型标准活页夹,装订成活页式教材使用。装订成活页式教材后,本教材可根据实际教学需求进行灵活调整,实现"教材""学材"的融合与提升。

【编写分工】

本教材编写团队由武汉铁路职业技术学院和湖南铁路科技职业技术学院的教师组成。杨沁、王帅担任主编,陶雪艳、李益佳、张玮担任副主编。编写分工如下:项目 1 的任务 1.1 ~ 任务 1.3 由张玮编写,项目 1 的任务 1.4 ~ 任务 1.7 及项目 4 任务 4.1 由陶雪艳编写,项目 2 由杨沁编写,项目 3 由王帅编写,项目 4 的任务 4.2 和任务 4.3 由李益佳编写。中国铁路武汉局集团有限公司李晓红担任主审。

【致谢】

编者在编写本书时参考了大量文献,在此谨向这些文献的作者表示衷心感谢。

限于编者的理论知识和业务水平,书中难免存在不妥之处,敬请各位读者批评指正。

编　者
2023 年 5 月

目录

项目1 高速铁路客运站设备设施 ········· 1

任务 1.1 初识高铁站设备设施 ············ 2
任务 1.2 掌握高铁站票务服务设备的操作方法 ····· 18
任务 1.3 掌握高铁站乘降服务设备的功能 ········· 27
任务 1.4 掌握高铁站候车服务设备设施的
　　　　 组成及功能 ··············· 36
任务 1.5 掌握高铁站信息服务设备设施的
　　　　 结构及功能 ··············· 44
任务 1.6 了解高铁站"人性化"服务设备设施 ······ 54
任务 1.7 了解高铁站综合控制室设备设施 ········· 57
思政课堂 为站房设备设施护航,你不知道的高铁
　　　　 房建设备"保健师" ············· 74

项目2 和谐号动车组列车设备设施 ········· 77

任务 2.1 走进和谐号动车组 ············ 78
任务 2.2 了解 CRH1 型动车组 ············ 90
任务 2.3 了解 CRH2 型动车组 ············ 98
任务 2.4 了解 CRH3 型动车组 ············ 105
任务 2.5 熟悉 CRH5 型动车组 ············ 110

任务 2.6　熟悉 CRH6 型动车组 …………………… 116
任务 2.7　掌握 CRH380 型动车组车型 …………… 125
任务 2.8　掌握动车组车内设备设施的配置方法 …… 137
思政课堂　中国高铁在创新之路上闪耀光芒 ……… 151

项目 3　复兴号动车组列车设备设施 ……………… 153

任务 3.1　走进复兴号动车组 ……………………… 154
任务 3.2　掌握复兴号 CR400AF 系列动车组车型 … 164
任务 3.3　掌握复兴号 CR400BF 系列动车组
　　　　　编组形式 ……………………………… 170
任务 3.4　了解复兴号 CR300 系列动车组 ………… 175
任务 3.5　了解复兴号 CR200J 系列动车组 ………… 179
任务 3.6　熟悉复兴号动车组列车设备设施 ………… 186
任务 3.7　熟悉复兴号智能动车组设备设施 ………… 198
任务 3.8　掌握复兴号动车组列车应急安全设备
　　　　　设施的使用方法 ……………………… 206
思政课堂　"中国发展"的速度与温度 …………… 215

项目 4　高速铁路站-车移动设备 …………………… 217

任务 4.1　使用客运对讲设备和音视频记录仪 ……… 218
任务 4.2　操作高速铁路站-车客运无线交互
　　　　　系统终端设备 ……………………… 225
任务 4.3　了解电子客票移动检票和列车移动补票
　　　　　设备的组成 ……………………………… 240
思政课堂　加强铁路客运设备设施的研发和生产，
　　　　　提升铁路客运服务质量 ………………… 256

参考文献 ……………………………………………… 258

任务1.1　初识高铁站设备设施

任务1.2　掌握高铁站票务服务设备的操作方法

任务1.3　掌握高铁站乘降服务设备的功能

任务1.4　掌握高铁站候车服务设备设施的组成及功能

任务1.5　掌握高铁站信息服务设备设施的结构及功能

任务1.6　了解高铁站"人性化"服务设备设施

任务1.7　了解高铁站综合控制室设备设施

项目1　高速铁路客运站设备设施

【项目描述】

随着我国的高速铁路(简称"高铁")里程不断增长,高速铁路出行已经成为越来越多人中长途出行的首选出行方式。为了给旅客提供更专业、更全面的服务,正确认知并掌握高速铁路客运站(简称"高铁站")设备设施的使用方法是非常重要的。通过认真学习本项目的内容,学习者可以明确高速铁路客运站主要设备的种类、作用和操作方法等知识,对高速铁路运营管理涉及的专业和人才需求有一个清晰的认识,明确学习的方向。

对于高速铁路客运站设备设施,要求重点掌握以下内容:

(1)高速铁路客运站设备设施概况。

(2)高速铁路客运站票务服务设备相关知识。

(3)高速铁路客运站乘降服务设备相关知识。

(4)高速铁路客运站候车服务设备设施相关知识。

(5)高速铁路客运站信息服务设备设施相关知识。

(6)高速铁路客运站"人性化"服务设备设施相关知识。

(7)高速铁路客运站综合控制室设备设施相关知识。

【建议学时】

任务序号	任务内容	建议学时
1.1	初识高铁站设备设施	2
1.2	掌握高铁站票务服务设备的操作方法	1
1.3	掌握高铁站乘降服务设备的功能	1
1.4	掌握高铁站候车服务设备设施的组成及功能	1
1.5	掌握高铁站信息服务设备设施的结构及功能	1
1.6	了解高铁站"人性化"服务设备设施	1
1.7	了解高铁站综合控制室设备设施	1
合计		8

【课前预习】

任务1.1 初识高铁站设备设施

【任务发布】

当我们选择乘坐高速铁路出行,体验现代交通的便利和快捷时,是否思考过有哪些设备设施为我们的快捷出行发挥支撑和保障作用？高速铁路客运站的工作是怎样开展的？让我们带着这些疑问走进任务。

【任务要求】

(1)查阅相关资料,讨论铁路车站的发展历程。

(2)查阅相关资料,结合个人出行经历,讨论高铁站有哪些主要的设备设施？

(3)通过学习任务信息,完成任务书。

【任务目标】

(1)掌握高铁站作业和主要设备相关知识。

(2)熟悉高铁站客运用房及设置方法。

(3)熟悉站场和站前广场。

(4)熟悉客运流线。

- 任务1.1 初识高铁站设备设施
- 任务1.2 掌握高铁站票务服务设备的操作方法
- 任务1.3 掌握高铁站乘降服务设备的功能
- 任务1.4 掌握高铁站候车服务设施的组成及功能
- 任务1.5 掌握高铁站信息服务设备设施的结构及功能
- 任务1.6 了解高铁站"人性化"服务设备设施
- 任务1.7 了解高铁站综合控制室设备设施

【任务书】

任务1.1 初识高铁站设备设施

班级		姓名		日期	
课前思考	作答区					
总结客运站概念	
客运站有哪些主要设备	
客运用房主要由哪些部分构成	
站前广场的主要组成部分有哪些	
说明普通旅客进站流线	

任务信息

图 1-1　上下车

图 1-2　候车

图 1-3　问询

a) 小件行李寄存

b) 自助储物柜寄存

图 1-4　寄存

图 1-5　售票

客运站是指办理客运业务的车站。它是铁路旅客运输的基本生产单位,一般设在首都、省会、旅游城市等铁路沿线人口较多的地区。

客运站的主要任务是安全、迅速、有序地组织旅客上、下车;便于旅客办理旅行手续;为旅客提供舒适的候车环境;保证铁路与市内交通联系便捷,便于旅客迅速集散。

客运站必须有完善的设备设施及高效的工作组织方法。

一、高速铁路客运站的作业与主要组成部分

(一) 高速铁路客运站的作业

1. 高速铁路客运站的作业分类

(1)客运服务作业,包括旅客进出站、上下车、实名制认证、安检、候车、问询、小件行李寄存、自助储物柜寄存,以及为改善旅客候车环境而针对旅客文化生活、饮食、卫生等方面提供的服务(见图 1-1~图 1-4)。

(2)客运业务,主要指售票业务,包括自动售票机售票和窗口人工售票(见图 1-5)。

(3)技术作业,包括动车组接发、列车技术检查、动车组上水、餐料供应等(见图 1-6、图 1-7)。

(4)高速铁路快件作业,由中铁快运办理,利用的主要是日常开行的高速铁路列车,货物运送时限包括当日达、次晨达、次日达、隔日达等,能抵达的城市较多。

2. 高速铁路客运站的作业特点

(1)高速铁路客运站服务系统覆盖旅客旅行服务的全过程,能够最大限度地满足不同层次的旅客出行需求。高速铁路客运站运输服务的对象是旅客,在客票预订、售票服务、站车信息服务、旅客换乘服务等方面均应满足旅客对服务质量、方便快捷的要求,最后能够安全、迅速、准确、舒适地将旅客送达目的地。

(2)只能办理客运作业,未来可能办理货运作业。2014年,高速铁路快运业务正式启动,这将逐步改变高速铁路现有的"客运专线"模式,实现同一列车的客货混运模式。通过配套的设计,对既有的高速铁路客运车辆进行车内布局改造,使其适合小批量快件运输,而不改变高速铁路原有的设

计建造标准，不改变原有的行车、信号、供电、车辆等运用标准和调度运行模式。结合货物装载需求，统一设计专用车底，按照高速铁路速度匹配运行模式，在速度为300km/h的线路上开行速度为300km/h或速度为200～250km/h的高速铁路快运专列。逐步在高速铁路客运站附近建立快件集散中心，实现"高速铁路+公路"的无缝衔接，将高速铁路快运的运营网络由高速铁路沿线扩展到城市所有区域，实现高速铁路快运一体化服务。

图1-6 接发列车

图1-7 列车上水

（3）高速铁路客运站作业必须突出"安全第一"的思想。不停站的高速列车通过车站的速度按设计要求应与区间相同，停站的列车进入咽喉区的速度也将达到80km/h。

在车站，旅客的人身安全、列车的运行安全、车站员工的人身安全以及高速列车养护维修、动车组列车调车作业的安全都必须得到足够重视。

（4）高速铁路客运站作业组织要充分体现"以人为本、方便旅客"的宗旨。车站是聚集大量旅客的场所，必须做到快速集散客流、尽量减小旅客的步行距离、减少旅客的滞留时间，提供安全方便的通道以及与其他交通方式多样化的衔接。

（5）高速铁路客运站的客运和行车工作组织要适应高效、快速的作业要求。高速列车停站作业时间很短，列车停站时间最短1min，立即折返的列车停站时间则在30min左右，因此必须提高车站客运和行车组织工作水平，才能适应高速列车高效、快速的作业要求。

客运组织方面，自进站至站台候车全程应设置醒目、清晰的旅客引导电子设备、列车电子信息告示牌和清晰的地面标志，减少旅客在站台上寻找车门的时间，使旅客能以最短的时间上车。车站应依据客流情况，设置适量的自动售检票设备，消除售票和进出站排长队的现象。

说明：

截至2023年，《铁路旅客车站建筑设计规范（2011年版）》（GB 50226—2007）自发布、修订以来已十余年，《高速铁路设计规范》（TB 10621—2014）自发布以来已近十年，且标准原文非黑体部分是非强制性标准。本节所介绍的相关内容是参考标准规范并结合近年来高铁实际进行讲述，与标准略有不同。

（二）高速铁路客运站的主要组成部分

高速铁路客运站的主要由站房、站场及站前广场组成。

（1）站房。站房是客运站的主体，包括为旅客服务的各种用房，运营管理工作所需的各种技术办公用房及办理行包、邮件用房等。

（2）站场。站场是进行客运技术作业的场所，包括线路（正线、到发线、联络线、走行线及其他岔线）、站台、雨棚、跨线设备等。

（3）站前广场。站前广场是客运站与城市联系的"纽带",包括行车道、停车场和旅客活动地带等。

(三) 站房的布置要求

站房是直接为旅客服务的房舍。它的布置是否合理,对能否提高服务质量、保证车站良好秩序、提高车站的运输能力是十分重要的。因此,站房必须满足下列要求。

(1) 站房的位置要和城市规划及市内交通网密切配合。对于通过式客运站,旅客站房一般设在线路靠居民区的一侧。对于尽端式客运站,旅客站房一般设于站台线的尽端。站房与站前广场及城市交通工具停车点之间应有便捷、安全的通路。

(2) 各种流线应保证畅通无阻、行程便捷,避免交叉干扰,使旅客、行包和各种车辆在车站安全、迅速地集散和通行。

(3) 站房建筑的平面应按旅客的需要来设置,便于旅客办理各种手续,便于车站工作人员组织旅客上、下车。

(4) 根据客流量的大小,尽可能使到达与始发客流、短途与长途客流分开。在站房内和站台上,应将行包、邮件的搬运与旅客上、下车的通路分开。

(5) 站房应力求适用、经济、美观,显示出城市的建筑风格和地理环境的特点,应具有良好的通风和采光条件,还应有良好的取暖设备和可靠的空调设备。

(6) 要考虑未来客流发展,留有发展余地,使站房扩建后仍然是一个协调的整体。

(四) 站房内各种用房的设置

站房的房舍及其布置应根据站房等级、类型,旅客的种类,车站的工作量及工作性质等因素确定。大、中型站房一般应具有客运用房、技术办公用房和职工生活用房。

客运用房由交通联系部分(广厅、通廊、过厅等),候车部分(各种候车室),营业部分(售票厅、行包房、小件物品寄存处、问询处、服务处等)组成。

技术办公用房包括运转室、站长室、办公室、会议室、公安室、信号楼等。

职工生活用房指为职工生活服务的各种用房。

二、客运用房及设置

1. 广厅

广厅分进站广厅和出站广厅两种。进站广厅又可分为营业广厅和分配广厅。广厅起着通过和分配人流的作用,也称为交通大厅。

(1)营业广厅。中、小型客运站在进站广厅内设有售票处,有时将行包房、问询处也设在里面。它是客运站的通道,也是旅客办理旅行手续的地点。

(2)分配广厅。在大型客运站中,为了将各列车的旅客在去往站台前进行分流,可在站台线上方设置分配广厅(即高架候车室),有出入口通往各站台,通过这种广厅分配客流极为方便。

(3)出站广厅。大型客运站一般还会设置出站广厅,它是旅客出站的必经之地。在出站广厅内设有问询处、补票处、旅客服务处,为出站旅客服务。有的大型客运站只设置一个中央厅,供进出旅客共用。广厅的一侧设置城市至站房、广厅至站台的入口,另一侧设置站台至广厅及站房至城市的出口。广厅的中央部分办理旅客业务,供到达和出发旅客共用。中、小型客运站可不设出站广厅,旅客可由站房旁边的检票口直接出站。

2. 候车室

候车室是旅客候车、休息、排队检票的场所。候车室要为旅客候车创造舒适的环境,要有良好的通风、采光、防暑、休息等设备,与其他站房的主要出入口连通,并尽可能靠近站台,以减短旅客检票上车的行程。候车室的面积除特殊规定外,一般根据一昼夜内候车室旅客最高集结量,按每一位旅客占用 $1.1 \sim 1.2 m^2$ 计算。

候车室根据候车、营业、交通联系的不同组合有以下 3 种布置方式。

(1)综合候车室。将与旅客关系最密切的候车、营业、交通联系三部分组织在候车空间中形成具有综合功能的候车室。这种方式的优点是使用机动灵活,空间利用率高,缺点是当客流较大时可能秩序混乱,影响服务质量。

(2)候车、营业、交通联系分开。这种方式以交通联系部分为枢纽,将候车、营业部分连通,按旅客方向、性质或列车种类等分别设置候车室,如普通候车室、母婴候车室、贵宾候车室、商务候车室等。这种方式的候车条件好,便于组织客流,服务质量高。

(3)候车、营业、交通既分开又联系的布置形式。将候车部分与交通联系部分集中设置,将旅客活动较频繁的营业部分单独设置于进站通路的两侧。这种方式的优点是旅客候车安静、方便，缺点是候车旅客多时会互相干扰，秩序混乱。

3. 售票处（厅）

售票处（厅）的位置及布置方式应根据客运站的性质、规模及旅客进站办理作业的程序等因素决定。中、小型客运站的售票处（厅）应设在广厅内进站口一侧，这样可使进、出站客流不发生交叉。大型客运站的售票处（厅）应设在进站流线的前端，直通站前广场和广厅，对接方便。在站房之外另设售票处（厅）时，必须通过走廊与站房连接，减短旅客的露天行程。在中转旅客多的车站，可在站台内或出口附近设中转签证处。售票处（厅）应根据旅客发送量开设售票窗口。

设置售票窗口数量的计算公式为：

$$c = \frac{K \cdot A \cdot (1+\gamma)^n}{P \cdot \mu \cdot T} + m$$

式中：c——售票窗口需要量，个；

K——始发客流的波动系数；

A——计算期内到达售票厅的旅客总人数，人；

P——售票员的平均服务强度；

μ——售票员的售票速度，张/h；

T——计算期，h；

γ——客流的平均增长率，%；

n——设计年限，年；

m——根据客流特殊需要设置的额外窗口，个。

为方便旅客购票，减轻车站售票处的负担，大城市可根据市内人口及交通情况设置市内售票所和车票代理发售处。

4. 问询处

问询处是解答旅客问题的场所，解答如列车发到时刻、购票、托运、提取行包手续等问题。三等以上车站应设置专门的问询处，设于站内较明显的地方，并靠近售票处。在客流比较集中的大站，可设置多个问询处，或设置电视电话问询设备及电子信息显示系统。

5. 小件物品寄存处

小件物品寄存处是旅客暂时存放携带物品和小件行李的场所。小型客运站的小件物品寄存处可附设在问询处或行包房内，大中型客运站应单独设置，最好设于旅客进出站的地方，客流量大的车站可在进站大厅、出站口附近分设几处，以方便旅客就近存取行李。

三、站前广场及站场

(一) 站前广场

站前广场是客流、货流、车流的集散地点,是车站组织旅客室外候车和休息的场所,站前广场还可作为临时迎宾和集会的地方。为保证旅客和车辆能安全、迅速、便利地通行,站前广场的修建应与城市规划密切配合,使城市道路与站前广场、旅客站房的进、出口有机联系,尽量缩短进、出站旅客的步行距离,减少车流、人流、行包流的交叉和干扰。

站前广场由停车场、旅客活动地带和旅客服务设施三部分组成。

(1) 停车场包括公共车辆停留场、小汽车及非机动车辆停留场、行包邮件专用车停留场等。

(2) 旅客活动地带包括人行通道、交通安全岛、乘降岛和旅客活动平台。

(3) 旅客服务设施包括旅馆、食堂、商店、邮局、汽车站、卫生间等。

(二) 站场

客运站站场内设有各种用途的线路、站台、跨越设施(天桥、地道、平过道等)、雨棚等。

1. 旅客列车到发线

旅客列车到发线应设置在站台两侧,并在相邻两个旅客站台之间布置两股旅客列车到发线。

中间站旅客列车到发线的进路一般应按方向固定线路。客车始发、终点站则按列车固定进路。这样的安排既便于旅客的乘降,也便于客运(站、车)作业。客运站除旅客列车到发线外,还应设货物列车运行线、机车走行线、客车停留线等。

2. 旅客站台和站台雨棚

为保证旅客上下车的安全和便利,加快旅客的乘降速度,缩短行包邮件的装卸时间,提高客运站的通过能力,在办理旅客乘降的车站及旅客乘降所的旅客列车到发线旁,均应设置旅客站台,为了确保旅客乘降安全,旅客站台不宜邻靠正线。

(1) 旅客站台的布置形式。

旅客站台的布置形式应与旅客站房、车站站型、客流量及旅客列车到发线的布置形式互相配合。

客运站为通过式站型时,或客运站为尽端式站型但站房设置在线路一侧或两侧时,应配合站房及旅客列车到发线设置基本站台及中间站台。客运站为尽端式站型且站房设置在旅客列车到发线尽端时,应配合站房设置,分配与到发线互相配合的中间站台。中间站台又分为岛式中间站台和侧式中间站台,侧式中间站台是指设于最外到发线外侧的中间站台。

(2)旅客站台的长度。

为保证旅客上下车的安全,旅客站台的长度应根据停靠的旅客列车最大编组辆数,并考虑一定的停车余量来确定。

既有线路客运站的旅客站台长度应按550m设置。改建的客运站,在特别困难条件下,个别站台长度可采用400m。接发短途和市郊旅客列车的站台长度,可按短途和市郊旅客列车的实际长度确定。采用尽端线的尽端式客运站的站台长度,应另加机车及供机车进出的必要长度。其他车站的旅客站台长度,应按近期客流量和具体情况确定,但不宜小于300m。在人烟稀少地区或客流量较小的车站和乘降所,站台长度可适当缩短。

高铁客运站站台的长度应按450m设置,只停留8辆编组动车组的车站,其站台长度应按230m设置,困难条件下不应小于220m。

(3)旅客站台的宽度。

旅客站台宽度应根据车站性质、站台类型、客流密度、安全退避距离、行包搬运工具、地道或天桥的站台出入口宽度等因素确定。

①基本站台的宽度。

基本站台宽度由旅客站房或建筑物最外凸出部分外缘至基本站台边缘的距离决定。特大型站宜为20~25m;大型站宜为15~20m;中型站宜为8~12m;小型站不宜小于8m,困难条件下不应小于6m。

②中间站台的宽度。

既有线路车站中间站台设有天桥、地道并采用双面斜道时,中间站台宽度如下:大型站不应小于11.5m;中型站不应小于10.5m;其他站不应小于8.5m,采用单面斜道时不应小于9m;仅需设雨棚时不应小于6m。不设天桥、地道和雨棚时,单线和双线铁路中间站的中间站台宽度分别不应小于4m和5m。侧式中间站台的宽度可适当减小。改建车站,在特别困难的条件下可根据具体情况确定。线路设计行车速度为120km/h及以上时,邻靠有通过列车正线一侧的中间站台应按上述宽度再增加0.5m。

高铁客运站站台宽度如表1-1所示。当通道出入口设于基本站台站房范围以外的地段时,其宽度不应小于侧式中间站台标准。

高铁客运站站台宽度(单位:m) 表1-1

名称	特大型站	大型站	中型站	小型站
站房或建筑物突出部分边缘至基本站台边缘距离	20.0~25.0	15.0~20.0	8.0~15.0	>8.0
岛式中间站台	11.5~12.0	11.5~12.0	10.5~12.0	10.0~12.0
侧式中间站台	8.5~9.0	8.5~9.0	7.5~9.0	7.0~9.0

(4)旅客站台的高度。

按站台面高出相邻线路轨面的高度,旅客站台可分为高站台、一般站台和低站台3种。其中,高站台的站台面高出相邻线路轨面1250mm,接近客车车底板高度;一般站台的站台面高出相邻线路轨面500mm,与客车车厢阶梯最低的踏步基本等高;低站台的站台面高出相邻线路轨面300mm。

为方便旅客上下车,邻靠不通行超限货物列车的到发线一侧的站台宜采用高站台。为不影响超限货物列车的通过,邻靠正线或通行超限货物列车的到发线一侧的站台应采用低站台。考虑到在方便旅客乘降的同时又便于列检作业,不通行超限货物列车的线路所夹的中间站台可采用一般站台。

(5)旅客站台的安全线及防护设施。

①普速车站。

旅客列车停靠的高站台边缘距线路中心线的距离为1750mm,安全标线距站台边缘1000mm。

非高站台安全标线与站台边缘距离为:列车通过速度不大于120km/h时为1000mm;列车通过速度为120~160km/h时为1500mm;列车通过速度为160~200km/h时为2000mm;也可在距站台边缘1200mm(困难条件下1000mm)处设置防护设施。

②高铁客运站。

旅客站台应为高站台,应设置安全标线和停车位置标线,两端应设置防护栅栏,防护栅栏不得侵限,并悬挂禁行标志。

无列车通过或列车通过速度不大于80km/h时,站台边缘距线路中心线的距离为1750mm,安全标线距站台边缘

说明:

截至2023年,《铁路旅客车站建筑设计规范(2011年版)》(GB 50226—2007)自发布、修订以来已十余年,《高速铁路设计规范》(TB 10621—2014)自发布以来已近十年,且标准原文非黑体部分是非强制性标准。本节所介绍的相关内容是参考标准规范并结合近年来高铁实际进行讲述,与标准略有不同。

1000mm。列车通过速度大于 80km/h 时,站台边缘距线路中心线的距离为 1800mm,安全标线距站台边缘 1500mm。必要时,可在距站台边缘 1200mm 处设置安全防护设施。有通过速度为 200km/h 及以上的列车通过的车站必须设置站台门、安全门等防护设施,列车通过速度最高不得超过 250km/h。

(6)旅客站台客运设施。

特大型、大型站可设站台售货亭,其位置宜设在站台中心两侧各 90~100m 处。高铁客运站的每个站台上至少有两块面向列车的站名牌和面向天桥、地道的站台号牌。站名牌、站台号应醒目、坚固。

站台上应设车次、走向等导向牌,导向牌应设于地道、天桥出入口和旅客进出站主要通道处。对于动车组列车停靠的站台,为便于乘坐动车组列车的旅客在站台上排队等候,站台上应按规定颜色标出各车型车门位置标志线。

(7)动车组车厢站台指示地面标志。

为方便旅客乘降,加快站台乘降速度,根据高铁线路运行动车组车型较多、各车型车门位置不同以及编组长短、正反向运行等实际情况,现重新确定动车组车厢站台指示标志铺画标准,并结合站台屏信息、站台广播,引导旅客按车厢号排队,具体实施方式如下。

①标志位置。

车站应根据动车组停车标位置、停靠动车组编组长短、正反向运行等情况,按照"突出主要车型、实行后上前下"的原则设置各车厢位置指示标志。运行车型较多的线路,应按主要车型对应车厢后门,其他车型在本车厢对应区域尽量靠近后门来设置车厢位置指示标志。仅停靠始发动车组列车的站台,可不设置车厢位置指示标志。

②标志颜色。

a.大编组或重联动车组停靠时,采用橘黄底(R255,G160,B0)黑字标志指示车厢停靠位置。短编组动车组停靠时,采用蓝底(R0,G0,B255)白字标志指示车厢停靠位置。

b.若站内有反编组动车组运行时,可增加绿底(R0,G180,B50)黑字标志指示大编组或重联动车组车厢停靠位置,紫底(R150,G50,B100)白字标志用于指示短编组动车组车厢停靠位置。

c.对于运行车型较多的车站,各铁路局集团公司可以根据实际情况,按照附件样式,增加其他旅客容易辨别的颜色。

d.所有字符均应采用反光材料,以增强辨识度。

③旅客引导。

车站使用检票屏、站台屏、编组屏和广播等多种形式引导旅客定位候车,具体信息如下。

a. 检票屏、站台屏或编组屏底部滚动显示"请您按地面××色车厢号标志等候上车"信息。

b. 站台广播播报"请您按地面××色车厢号标志等候上车"信息。

c. 车厢设有前后两个车门的动车组列车广播播报"请下车的旅客从前门下车"的信息。

④标志安装。

标志应采用不锈钢材质制作,通过打地胶及4个角用不锈钢螺栓固定方式安装在地面上,应设置在站台白色安全线外侧,底部紧贴但不越过白色安全线,不锈钢需选用304不锈钢,厚度不超过3mm,尺寸为200mm×300mm,表面采用网格状防滑处理。

对于设有安全门(站台门)的站台,应采用贴膜方式制作标志,将标志粘贴在安全门和站台门门框左侧,具体尺寸依据现场实际情况确定。

(8)站台雨棚。

为保证旅客方便、安全地在站台上行走和上下车,高铁客运站及客货共线铁路的特大型、大型客运站应设置与站台等长的站台雨棚。根据所在地的气候特点,中型站及以下车站宜设置与站台同等长度的站台雨棚或在站台局部设置雨棚,其长度可为200~300m。站台地道出入口处应设置雨棚。雨棚的宽度不应小于站台的宽度,基本站台上的旅客进站口、出站口应设置雨棚并应与基本站台雨棚相连。特大型站、大型站宜设置无站台柱雨棚。设置了无站台柱雨棚的车站,站台上不宜再设置卫生间。

(三)跨线设施

客运站场内的跨线设施是通过式客运站,以及站房设于线路一侧的尽端式客运站的站台与站台之间的联络设施。跨线设施的类型、数量和位置对于客运站场内的流线组织起着重要的作用,尤其在有大量旅客进出站时,跨线设施往往会成为客流疏散过程中的控制地带。为了实现合理的流线组织,保证旅客通行、上下车的安全与便利,保证行包、邮件搬运、装卸作业的安全与便利,跨线设施的配置应根据客运站站型、客流大小、客流性质,以及站台、站房及站前广场的相互位置等因素综合考虑。

在跨线设施中,天桥造价低,受水文地质条件影响较小,维修、扩建方便,排水、通风、采光条件较好,但天桥有升降高度较大、斜道占用站台面积较多和遮挡站内工作人员视线等显著缺点。而地道则相反,其在使用上比天桥更方便,故应优先采用地道。

1. 地道、天桥的设置数量

旅客用地道或天桥,特大型站不应少于3处,大型站不应少于2处,其他站不应少于1处。

当设有高架候车室时,出站地道或天桥不应少于1处。特大型站可设2处行包地道,1处地上或地下联络通道,大型站可设1处行包地道。

2. 地道、天桥的宽度与高度

为满足快速疏导旅客及行包搬运车辆正常通行的需求,旅客及行包用地道、天桥的最小净宽度和最小净高度应符合表1-2所示的规定。

旅客及行包用地道、天桥的宽度与高度(单位:m)　表1-2

项目	旅客用地道、天桥				行包用地道、天桥
	特大型站	大型站	中型站	小型站	
最小净宽度	8.0		6.0		5.2
站台出入口宽度	不小于4.0		不小于3.5	不小于2.5	不小于4.5
最小净高度	2.5(封闭式天桥为3.0)				3.0

注:旅客用地道、天桥宽度当为单向出入口时,站台出入口宽度不应小于3m;
　　行包用地道受条件限制且出入口处有交通指示时,站台出入口宽度不应小于3.5m。

站台疏导旅客进入、离开站台的能力取决于旅客地道和天桥的出入口的设置形式及宽度。为此,旅客用地道、天桥通向各站台的出、入口宜设为双向。特大型站、大型站应设自动扶梯,中型站宜设自动扶梯。行包用地道通向各站台时,应设单向出入口。

高铁客运站站台的出入口应设计为双向出入口,其宽度应符合表1-3所示的要求。通道出入口设有自动扶梯或升降电梯时,其宽度应根据升降设备的数量和要求加宽。

高铁客运站站台出入口宽度(单位:m)　表1-3

名称	特大型站及大型站	中型站	小型站
基本站台和岛式中间站台	5.0~5.5	4.0~5.0	3.5~4.0
侧式中间站台	5.0	4.0	3.5~4.0

注:特大型站及大型站的旅客进出站通道出入口宽度已包括设置一部自动扶梯的宽度。

此外,高铁客运站靠线路侧旅客站台边缘至站台出入口或建筑物边缘的距离不应小于3.0m。困难条件下,中、小型站不应小于2.5m。改建既有站,其中一侧不应小于2.0m。

站台空间是客运站最重要的空间之一,高速铁路特大型站、大型站和一些重要的客运站应采用无站台柱雨棚覆盖,以适应旅客流线的发展趋势,体现"以人为本"的原则。同时,各站台雨棚应设置站名牌、站台牌号、时钟、照明、扩音器等设备。

高速铁路客运站的跨线设施包括天桥、地道和平过道,跨线设施的配置应根据客运站站型和客流大小、客流性质以及站台、站房及站前广场的相互位置等因素综合考虑,以达到合理的流线组织和不同流线相互独立的目的。

(四)给水设备

旅客列车始发站、技术作业站和折返站应设有客车给水设备。客车给水设备包括水井、水栓和胶管。每两股旅客列车到发线之间应设置一组水井,每组水井的数量同列车编组相同,即主要干线不少于20个,其他干线不少于18个,一般线路不少于16个。水栓应设置为双头的,便于同时给两列车上水。上水胶管的长度一般以25m(一辆车厢长度)为宜。客车给水站的分布距离以150～200km为宜。

四、客运流线

(一)各种客运流线分析

在客运站内,旅客、行包、交通车辆的流动路线简称为流线。流线组织不但影响客运站的作业效率和能力,同时也直接关系到客运设备的配置及旅客服务质量。按流动方向不同,流线可分为进站流线和出站流线。按性质不同,流线可分为旅客流线(简称人流)、车辆流线(简称车流)。下面介绍其中重要的几种。

1. 进站旅客流线

车站的进站人流在检票前比较分散,不同车次的旅客会在不同时间进站办理各种手续,并在不同地点候车。按旅客类型不同,进站旅客流线可分为以下几种。

(1)普通旅客流线。这是进站人流中的主要流线,人数最多,候车时间较长。多数旅客进站的流程是:广场+问询→购票+托运行李→候车→检票→站台(跨线设备)上车。部分已预购客票的旅客和不托运行李的旅客,不全按照上述流程进行。

(2)重点旅客流线。重点旅客指老、幼、病、残、孕旅客,其进站流程与普通旅客相同。考虑其特殊性,在中型站及以上站房均应另设母婴候车室和专门检票口,以保证他们优先、就近进站上车。此外,对团体旅客,大型站也应另设候车室,最好与普通旅客流线分开,以免延长进站时间。

(3)贵宾流线。在贵宾来往频繁的客运站,为保证贵宾的安全和便利,应专设贵宾室。除设专用通道连通基本站台外,还应设置汽车直接驶入基本站台的通道。他们的出、入流线应与普通旅客流线分开。在个别情况下(如举行仪式),贵宾室要连通站房大厅。

(4)中转旅客流线。根据换乘时间的长短,中转旅客可以办理签票后就在候车室休息,然后随普通旅客检票进站,也可以不出站,就在相应的站台上换乘列车。在进站旅客流线中,如旅客事先买好了预售票或事先托运好行李,就可在临开车前进入候车室或直接进站上车,这样就简化了旅客进站手续,减少了客流交叉及站内旅客最高聚集人数。因此,扩大预售车票和办理行包接取、送达业务,有利于客运站的客运组织工作。

2.出站流线

(1)旅客流线。出站旅客流线的特点是人流集中、密度大、走行速度快,在平面布置上应考虑通畅便利,使出站旅客迅速出站,并在站前广场迅速疏散。

出站旅客流线比进站旅客流线简单,旅客办理手续少,使用站房时间短。一般情况下,普通、中转旅客应在各出站口出站。

(2)车辆流线。车辆流线是指站前广场上的公共交通车辆流线,出租车、公交车流线,邮政行包专用车辆流线及非机动车辆等流线。在站前广场上应合理组织各种车辆的交通流程,规划各种车辆停靠位置和场所,使各种车辆流线交叉干扰最少,使旅客、行包、邮件迅速、安全地疏散。

(二)流线组织原则和流线疏解的基本方式

1.流线组织原则

(1)避免各种流线互相交叉干扰。应尽量将到、发客流分开,将长途与短途客流分开,将客流与行包、邮政流分开,将到达行包与发送行包流分开。在职工较多的车站,还应考虑将职工出入口与旅客出入口分开。

(2)最大限度地缩短旅客行走距离,避免流线迂回。首先应缩短多数旅客的进站流线,尽量把站房入口与检票入口之间的距离缩短。其次,要给其他活动程序不同的旅客创造灵活的条件,以便他们也能按照自己的乘车流程以较短的路线进站。

2. 流线疏解的基本方式

(1)平面上错开流线,即在同一平面上,站房及各种客运设备的布局应使各种流线在同一平面不交叉,自成系统,达到疏解流线的目的。为配合站前广场的车流组织,通常将进站客流安排在站房的右侧,出站客流安排在站房的左侧。这种方式适用于中、小型或单层的客运站。

(2)在空间上错开流线,即进出站流线在空间上错开,进站客流走上层,出站客流走下层,达到疏解流线的目的。这种方式适用于大型双层客运站。

(3)在平面和空间上同时错开流线,即流线既在平面上错开,又在空间上错开。进站客流由站房右侧下层入站,经扶梯到上层候车,然后经天桥或高架交通厅(检票厅)检票上车,出站客流经地道由站房左侧下层出站。这种方式不但流线明显分开,而且流线距离也大大缩短,适用于大型双层客运站和特大型客运站,如北京南站、上海虹桥站等都采用这种方式达到疏解流线的目的。

【笔记区】

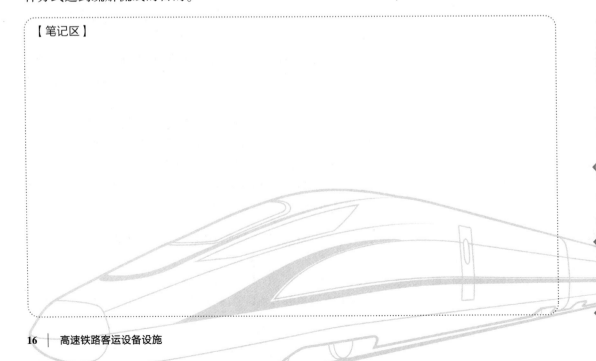

任务展示

学习高铁站的作业和主要设备、客运用房及设置、站场和站前广场、客运流线相关资料,并展示任务书,进行讨论。

任务评价

<table>
<tr><td colspan="5" align="center">任务1.1　初识高铁站设备设施</td></tr>
<tr><td colspan="2">班级</td><td>姓名</td><td colspan="2">日期</td></tr>
<tr><td colspan="2">项目</td><td>评价内容</td><td>分值</td><td>得分</td></tr>
<tr><td rowspan="7">师评</td><td rowspan="4">知识能力考核</td><td>掌握高铁站作业和主要设备相关知识</td><td>8</td><td></td></tr>
<tr><td>熟悉高铁站客运用房及设置</td><td>8</td><td></td></tr>
<tr><td>熟悉站场和站前广场</td><td>8</td><td></td></tr>
<tr><td>熟悉客运流线</td><td>6</td><td></td></tr>
<tr><td rowspan="3">职业素养考核</td><td>出勤情况　出勤(　)　缺课(　)</td><td>5</td><td></td></tr>
<tr><td>任务书完成情况</td><td>10</td><td></td></tr>
<tr><td>任务书展示态度积极,口齿清楚,仪态得体</td><td>10</td><td></td></tr>
<tr><td colspan="3">作业</td><td>10</td><td></td></tr>
<tr><td rowspan="3">自评</td><td>自我反思(自填)</td><td></td><td>—</td><td></td></tr>
<tr><td>任务书完成情况</td><td>完整(5分)　自主(5分)</td><td>10</td><td></td></tr>
<tr><td>是否展示汇报</td><td>是(5分)　否(0分)</td><td>5</td><td></td></tr>
<tr><td rowspan="2">互评</td><td>任务书完成情况</td><td>能够积极参与讨论,完成任务书</td><td>10</td><td></td></tr>
<tr><td>展示汇报</td><td>能够在组内积极进行任务展示</td><td>10</td><td></td></tr>
<tr><td colspan="3">总分</td><td>100</td><td></td></tr>
</table>

头脑风暴

(1)高速铁路客运站的作业内容有哪些?

(2)站前广场的概念是什么?

(3)客运流线有哪几种?

(4)在高铁站服务设备设施中,你认为最关键的是哪3项?为什么?

任务1.2 掌握高铁站票务服务设备的操作方法

【任务发布】

当乘坐动车组出行时,你是否思考过作为铁路旅客运输合同和乘车基本凭证的车票对旅客来说意味着什么? 车票起着怎样的作用? 车站是如何发售车票的? 车站的票务服务设备有哪些? 高铁站票务服务设备的设置既与人们出行密切相关,也关乎铁路运营的质量。因此,要做好高速铁路运输服务工作,就必须了解高速铁路客运站的票务服务设备设施,让我们带着这些疑问走进任务。

【任务要求】

(1) 查阅相关资料,讨论铁路车站售票方式的革新。
(2) 查阅相关资料,调研高铁站有哪些售票设备。
(3) 通过学习任务信息,完成任务书。

【任务目标】

(1) 掌握自动售票机的组成及功能。
(2) 掌握窗口售票系统的组成及功能。
(3) 掌握售票员的"六字"售票法。
(4) 掌握售票操作系统软件的功能与操作流程。
(5) 掌握售票员的"五字"退票法。
(6) 通过熟悉售票系统的操作,培养工作责任心和严谨的工作态度。

任务1.1 初识高铁站设备设施
任务1.2 掌握高铁站票务服务设备的操作方法
任务1.3 掌握高铁站乘降服务设备的功能
任务1.4 掌握高铁站候车服务设备设施的组成及功能
任务1.5 掌握高铁站信息服务设施的结构及功能
任务1.6 了解高铁站"人性化"服务设备设施
任务1.7 了解高铁站综合控制室设备设施

【任务书】

任务1.2 掌握高铁站票务服务设备的操作方法

班级		姓名		日期	
课前思考	作答区					
说明自动售票机的结构组成					
自动售票机主要有哪些功能					
说明窗口售票系统的组成					
窗口售票系统设备有哪些功能					
售票员的"六字"售票法是什么					
售票员的"五字"退票法是什么					

任务信息

车票是铁路旅客运输合同的基本凭证。

中、小型站售票可集中在候车区(室)的一侧进行，特大、大型站售票可采用集中与分散相结合的布局。除在站房进站口附近设置集中售票处外，还可以发展多种售票方式，如在车站内适当地点设置自动售票机等。当车站为多层站房时，售票处宜分层设置。

高速铁路客运站应在旅客进出站流线上设置自动售票机，并辅之分散在站内各处的窗口售票，向旅客提供更加便捷的票务服务。高速铁路票务服务设备设施主要有以下几种。

一、自动售票机

1. 自动售票机的基本构成

自动售票机指可使用现金、储值卡、银行卡等支付手段进行支付的自动售票设备，其票面制式满足储值卡、非接触式 IC 卡或磁卡等的出票要求，并可直接获取客运站或中心席位库的票源。自动售票机主要由终端控制模块、纸币识别模块、出钞模块、读卡器、打印机、视频采集系统(监控系统)、触摸屏显示器、键盘、电源、保险柜等功能模块和设备组成。自动售票机的外观如图1-8、图1-9所示。

2. 自动售票机的主要功能

(1) 发售磁质车票，即发售一次性纸质背面全涂磁热敏打印车票，支持最多20张车票的整叠出票及车票的遗忘回收。

(2) 现金购票，支持市面上流通的5元以上面额的人民币支付购票。

(3) 银行卡购票功能。

(4) 找零功能，支持3种纸币找零和一元、五角两种硬币找零，同时支持最多20张的纸币整叠找零和找零纸币遗忘回收。

(5) 收据打印，购票交易成功时，打印凭条记录正常的交易信息。如果在购票过程中出现故障，则打印故障凭条。

(6) 钱箱管理，设备分别对纸币找零箱、纸币存币箱、纸币回收箱、硬币加币箱、硬币回收箱进行管理。

(7) 现金管理，操作人员可从维护单元或后台服务器发送命令，实时查询现金信息，包括收入纸币、支出纸币、支出硬币等。

图1-8　自动售票机1

图1-9　自动售票机2

3. 自助售站台票机

自助售站台票机是一种多功能、高度可靠的设备。该设备安装在车站非付费区内,由旅客自助操作发售站台票。自助售站台票机提供硬币支付手段购买站台票功能,通过人机界面进行操作,设备自动售出站台票。自助售站台票机的外观如图 1-10 所示。

二、自助充值机

自助充值机的外观如图 1-11 所示,它与储值卡、电子客票配套使用,方便旅客自助充值。

三、自助报销凭证打印机

自助报销凭证打印机的外观如图 1-12 所示,它与储值卡、电子客票配套使用,满足需要报销凭证的旅客自助打印发票的需要。

四、窗口售票系统

(一)窗口售票系统概况

1. 窗口售票系统的组成

窗口售票系统主要由窗口个人计算机(PC)(包括主机、显示器、键盘、鼠标等)、旅客显示器、窗口制票机、制票汉卡[①]和安全应用模块(SAM)加密设备(窗口 PC 与窗口制票机之间采用串口、并口或通用串行总线(USB)接口进行通信,窗口 PC 与 SAM 加密设备之间采用串口进行通信),窗口 PC 通过传输控制协议/网际协议(TCP/IP)与窗口售票系统连接,如图 1-13 所示。

2. 窗口售票系统设备的主要功能

(1)高感热打印功能。
(2)写磁并读磁校验功能。
(3)看票号功能。
(4)票磁信息读取功能。
(5)空白票作废功能。
(6)成票废票功能。

---

① 制票汉卡属于软件设备。

图 1-10　自助售站台票机

图 1-11　自助充值机

图 1-12　自助报销凭证打印机

(7)故障检测与报警功能。

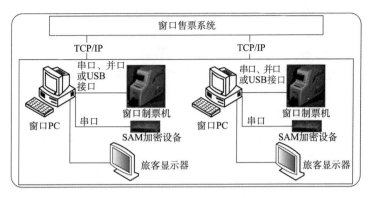

图1-13 售票系统组成

(二)窗口售票系统的功能与操作方法

1. 售票操作系统软件的功能

(1)售票功能。

(2)辅助功能。

(3)制票功能。

(4)处理功能。

(5)查询功能。

(6)交班功能。

(7)帮助功能。

2. 售票员发售车票的"六字"售票法

(1)一"问",问清旅客乘车日期、车次、到发站、席别、票种、张数。

(2)二"输",输入旅客乘车日期、车次、选择到发站(异地乘车站)、票种、数量及席别。

(3)三"收",收取购票款,认清、清点、确认,并根据计算机找零显示正确找零款。

(4)四"做",打印软纸票(磁介质票)。

(5)五"核",核对票面信息,发现废票时及时加盖作废戳记并回收。

(6)六"交",将车票及余款交给旅客,同时唱报日期、到站、席别、张数。

3. 售票员"五字"退票法

一"看",看票面日期、车次、发到站、票价、有效期、改签日期、身份信息、票证信息是否一致,是否为开车后改签的车票,是否为银行卡支付的车票(对银行卡支付的车票应提示旅客出示原购票时所用的银行卡)、是否为网银支付的车票

(对网银支付的车票应提示旅客退款退入网银卡)。

二"输",确认信息无误后输入计算机,使用窗口电子支付时需刷卡。

三"核",核对票面内容和屏幕显示信息一致后按"确认"键,并注意核对退票理由,按计算机显示的净退款额核清现款,对使用电子支付的要打印凭条。

四"盖",在票面上盖"退"字章或注明此票"已退"。

五"交",将证件、票款、凭条和退票凭证一起交给旅客。

拓展知识1-1

窗口售票系统操作过程

(1) 发售车票。

售票员登录,登录界面如图1-14所示。

①输入日期。

按【F1】键弹出日期选择框,日期选择框内显示最近30天的日期,选择日期后按【Enter】键,日期选择框消失,日期录入完毕。

②输入车次。

车次的录入比较简单,直接录入车次后按【Enter】键即可,但要注意,部分列车是复车次,一定要录入正确的出发车次,否则发站可能无法正确选择。

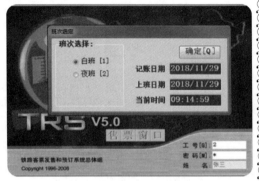

图1-14 售票员登录界面

③输入发站。

输入车次后,通常会直接切换至到站栏,不用手动输入发站。

④输入到站。

到站栏显示了本车次各到站的拼音码、电报码,以及开车时间,站序为倒序排列,终点站在最顶端,始发站站序为0。在到站栏中输入站序、拼音码或者电报码均可,按【Enter】键默认为终点站(见图1-15)。

⑤输入票种票额。

票种票额可支持多票种组合取票。按【F5】键切换至"票种票额"输入框,票种类型分为"全""孩""学""残""免""探""半""单卧小孩""军"等几种类型,系统默认的票种是"全",即全价票(见图1-16)。

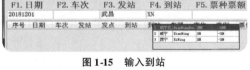

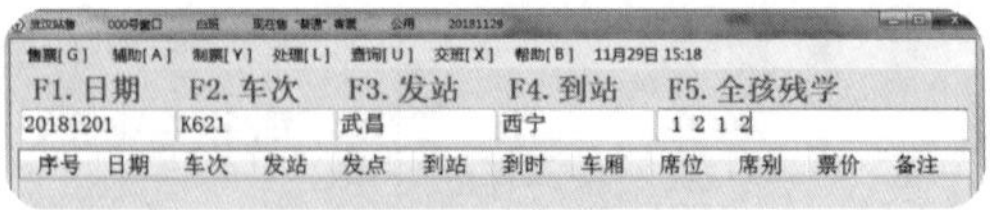

图1-15 输入到站

图1-16 输入票种票额

⑥输入席别。

系统弹出席位列表后,直接输入席位的代码,即可选择相应的席位(见图1-17)。

⑦收款与找零。

如果旅客用现金支付,只需在收款输入框输入所收现金额度,如果旅客刷卡支付,则先单击【刷卡】按钮,或按【Ctrl+4】组合键,进入刷卡支付界面之前会弹出是否购买乘意险的提示,确定购买后会弹出乘意险购买界面。

⑧印票及身份证录入。

将光标切换到【印票】按钮,按【Enter】键弹出身份信息扫描窗口,在此可以自动扫描身份信息,或手动选择证件类型、输入证件号码、证件姓名(见图1-18)。

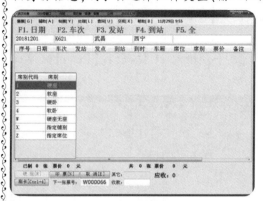

图1-17 输入席别

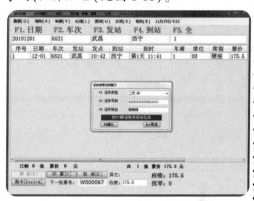

图1-18 印票及身份证输入

上述所有操作完成后,将车票、身份证及找零交给购票人,售票流程结束。

(2) 个性化售票。

①普速列车席铺位选择①。

选择"硬卧""软卧""高级软卧"等席位时,是不指定上下铺的,若要指定上下铺,必须通过"指定铺别"来指定,在"席别选择"栏按【X】键,可指定铺别(见图1-19)。

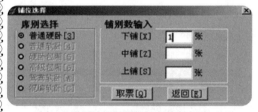

图1-19 普速列车席铺位选择

选择卧铺类别是硬卧、软卧还是高级软卧等后,分别在上、中、下铺输入框中输入数量并确认。注意,此处上中下铺的总数量必须和票种票额栏中录入的总取票张数一致。

②动车组座位选择。

动车可以个性化售票,即旅客可以选择靠窗或过道的座位。

③售往返票。

首先进入普通票发售往程客票界面,然后按【Ctrl+Y】组合键切换到往返票界面。

④售联程票。

首先进入普通票发售第一段客票界面,然后按【Ctrl+L】组合键切换到联程票界面,继续发售下一段联程车票或印制车票。

⑤售同席孩票。

a. 预售成人全票后,将光标移至需购买同席孩票的成人票上。

b. 选择售票类型。

展开"售票[G]"菜单栏选项,单击【售同席孩票】按钮(也可以按【Alt+H】组合键),即可在原预售票的基础上添加一张同车次同车厢同席别的半价无座孩票。

---

① 目前车票售卖不分普铁、高铁,同学们均需掌握。

c. 收付款及印票。

剩余售票步骤与售普通票步骤一致,具体操作可参照上述售票流程。

(3) 始发签证。

①展开"售票[G]"菜单栏选项,单击【始发签证】按钮(也可以按【Alt+Z】组合键),进入改签界面(见图1-20)。

②按【F5】键扫描原客票下方前21位票号,或手动输入21位码,按【Enter】键弹出票面界面(见图1-21)。

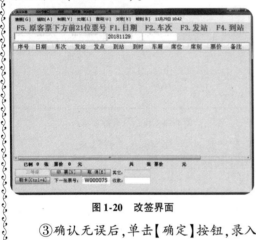

图1-20 改签界面

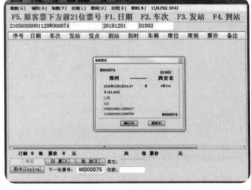

图1-21 票面界面

③确认无误后,单击【确定】按钮,录入原票信息(见图1-22)。

④按【F1】键更改日期,按【F2】键更改车次,在有运输能力的前提下,距开车时间48h(不含)以上的,可改签预售期内的其他列车;距开车时间48h以内的车票只能改签至票面当日24点之前的列车。改签信息修改完成后,按【Enter】键弹出席别类型表(见图1-23)。

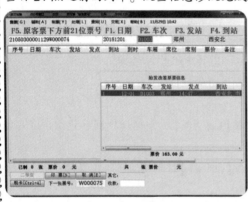

图1-22 录入原票信息

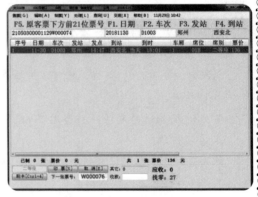

图1-23 席别类型表

⑤对实际金额进行收付款操作,按【Enter】键弹出改签对话框(见图1-24)。

⑥单击【是】按钮,打印车票。

(4) 准确退票。

①售票员开机后或在待机界面,登录退票程序后进入退票主界面(见图1-25)。

②选择退票理由。"正常"指因旅客原因退票;"原退"指因铁路原因退票。

扫描车票票面的二维码或手动输入21位码,界面出现车票及退票信息,确认车票及退票信息正确后,单击【确认】按钮,界面出现提示信息"确实要退这张票吗?"

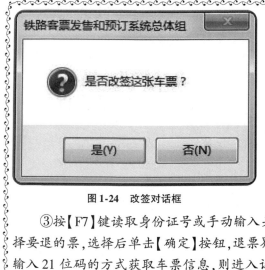

图 1-24 改签对话框

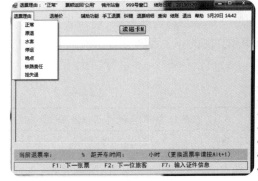

图 1-25 退票主界面

③按【F7】键读取身份证号或手动输入身份证号,若该证件所购车票数大于1,需选择要退的票,选择后单击【确定】按钮,退票界面显示该车票信息。若使用扫描二维码或输入21位码的方式获取车票信息,则进入证件扫描窗口,需要输入购买该车票的身份证信息,确认后单击【确认】按钮进入下一步。

④单击【确认】按钮,选择是否退票,单击【是】按钮完成退票,单击【否】按钮则回到退票界面。退票成功后,退票界面会显示已退票款信息。

⑤退差价。

(5)售票软件其他功能。

①辅助功能。

a. 切换光标。

b. 客票取消。

c. 初始化学生读卡器。

②制票功能:制票机重初始化。

③合同制票。

④废票处理。

⑤到站余票查询。

⑥车次余票查询。

⑦学生信息查询。

⑧结账退出。

【笔记区】

(1)查阅自动售票系统、窗口售票系统、售票员售票作业流程和方法的相关资料并展示。

(2)展示任务书,并进行讨论。

任务展示

任务评价

任务1.2 掌握高铁站票务服务设备的操作方法					
班级			姓名	日期	
项目			评价内容	分值	得分
师评	知识能力考核		掌握自动售票机的组成及功能	7	
^	^		掌握窗口售票系统的组成及功能	7	
^	^		掌握售票员的"六字"售票法	5	
^	^		掌握售票操作系统软件功能与操作方法	7	
^	^		掌握售票员的"五字"退票法	4	
^	职业素养考核	出勤情况	出勤( ) 缺课( )	5	
^	^		任务书完成情况	10	
^	^		任务书展示态度积极,口齿清楚,仪态得体	10	
^			作业	10	
自评	自我反思(自填)			—	—
^	任务书完成情况		完整(5分) 自主(5分)	10	
^	是否展示汇报		是(5分) 否(0分)	5	
互评	任务书完成情况		能够积极参与讨论,完成任务书	10	
^	展示汇报		能够在组内积极进行任务展示	10	
总分				100	

(1)售票员发售普通车票、个性化车票训练。

(2)售票员办理始发签证、退票训练。

(3)发售11月25日锦州南—天津Z12次硬卧下铺成人票及儿童票各一张,共用一个卧铺。

(4)发售明日D13北京—沈阳二等座车票一张,改签为明日D17二等座车票一张。

(5)发售7月16日G1229锦州南—丹东硬座一等座成人车票一张,改签为10月17日D8075二等座;由于旅行计划变更,旅客要求将车票退票。

(6)说明售票员窗口售票系统软件的功能及操作流程。

头脑风暴

任务1.3 掌握高铁站乘降服务设备的功能

任务1.1 初识高铁站设备设施
任务1.2 掌握高铁站票务服务设备的操作方法
任务1.3 掌握高铁站乘降服务设备的功能
任务1.4 掌握高铁站候车服务设备设施的组成及功能
任务1.5 掌握高铁站信息服务设备设施的结构及功能
任务1.6 了解高铁站"人性化"服务设备设施
任务1.7 了解高铁站综合控制室设备设施

【任务发布】

乘降服务的自主性和便捷性决定了旅客进出站流线是否顺畅、便捷，旅客在站内是否随时清楚自己所在的方位和要去的方位。旅客在进出站的过程中经历了什么？又看到了什么？是否有"日新月异的现代化交通服务设施让我们的出行变得既快捷又安全"的感觉？让我们带着这些疑问走进任务。

【任务要求】

(1) 查阅相关资料，讨论铁路旅客乘降服务设备近年来发生的变化。

(2) 查阅相关资料，调研如何通过加强组织进一步缩短旅客在站停留的时间。

(3) 通过学习任务信息，完成任务书。

【任务目标】

(1) 掌握高铁站安检系统的组成和功能。

(2) 掌握自动检票机的组成和功能。

(3) 熟悉乘降引导设备相关内容。

【任务书】

任务1.3 掌握高铁站乘降服务设备的功能			
班级		姓名	日期
课前思考	作答区		
说明安检机的组成和功能			
说明自动检票机的种类、组成和功能			
乘降引导设备有哪些			

项目1 高速铁路客运站设备设施 | 27

乘降服务的便捷性由高速铁路客运站乘降通道的独立性和乘降引导标志的全面性、系统性决定。所谓乘降通道的独立性，即客运站要为高速铁路旅客提供专用通道，保证旅客流线的顺畅，避免与其他旅客流线交叉干扰。乘降引导标志的全面性和系统性，即要求保证旅客能在站内随时清楚自己的位置和要去的方位。

一、乘降通道设备设施

乘降通道主要指旅客在客运站乘车过程中所经过的各种活动路线和场所，在设计乘降通道时，应突出"以旅客为本"的设计思想。乘降通道主要包括进站通道、站内通道、检票通道和出站通道。

（一）进站通道

高速铁路客运站要求设置专门的进站通道，与普速铁路进出站口分开，以减少高速铁路旅客流线与普速铁路旅客流线的交叉干扰，方便旅客快速进站。

高速铁路客运站在进站广厅的入口处应设置安全检查设备，各种运输方式的引入和立体化使铁路客运站出入口在物理上的概念越来越不明显，旅客在客运站内的流线更加流畅和连续。旅客进站安全检查示意如图 1-26、图 1-27 所示。

图 1-26　旅客从安检门进站的安全检查

图 1-27　手动金属探测器安全检查

安检系统主要由 X 射线检查系统、主机安检操作台、传输设备等组成。通过安检系统，对旅客行包进行安全检查，防止旅客携带易燃、易爆、有毒、有害、有腐蚀性或有放射性的物品。此外，还可以通过安检仪和金属探测器对枪支和管制刀具等可能危害公共安全的物品进行检查。图 1-28、图 1-29 所示为安检仪和金属探测器。

图 1-28　安检仪

图 1-29　金属探测器

1. 安检系统的功能

（1）辅助探测。人机界面运行检查软件，提供爆炸物和毒品辅助探测功能，当判断出被检物品含疑似爆炸物或毒品物质时，系统报警并用指定颜色方框标记嫌疑区域。人机界面在运行检查软件的同时还具备高密度报警功能，当被检物品吸收率很高，造成图像无法分辨时，系统会报警并用指定颜色方框标记穿不透的区域。

（2）图像管理。系统会通过自动保存、手动保存和嫌疑保存等多种方式存储物体扫描图像。存储空间不足时，系统自动删除保存的历史图像。系统可根据扫描时间、操作人员身份标志号码（也称为序列号或账号 ID）、图像存储方式等检索条件进行图像查询，并提供图像转存功能，可以将专用 X 射线图像格式转存为 JPG、BMP、TIF、GIF 等通用图像格式。

（3）危险品图像插入。使用危险品图像插入功能，可以自动、随机在检查过程中插入虚拟的危险品图像，帮助训练和考核操作人员的图像识别能力。可以选择在被检物品图像之间插入虚拟包裹图像，也可以选择将虚拟危险品插入被检物品图像，管理人员可以指定插入危险品图像的类别和频率。

（4）用户管理。用户按照权限可以分为操作人员、管理人员和维修人员 3 类。管理人员可以新建、删除用户或修改用户信息。默认权限设置下，管理人员除具有操作人员权限外，还具备系统设置和管理权限。维修人员除具有操作人员权限外，还具备系统维护诊断权限。此外，用户权限还可以由管理人员根据使用要求进行增减。设备启动时，可以选择用户登录方式或使用默认用户登录方式，使用默认用户登录方式无须输入用户名和密码，即可直接登录人机界面运行检查软件。

（5）日志管理。系统日志记录了所有用户登录、注销、检查包裹数、图像标计数、危险品图像注入（Threat Image Projection, TIP）功能考核以及 X 射线机出束时间等信息。管理人员可以根据用户 ID、时间范围等条件检索日志信息。日志提供按照天、周、月、季(度)等时间单位进行信息统计汇总的功能，汇总信息可以通过存储设备导出。

(6)设备诊断。系统提供设备上电子诊断功能，提供 X 射线源高压、束流等主要指标的监测与诊断功能，并可以查询射线源累积上电及出束时间，提供探测器阵列测试诊断功能，提供专用键盘测试功能，提供胶带控制及红外光阵测试诊断功能，提供设备通信测试功能。

2. 安检系统操作人员的主要工作内容

(1)系统运行状态的设置、监视和控制。
(2)启动扫描，控制传送带的运转。
(3)辨别物品图像。
(4)发现嫌疑图像时，进行标记和实物检查。
(5)掌握运行检查站提供的所有检查方法。

(二)站内通道

站内通道是分配进站客流的平面和竖向交通枢纽，通道两侧可设置问询处、票务及其他服务台、旅客临时聚集等候场所等。站内通道要求宽敞、明亮、视线通透，使旅客在心理上克服焦虑感，为旅客提供便捷、优质的服务。

(三)检票通道

目前，高速铁路客运站自动检票方式有实物车票检票、电子客票身份证检验或"刷脸"认证检验。"刷脸"进站所用的是人脸识别技术，这是基于人的脸部特征信息进行身份识别的一种生物识别技术，用摄像头采集含有人脸的图像或视频流，并自动在图像中检测和跟踪人脸，进而对检测到的人脸进行识别的一系列相关技术，通常也被称为人像识别、面部识别。进站"刷脸"设备采用热敏方式进行检票标志打印(见图1-30～图1-32)。

图1-30 "刷脸"设备摄像头

图1-31 进站"刷脸"设备

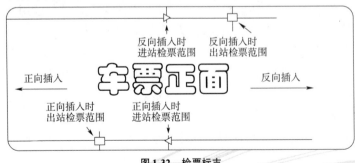

图1-32 检票标志

高速铁路实物车票种类多，可采用自动检票和人工检票相结合的方式完成检票过程。持磁质车票的旅客可通过自动检票通道进站上车，客运服务人员只需在旅客有疑问时提供帮助,充分发挥了旅客的自主性。持纸质车票的旅客需要客运人员检票后方可进站上车。在中型以上客运站,应单辟重点旅客(如老、幼、病、残旅客)检票口,以保证特殊旅客优先进站。

按旅客流动方向,我国采用的自动检票机分为进站检票机、出站检票机和宽通道检票机等,支持储值卡、非接触式IC卡或磁卡车票等的检票作业,检票读写设备与制票机的读写设备配套。每台检票机直接接收客运站检票服务器的检票计划。自动检票机按其结构类型主要可分为转杆式、扇门式、拍打式3种。转杆式检票机通行流量比较小,容易造成拥堵和事故。扇门式检票机可以达到迅速、安全疏散人流的目的,不易出现转杆式检票机那样的拥堵与事故。但"人性化"的闸机也有不便之处,由于停滞时间相对较长,往往出现一些不自觉的旅客在出闸机时漏刷或者逃票的情况。拍打式检票机适用于大件行李及残障车通过,须配合监控人员使用。自动检票系统设备如图1-33、图1-34所示(部分装置未标出)。

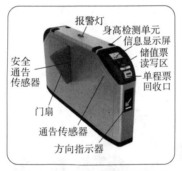

图1-33　扇门式自动检票系统设备　　图1-34　自动检票系统设备

1. 自动检票系统的设备规格

(1)外形尺寸:200mm×1020mm×2140mm。

(2)窄通道宽度:650mm。

(3)宽通道宽度:900mm。

(4)人体通行检测最小间隔:200mm。

2. 自动检票系统的设备组成

下面简要介绍信息显示屏、通行指示器。

(1)信息显示屏。

信息显示屏(见图1-35)是指安装在磁票读写模块上方的液晶显示屏,其主要功能是显示闸机的启动信息、检票信息和维护信息等,在正常检票时显示检票提示信息。

图1-35　信息显示屏

(2)通行指示器。

通行指示器(见图1-36)包括提示屏、蓝票插入口、身份证刷卡区,采用高亮发光二极管,保证能辨识旅客显示信息和含义。

图1-36　通行指示器

自动检票系统(见图1-37)支持右手持票,票面朝上、正反两个方向插票。对于进站或出站检票,可根据检票日计划检查磁票的有效性。如果检票通过,则在磁信息中写入检票标志,同时记录检票存根。

(四)出站通道

旅客出站通道是客运站内人流最集中、方向最复杂的位置,客运站应该在出站检票口设置足够面积的旅客缓冲区域,加强旅客的通过性和导向性。出站通道如图1-38所示。

二、乘降引导设备

乘降引导设备主要是指辅助乘降服务的引导标志。引导标志是定向信号媒体牌,用于指示客运站服务和交通方式,并使客运站的信号指示一致。乘降引导设备包括标志说明图、平面布置图、综合导向标志、导向标志、定位标志、指示标志、流程标志、非流程标志等。

图1-37 自动检票系统

(1)标志说明图。

标志说明图用于标示某场所使用的全部图形标志(见图1-39)。

图1-38 出站通道

图1-39 标志说明图

(2)平面布置图。

平面布置图提供本站各层设备设施布置位置图标(见图1-40)。

(3)综合导向标志。

综合导向标志是引导旅客选择不同方向的服务或服务设施的导向标志,由多个符号与多个箭头组成。

(4)导向标志。

导向标志是由一个或多个图形符号与一个箭头结合构成的标志,用来引导旅客选择方向(见图1-41、图1-42)。

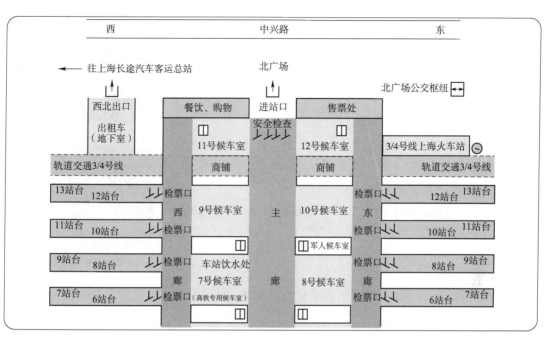

图 1-40　平面布置图

图 1-41　导向标志（一）

图 1-42　导向标志（二）

(5)定位标志。

定位标志是为了让旅客能够快速找到所购车票对应的车厢位置,固定在站台地面上标有本处车厢号、其他车厢方向箭头的标志,有黄色、蓝色、紫色等颜色,也称地标(见图1-43)。

(6)指示标志。

指示标志是指示某种行为的标志,如旅客止步、禁止吸烟、禁止携带危险品等。

(7)流程标志。

流程标志是旅客乘车过程中需要经过的信息导向和定位标志,如到达、进站、问询、售票、行李寄存、安全检查、行李提取、行李查询绿色通道、候车、贵宾候车室、站台等。

(8)非流程标志。

非流程标志是表示服务或服务设备设施的标志,如租车服务、地铁、停车场、急救、饮用水、邮政、电话、货币兑换、失物招领、快餐等。

图1-43 定位标志

【笔记区】

任务展示

(1) 查阅与安检系统、自动检票系统、乘降引导设备相关的资料。

(2) 展示任务书,并进行讨论。

任务评价

<table>
<tr><td colspan="6" align="center">任务 1.3 掌握高铁站乘降服务设备的功能</td></tr>
<tr><td colspan="2">班级</td><td colspan="2">姓名</td><td colspan="2">日期</td></tr>
<tr><td colspan="2">项目</td><td colspan="2">评价内容</td><td>分值</td><td>得分</td></tr>
<tr><td rowspan="7">师评</td><td rowspan="3">知识能力考核</td><td colspan="2">掌握高铁站安检系统的组成和功能</td><td>10</td><td></td></tr>
<tr><td colspan="2">掌握自动检票系统的种类、组成和功能</td><td>10</td><td></td></tr>
<tr><td colspan="2">熟悉乘降引导设备的种类</td><td>10</td><td></td></tr>
<tr><td rowspan="3">职业素养考核</td><td>出勤情况</td><td>出勤( ) 缺课( )</td><td>5</td><td></td></tr>
<tr><td colspan="2">任务书完成情况</td><td>10</td><td></td></tr>
<tr><td colspan="2">任务书展示态度积极,口齿清楚,仪态得体</td><td>10</td><td></td></tr>
<tr><td colspan="3">作业</td><td>10</td><td></td></tr>
<tr><td rowspan="3">自评</td><td colspan="2">自我反思(自填)</td><td colspan="2"></td><td>—</td><td>—</td></tr>
<tr><td colspan="2">任务书完成情况</td><td>完整(5分)</td><td>自主(5分)</td><td>10</td><td></td></tr>
<tr><td colspan="2">是否展示汇报</td><td>是(5分)</td><td>否(0分)</td><td>5</td><td></td></tr>
<tr><td rowspan="2">互评</td><td colspan="2">任务书完成情况</td><td colspan="2">能够积极参与讨论,完成任务书</td><td>10</td><td></td></tr>
<tr><td colspan="2">展示汇报</td><td colspan="2">能够在组内积极进行任务展示</td><td>10</td><td></td></tr>
<tr><td colspan="5" align="center">总分</td><td>100</td></tr>
</table>

头脑风暴

(1) 说说如何对自动检票系统进行日常维护。

(2) 你能对高铁站引导标志提出一些建设性意见吗?

任务1.4 掌握高铁站候车服务设备设施的组成及功能

任务1.1 初识高铁站设备设施
任务1.2 掌握高铁站票务服务设备的操作方法
任务1.3 掌握高铁站乘降服务设备的功能
任务1.4 掌握高铁站候车服务设备设施的组成及功能
任务1.5 掌握高铁站信息服务设备设施的结构及功能
任务1.6 了解高铁站"人性化"服务设备设施
任务1.7 了解高铁站综合控制室设备设施

【任务发布】
　　随着高速铁路的快速发展,你是否关注过高铁站的候车服务设备设施与普速站相比有哪些变化？高铁站的候车服务设备设施包括哪些？它们的功能是什么？让我们带着这些疑问走进任务。

【任务要求】
　　(1)查阅相关资料,讨论高铁站需要设置哪些候车服务设备设施。
　　(2)查阅相关资料,调研高铁站候车服务设备设施与普速站相比有哪些差异。
　　(3)通过学习任务信息,完成任务书。

【任务目标】
　　(1)掌握常见的高铁站候车服务设备设施。
　　(2)掌握高铁站候车服务设备设施的组成及功能。
　　(3)能够描述高铁站候车服务设备设施的组成及功能。

【任务书】

任务1.4 掌握高铁站候车服务设备设施的组成及功能			
班级		姓名		日期	
课前思考	(1)高铁站候车服务设备设施包括哪些 (2)简述各种候车服务设备设施的组成及功能			
设备类型	系统组成	系统功能	系统操作人员的主要工作	系统的操作方法
旅行生活设备设施				
自助查询系统				
旅客物品寄存系统				
应急求助系统				

任务信息

高速铁路客运站候车服务设备设施主要指客运站为向旅客提供旅行生活服务、旅行业务办理服务,以及餐饮、购物、娱乐等服务而配备的设备设施。在中型以上客运站,应单辟重点旅客(包括老、幼、病、残旅客)候车区(室),保证他们优先进站。在大型站,应另辟团体或军人候车区(室),使他们与普通旅客分开进站。

一、旅行生活设备设施

旅行生活设备设施是为旅客提供旅行生活服务而配备的设备设施,主要包括生活供给设备设施、工作或学习设备设施、废弃物回收设备设施,以及餐饮及购物设备设施、娱乐及休息设备设施。

1. 生活供给设备设施

生活供给设备设施是指为满足旅客生理需求设置的设备设施,如为满足旅客饮水需求,设置饮水处,并配备普通纯净水装置、一次性纸杯等饮水设备(见图1-44);为满足旅客洗漱、补妆等需求,在站内适当的位置设置的盥洗室,并配备壁镜、毛巾、自动烘干机、皂液等物品;以及更衣室、服务台、针线台(房)、鞋油、鞋刷、移动服务车等设备设施。

2. 工作或学习设备设施

工作或学习设备设施是为满足旅客在旅行过程中工作或学习需要而提供的设备设施。如设置网络接口或无线网覆盖,为旅客上网学习、查询信息等提供方便;配备多种型号的手机充电接口,满足旅客手机充电之需;在候车区座位上方设置读书灯;设置收发传真、复印、打印、文件装订等商务服务设备等(见图1-45)。

3. 废弃物回收设备设施

客运站应配备足够的垃圾桶、垃圾袋、果皮箱、特殊物品回收处等回收废弃物的设备设施,并注意分类别回收废弃物。这样既可以保持客运站内的卫生清洁,给旅客一种清新的感觉,也响应了社会对环保的呼吁,培养旅客的环保意识,塑造良好的铁路形象。

4. 餐饮及购物设备设施

餐饮及购物设备设施是为了满足旅客在旅行中餐饮和购物需求而设置的,一般包括设置在客运站核心区和衔接区

图1-44　生活供给设备设施

图1-45　工作或学习设备设施

的小食店、快餐店、小型超市、书报亭、特色专卖店、自动售货机等。

客运站餐饮及购物服务设备设施的规模要与客流量大小、旅客消费水平适应,避免盲目加大规模,防止出现经营效益低或过度吸引市民进入客运站造成拥挤的情况。

5. 娱乐及休息设备设施

娱乐及休息设备设施是为消除旅客旅途疲劳,使旅客身心放松,恢复体力与精力而设立的设备设施,包括阅览室、小影院、游艺厅、时间制的旅客休息室等。

娱乐及休息场所的环境应健康、舒适、宜人,这样才能使旅客得到充分的放松。健康、舒适、宜人的环境要具备以下3个要素:一是要室内的温度与湿度适宜;二是要尽可能多地自然采光;三是要最大限度地自然通风。

二、自助查询系统

自助查询系统主要是为方便旅客获取信息而在站内适当位置设置的可供咨询、查询的设备。自助查询系统包括自助查询设备(触摸式或键盘式)、计算机及网络等,图1-46所示为自助查询设备及其服务界面。

自助查询系统以本地数据库和集成管理平台为主要数据源,通过触摸式自助查询设备为旅客提供列车、票价、席位、服务设施、站区环境等相关信息,可以减轻问询处人工服务的压力。

旅客服务系统(简称"旅服系统")局域网采用"千兆主干"和"百兆到端"的星形结构,通过VLAN(Virtual Local Area Network,虚拟局域网)划分的方式为查询系统提供独立子网。

图1-46 自助查询设备及其服务界面

1. 自助查询系统组成

自助查询系统主要由触摸式查询一体机、维护工作站组成。在售票大厅、进站厅等旅客比较集中的地点安装触摸式查询一体机,分别通过配线间接入旅客服务系统的局域网中。维护工作站则设置在旅服机房内。

2. 自助查询系统的功能

(1)车站概况。查询车站平面分布、服务设施、机构职能、服务热线等基础信息。

(2)客运常识。查询购票常识、安全常识、退票常识。

(3)旅游信息。查询市区交通图、宾馆信息、旅游信息、站前公交线路及地铁信息。

(4)行包托运。查询行包托运须知、行包类别及运价、安全检查、托运单填写范例。

(5)到发时刻查询。通过集成平台接口查询列车到发信息,包括车次到站时间、停靠站台、发车时间、候车地点。

(6)停站、停点查询。查询列车沿线经过的停靠站、到站时间、停留时间。

(7)票价查询。实时查询预售期内本站各次列车的软卧、硬卧、软座、硬座客票余额数;设有按车次、日期等多种查询方式;查询途经车站、里程、硬座票价、软座票价、硬卧票价、软卧票价。

(8)系统维护功能。

查询工作流程如图1-47所示。

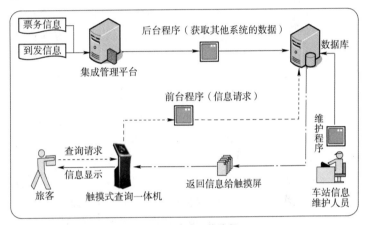

图1-47 查询工作流程

3.自助查询系统的操作方法

(1)启动。

将触摸式查询一体机中引出的电源线插头插入供电插座中,打开一体机后中门,检查电源板指示灯是否亮起,如果不亮,检查电源板的开关是否打开。打开一体机的侧门,启动计算机的电源开关,等待5~10s,显示器显示图像。

(2)操作。

当旅客需要查询信息时,只需在菜单中找到并触碰相应的项目,便可获取所需的信息。

(3)关闭。

每日工作结束后,应先退出当前的应用程序再关闭设备,在计算机系统中单击【开始】按钮,单击【关闭系统】按钮,再单击【是】按钮,当屏幕出现"您可以安全关机"时,将电源开关关闭。

4.自助查询系统的维护

自助查询系统的维护主要就是维护触摸式查询一体机。触摸式查询一体机的日常维护主要包括设备巡检和清洁工作。清洁工作的内容主要如下。

(1) 触摸面板的清洁。

触摸面板的清洁与触摸屏的使用强度有关。一般情况下,普通候车室夏季每天清洁 1 次,其他季节隔天清洁 1 次,贵宾、商务候车室每周清洁 1~2 次即可。清洁方法需根据设备的用户培训相关内容进行。

(2) 设备外壳的清洁。

设备外壳多为不锈钢漆材质,可直接使用拧干的抹布和清洁剂进行擦洗,应注意避免液体渗入设备。

(3) 设备周边的清洁。

为了避免受到积水的影响,多数触摸屏箱体底部距离地面有 1cm 左右的距离,这个空间容易积累灰尘、烟头、果皮纸屑等,维护人员应监督保洁人员将设备移开,对下方地面进行清理,每周 1 次。

三、旅客物品寄存系统

旅客物品寄存系统以旅客自助的方式存放小件物品,为旅客提供方便、快捷的服务。在配置旅客物品寄存处时,一定要通过实际调查,定量分析旅客的总体需要、寄存物品重量(或体积)以及寄存时间等情况,以此来确定配备寄存箱数量、型号以及不同型号的比重。另外,应设置易燃易爆、危险品的检查空间。寄存系统采用钱币识别、控制、计算机、网络和接口技术实现旅客自助寄存功能,集成管理平台通过接口对寄存识别进行远程监控。

1. 旅客物品寄存系统的组成

旅客物品寄存系统由维护管理终端、自助寄存主柜和副柜组成,如图 1-48 所示。寄存副柜通过控制电缆连接到主柜上,主柜分别接入附近配线间的网络交换机上,由设置在旅服主机房的维护管理终端统一管理。

2. 旅客物品寄存系统的主要功能

(1) 监控管理。主控服务、柜箱状态、实时巡检。

(2) 寄存管理。出租查询、交易查询、寄存柜校时、寄存柜锁定、报警冻结、开箱清箱、寄存系统锁定与解锁。

(3) 报表查询。报表打印、日志查询、报警查询。

(4) 系统设置。计费设置、参数设置、柜箱设置、寄存柜地址分配、下发计费方案、IP 地址修改、操作员设定、密码修改、数据备份与恢复。

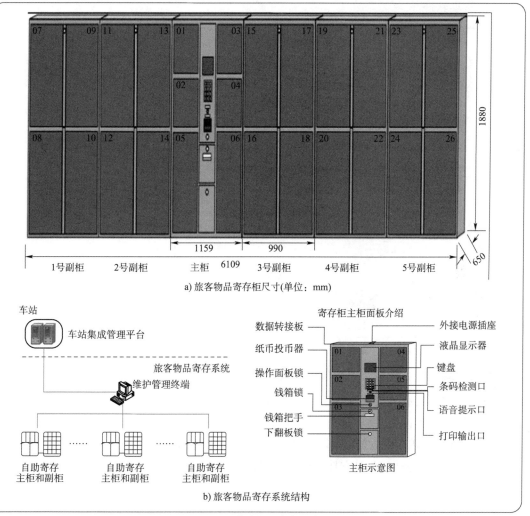

图 1-48 旅客物品寄存系统

四、应急求助系统

应急求助系统以 CTI（Computer Telecommunication Integration，计算机电话集成）技术为基础，采用摘机通话的求助分机或求助按钮，通过与监控、查询系统的有机配合，及时响应旅客的紧急求助需要，使旅客尽快获得车站工作人员的帮助。应急求助系统结构如图 1-49 所示（部分部件未标注）。

1. 应急求助系统的组成

下面只列出重要的组成部分。

（1）求助主机。求助主机包括 AlphaCom E 系列交换机、监控系统接口、集成系统接口、录音接口维护软件 Alpha Pro 等。

（2）值班分机。

（3）求助按钮。

(4)管理软件。

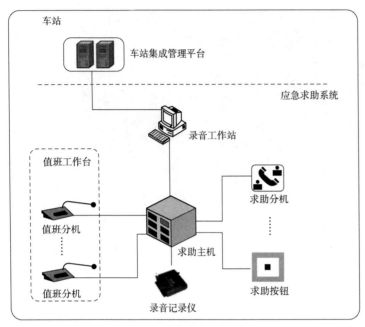

图1-49 应急求助系统结构

2.求助按钮相关操作

求助按钮采取嵌入式安装,可防尘、防水、防恶意破坏。求助按钮通过软件设置,固定指向求助分机。求助按钮具有自动接听功能,当用户呼入时,自动接通呼叫,岗位上的工作人员无须采取任何操作,在对方挂机时,求助按钮自动挂机。

【笔记区】

任务展示

(1)查阅相关资料,讨论高铁站候车服务设备设施的组成。
(2)查阅相关资料,讨论各种候车服务设备设施的功能。
(3)展示任务书,并进行讨论。

任务评价

任务1.4 掌握高铁站候车服务设备设施的组成及功能

班级		姓名		日期	
项目		评价内容		分值	得分
师评	知识能力考核	掌握高铁站候车服务设备设施的组成		10	
		掌握各系统的功能		20	
	职业素养考核	出勤情况	出勤( ) 缺课( )	5	
		任务书完成情况		10	
		任务书展示态度积极,口齿清楚,仪态得体		10	
		作业		10	
自评	自我反思(自填)			—	—
	任务书完成情况	完整(5分)	自主(5分)	10	
	是否展示汇报	是(5分)	否(0分)	5	
互评	任务书完成情况	能够积极参与讨论,完成任务书		10	
	展示汇报	能够在组内积极进行任务展示		10	
总分				100	

头脑风暴

(1)高速铁路客运站候车服务设备设施有哪些?
(2)高速铁路客运站自助查询系统包括哪些部分?
(3)高速铁路客运站自助查询系统的主要功能有哪些?
(4)简述高速铁路客运站旅客物品寄存系统的组成。
(5)高速铁路客运站应急求助系统由哪些部分组成?

任务1.5 掌握高铁站信息服务设备设施的结构及功能

【任务发布】

随着各种运输方式的快速发展,服务质量成为高速铁路客运在市场竞争中的重要指标。信息技术在高速铁路客运工作中扮演着越来越重要的角色,提高高速铁路客运服务的信息化水平对于提升客运服务的质量意义重大。那么,为了方便旅客出行,高铁站设置了哪些信息服务设备设施?各种信息服务设备设施的功能是什么?让我们带着这些疑问走进任务。

【任务要求】

(1)查阅相关资料,讨论信息服务设备设施带来了哪些便利。

(2)查阅相关资料,调研高铁站信息服务设备设施包括哪些,它们在旅客的乘车途中发挥了什么样的作用。

(3)通过学习任务信息,完成任务书。

【任务目标】

(1)掌握常见的高铁站信息服务设备设施。

(2)掌握高铁站信息服务设备设施的结构和功能。

(3)能够描述高铁站信息服务设备设施的组成及功能。

【任务书】

任务1.1 初识高铁站设备设施
任务1.2 掌握高铁站票务服务设备的操作方法
任务1.3 掌握高铁站乘降服务设备的功能
任务1.4 掌握高铁站候车服务设备设施的组成及功能
任务1.5 掌握高铁站信息服务设备设施的结构及功能
任务1.6 了解高铁站"人性化"服务设备设施
任务1.7 了解高铁站综合控制室设备设施

任务1.5 掌握高铁站信息服务设备设施的结构及功能

班级		姓名		日期	
课前思考	(1)高铁站信息服务设备设施包括哪些 (2)简述各种信息服务设备设施的结构和功能				
设备类型	系统组成	系统功能	系统操作人员的主要工作	系统的操作方法	
旅客信息系统					
广播系统					
时钟系统					
监控系统					

任务信息

高速铁路客运站信息服务设备设施主要指车站为向旅客提供信息服务而配备的设备与设施，主要包括旅客信息系统、广播系统、时钟系统、监控系统等。

一、旅客信息系统

旅客信息系统的英文是 Passenger Information System，英文缩写为 PIS。该系统可在进站、购票、候车、检票、乘车、出站等各个环节为旅客和工作人员提供及时、准确的信息服务，通过车站综合监控室控制前端显示设备，在指定的时间将指定的信息发送给指定的人群。

1. 旅客信息系统的功能

（1）提供列车的实时状况信息，满足旅客实时获取和掌握列车运行状态信息的需求。

（2）对于列车运行时出现晚点等异常情况，能及时对旅客进行通告和提示。

（3）候车时提供电视节目、娱乐视频、各类生活资讯、财经资讯等服务。

（4）旅客通过导向显示系统完成自主购票、进站、候车、上车、出站等过程。

（5）提供各种乘车注意事项、公告及旅客须知等公共信息。

（6）对于突发事件，能第一时间向旅客发布，并提示便于旅客快速疏散的导向信息。

（7）为工作人员及时提供列车到发通告信息。

2. 旅客信息显示屏分类

旅客信息显示屏按其功能可分为进站大屏、候车室信息引导屏、票额屏、售票窗口屏、检票屏、站台列车信息显示屏、编组屏、进出站通道屏、出站口信息屏。

旅客信息系统采用数字和视频显示、播控、编排、多媒体、计算机、网络数据库和接口等技术，从集成管理平台获取播出计划和相关信息，以车站综合监控室为核心，在不同地点的 LED、液晶、等离子显示屏和到发通告终端上显示动态、文字和视频信息。

3. 导向管理功能

（1）导向管理完成非计划性导向显示信息发布。

（2）售票窗口屏信息编辑与发布。

（3）各种导向显示屏通告和信息发布。

(4)导向显示屏版式编辑。

(5)导向显示屏分组功能。

(6)各种导向显示屏的远程开关机。

旅客信息系统由应用服务器、数据服务器、控制器、维护终端、各类显示屏和到发通告终端等设备组成。旅客信息系统结构如图1-50和图1-51所示。

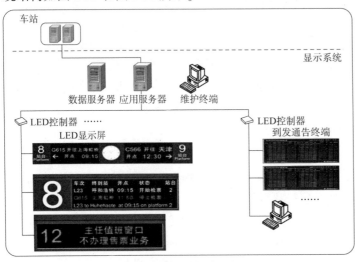

图1-50 旅客信息系统结构1

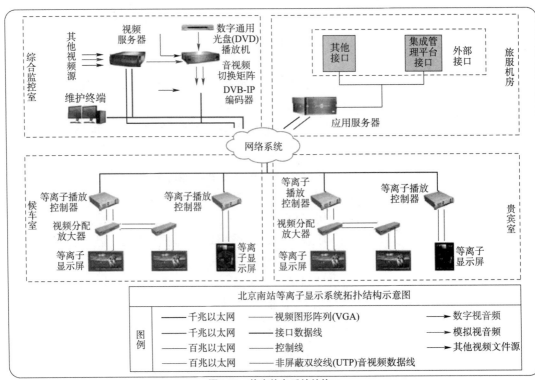

图1-51 旅客信息系统结构2

各种显示屏如图1-52~图1-57所示。

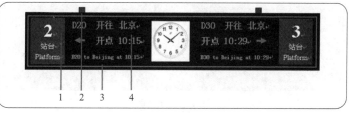

图 1-52 站台显示屏

1-灯箱；2-吊装结构；3-铝合金型材边框；4-显示屏单元板

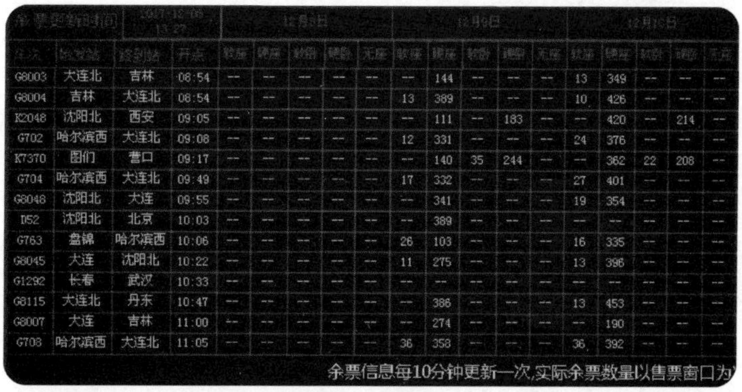

图 1-53 售票屏

图 1-54 进站大屏

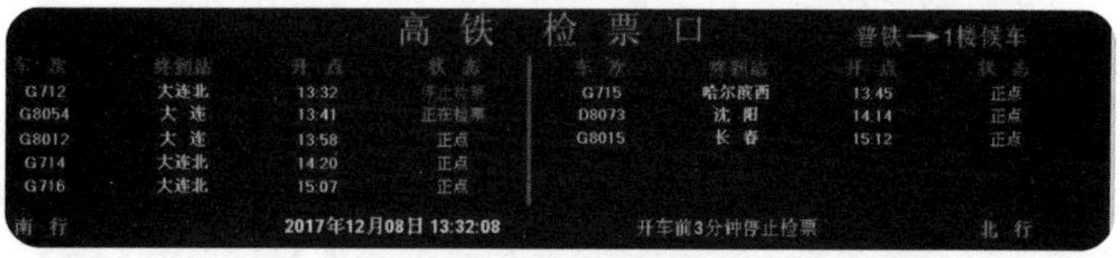

图 1-55 检票屏

图 1-56 编组屏（站台到发屏）

项目1 高速铁路客运站设备设施 | 47

图 1-57 出站屏

二、广播系统

广播系统主要用于语音广播,由业务广播和消防广播两部分组成。正常情况下进行业务广播,向站内的旅客提供信息,实时地进行业务、宣传、临时、紧急、背景音乐、资讯广播等,以便旅客顺利进站、乘车、出站;在出现火灾等紧急情况时,进行消防广播。

1. 广播系统的广播方式

广播系统的广播方式包括人工广播和自动(半自动)广播,可提供中文普通话、英语等多种语言广播。广播信息要求统一、易懂、完整、简洁、准确。广播系统的功能有自动广播功能、人工广播功能、背景音乐广播功能、消防应急广播功能等。

2. 广播管理

(1)列车到发广播。

(2)话筒广播、专题语音合成(Text-to-Speech,TTS)广播、文字广播、CD 广播、电台广播、卡座广播等。

(3)广播监听。

(4)设备状态、广播业务状态监视。

(5)控制音频矩阵实现各种业务广播。

(6)接收平台的控制命令并反馈设备状态。

(7)消防广播。

3. 广播的功能

(1)人工广播主要完成非计划性广播。

(2)支持口播、专题广播、语音合成广播、音源广播。

(3)人工选区广播。

(4)可随时对广播区进行自定义分组。

(5)可实时查看各广播区工作状态。

广播系统结构如图 1-58 和图 1-59 所示。

4. 常见广播终端类型

(1)阻燃吸顶扬声器,如图 1-60 所示。

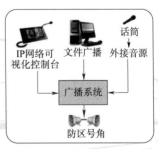

图 1-58 广播系统结构 1

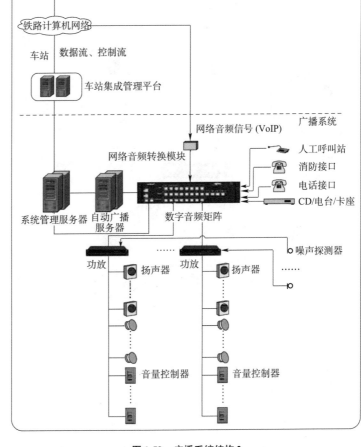

图1-59　广播系统结构2

（2）室内壁挂扬声器，如图1-61所示。

（3）阻燃指向型扬声器，如图1-62所示。

三、时钟系统

客运站的时钟系统是一项特殊的重要信息服务设备。客运站应在站内旅客出入的明显位置（如站前广场、售票厅、候车室等）设置同步的时钟，为旅客提供时间信息，方便旅客及时了解准确的时间，合理安排自己的行程。

1. 时钟系统结构与组成

客运专线的时钟系统均采用子母钟校时和网络校时方案，利用旅服系统局域网实现系统设备之间的网络连接和数据交换。

时钟系统结构如图1-63所示。车站二级母钟如图1-64所示。各类子钟如图1-65所示。

图1-60　阻燃吸顶扬声器

图1-61　室内壁挂扬声器

图1-62　阻燃指向型扬声器

项目1　高速铁路客运站设备设施 | 49

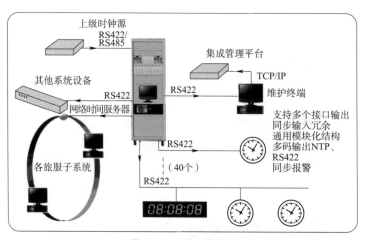

图1-63 时钟系统结构

图1-64 车站二级母钟

2. 时钟系统的主要功能

(1)同步校对功能。

(2)自动校时和追时功能。

(3)时间显示功能。

(4)监控功能。

(5)兼容和扩展功能。

四、监控系统

监控系统运用多媒体技术、计算机网络技术和音视频技术,实现对高速铁路客运站整个站区内的服务对象和服务设施的监控,以提高综合管理和服务水平。监控系统设置在各个车站,在区域中心和中国国家铁路集团有限公司调度指挥中心设置流媒体转发服务器转发监控信息。监控系统结构如图1-66所示。

a)单面数字式子钟

b)单面模拟式子钟

图1-65 各类子钟

1. 监控系统的功能

(1)设置音视频监控装置,全面监视站区内的现场情况。

(2)执行集成管理平台的指令,并向集成管理平台提供监控信息。

(3)监控装置能够根据现场情况,自动或按照工作人员的指令调整监控角度。

(4)系统具备视频监控信息存储功能,能够按照监控信息的重要等级设置不同的存储期限,重点位置监控信息的存储期限不小于15d。

(5)设置大屏幕显示墙,可分屏显示监控的信息,显示画面可在不同监控区域切换。

(6)采用 MPEG-4 的图像编码格式,基于标准的 TCP/IP 以数字形式在网络上传输视频信息,使用 PAL 制式。

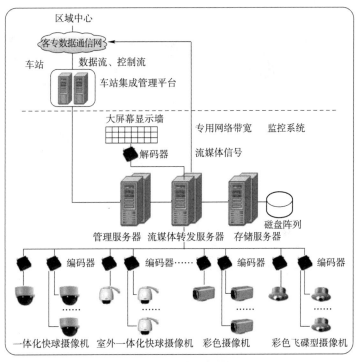

图 1-66 监控系统结构

2. 监控原理

监控系统采用摄像编解码、流媒体转发、存储、检索、大屏幕显示、网络、计算机和接口等技术,以车站为核心,把前端各种摄像机拍摄到的流媒体进行保存,并根据集成管理平台的指令将流媒体转发到终端设备并还原。为了保障监控信息顺畅转发与存储,在车站配置流媒体转发服务器集群和存储服务器集群。每个集群采用两台或以上高性能 PC(Personal Computer,个人计算机)服务器,存储服务器集群能按照监控信息的重要等级设置不同的存储期限。存储服务器集群配置磁盘阵列,其容量保证所有监控信息的存储要求。

监控系统接收并执行集成管理平台的指令,实现报警联动、录像管理、设备远程维护及管理等功能。采用 PC 服务器,通过双机热备方式保障系统可靠性。

在区域中心的运行控制中心(Operation Control Center, OCC)和大型车站的运行控制中心配置大屏幕显示墙和解码器,完成对所辖区域现场情况的监视。大屏幕显示墙必须根据建筑形式设置。

根据监控对象的重要等级、所在区域以及不同的监控要求,在车站售票厅、进站厅、站内广场、候车室、站台、进出站通道、电梯、办公区等区域设置一体化快球摄像机、室外一体化快球摄像机、彩色摄像机和彩色飞碟型摄像机及其编码器,如图1-67所示。

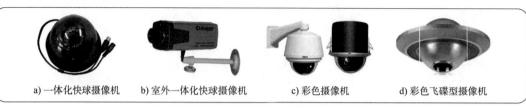

a) 一体化快球摄像机　　b) 室外一体化快球摄像机　　c) 彩色摄像机　　d) 彩色飞碟型摄像机

图1-67　各种摄像机实物图

【笔记区】

任务展示

(1) 查阅相关资料,讨论近年来高铁站信息服务设备设施的使用情况。

(2) 查阅相关资料,调研目前高铁站主要采用的信息服务设备设施。

(3) 展示任务书,并进行讨论。

任务评价

<table>
<tr><td colspan="5">任务 1.5 掌握高铁站信息服务设备设施的结构及功能</td></tr>
<tr><td colspan="2">班级</td><td>姓名</td><td colspan="2">日期</td></tr>
<tr><td colspan="2">项目</td><td>评价内容</td><td>分值</td><td>得分</td></tr>
<tr><td rowspan="5">师评</td><td rowspan="2">知识能力考核</td><td>掌握主要的高铁站信息服务设备设施</td><td>10</td><td></td></tr>
<tr><td>掌握各系统的结构及功能</td><td>20</td><td></td></tr>
<tr><td rowspan="3">职业素养考核</td><td>出勤情况　出勤(　)　缺课(　)</td><td>5</td><td></td></tr>
<tr><td>任务书完成情况</td><td>10</td><td></td></tr>
<tr><td>任务书展示态度积极,口齿清楚,仪态得体</td><td>10</td><td></td></tr>
<tr><td colspan="3">作业</td><td>10</td><td></td></tr>
<tr><td rowspan="3">自评</td><td>自我反思(自填)</td><td></td><td>—</td><td>—</td></tr>
<tr><td>任务书完成情况</td><td>完整(5 分)　　自主(5 分)</td><td>10</td><td></td></tr>
<tr><td>是否展示汇报</td><td>是(5 分)　　否(0 分)</td><td>5</td><td></td></tr>
<tr><td rowspan="2">互评</td><td>任务书完成情况</td><td>能够积极参与讨论,完成任务书</td><td>10</td><td></td></tr>
<tr><td>展示汇报</td><td>能够在组内积极进行任务展示</td><td>10</td><td></td></tr>
<tr><td colspan="3">总分</td><td>100</td><td></td></tr>
</table>

头脑风暴

(1) 高速铁路客运站信息服务设备设施主要有哪些?

(2) 高速铁路客运站综合信息发布设备设施有哪些?

(3) 高速铁路客运站查询系统的主要功能有哪些?

(4) 高速铁路客运站时钟系统的组成部分有哪些?

任务1.6　了解高铁站"人性化"服务设备设施

【任务发布】

高速铁路客运站"人性化"服务设备设施是车站客运服务文明化的标志,使用这些设备设施的人需要我们给予特别关注。因此,掌握车站"人性化"服务设备设施的使用方法是提高服务质量的保障,是高速铁路客运站客运岗位职工及管理人员必须学习的内容。通过本任务的学习,学生应掌握高速铁路客运站"人性化"服务设备设施的主要构成及使用方法。

【任务要求】

（1）查阅相关资料,讨论高速铁路客运站需要设置哪些"人性化"服务设备设施。

（2）查阅相关资料,调研目前高铁站有哪些"人性化"服务设备设施。

（3）通过学习任务信息,完成任务书。

【任务目标】

（1）掌握重点旅客设备设施。

（2）掌握贵宾旅客设备设施。

（3）掌握团体旅客设备设施。

【任务书】

任务1.1　初识高铁站设备设施

任务1.2　掌握高铁站票务服务设备的操作方法

任务1.3　掌握高铁站乘降服务设备的功能

任务1.4　掌握高铁站候车服务设备设施的组成及功能

任务1.5　掌握高铁站信息服务设备设施的结构及功能

任务1.6　了解高铁站"人性化"服务设备设施

任务1.7　了解高铁站综合控制室设备设施

任务1.6　了解高铁站"人性化"服务设备设施

班级		姓名		日期	
课前思考		作答区			
为重点旅客提供的设备设施有哪些					
为贵宾旅客提供的设备设施有哪些					
为团体旅客提供的设备设施有哪些					

任务信息

高速铁路客运站"人性化"服务设备设施指客运站为向旅客提供"人性化"服务而配备的设备设施，主要包括为重点旅客提供的设备设施、为贵宾旅客提供的设备设施、为团体旅客提供的设备设施。

一、重点旅客设备设施

高速铁路客运站应该向重点旅客提供无障碍的物质环境、信息和交流环境设备设施。物质环境设备设施是指为方便重点旅客通行和使用，在规划、设计、建设时配备的设备设施，如盲道、坡道、扶梯、直升电梯、音响指示器、盲文指示牌、无障碍卫生间等。信息和交流环境设备设施是指为听力、语言和视力障碍者配备的设备设施，如电子显示屏幕广播、电视、盲人有声读物装置等。图1-68所示为某站的爱心服务区，图1-69所示为某站母婴候车室。

另外，客运站还应该充分考虑重点旅客的特殊需求，提供一些更能体现人文关怀的服务设备设施，如设置残疾人购票窗口，为残疾人提供轮椅、担架、助听器、专用电话，为携带婴幼儿旅客提供婴儿手推车、儿童游乐区及玩具等服务设备设施。

图1-68　爱心服务区

图1-69　母婴候车室

二、贵宾旅客设备设施

高速铁路客运站应该向贵宾旅客提供快速通道以及舒适、完备的服务环境和条件。在站内设置绿色通道，方便贵宾旅客快速直接进入贵宾休息室。为方便贵宾旅客购票，在站内适当的位置设置专门的售票窗口（或售票处）。为给贵宾旅客创造良好的候车环境和完备的条件，在站内设置贵宾休息室并配备高档沙发、自动擦鞋机、各式各样的报纸、刊物和精致的餐饮，个人专用衣架、国内直拨和传真电话等服务设备设施。图1-70所示为某站的贵宾候车室。

三、团体旅客设备设施

高速铁路客运站为方便团体旅客购票，应在站内设置专门的团体旅客售票窗口、候车室，并提供相应的休息、休闲设备设施。图1-71所示为某站的务工团体专用售票窗口。

图1-70　某站的贵宾候车室

图1-71　某站务工团体专用售票窗口

（1）查阅相关资料，讨论高铁站重点旅客、贵宾旅客及团体旅客设备设施的功能及作用。

（2）展示任务书，并进行讨论。

任务展示

任务评价

<table>
<tr><td colspan="4">任务1.6　了解高铁站"人性化"服务设备设施</td></tr>
<tr><td colspan="2">班级</td><td>姓名</td><td>日期</td></tr>
<tr><td colspan="2">项目</td><td>评价内容</td><td>分值</td><td>得分</td></tr>
<tr><td rowspan="6">师评</td><td rowspan="3">知识能力考核</td><td>掌握重点旅客设备设施</td><td>10</td><td></td></tr>
<tr><td>掌握贵宾旅客设备设施</td><td>10</td><td></td></tr>
<tr><td>掌握团体旅客设备设施</td><td>10</td><td></td></tr>
<tr><td rowspan="3">职业素养考核</td><td>出勤情况　出勤（　）　缺课（　）</td><td>5</td><td></td></tr>
<tr><td>任务书完成情况</td><td>10</td><td></td></tr>
<tr><td>任务书展示态度积极，口齿清楚，仪态得体</td><td>10</td><td></td></tr>
<tr><td colspan="2"></td><td>作业</td><td>10</td><td></td></tr>
<tr><td rowspan="3">自评</td><td>自我反思（自填）</td><td></td><td>—</td><td>—</td></tr>
<tr><td>任务书完成情况</td><td>完整（5分）　　自主（5分）</td><td>10</td><td></td></tr>
<tr><td>是否展示汇报</td><td>是（5分）　　　否（0分）</td><td>5</td><td></td></tr>
<tr><td rowspan="2">互评</td><td>任务书完成情况</td><td>能够积极参与讨论，完成任务书</td><td>10</td><td></td></tr>
<tr><td>展示汇报</td><td>能够在组内积极进行任务展示</td><td>10</td><td></td></tr>
<tr><td colspan="3">总分</td><td>100</td><td></td></tr>
</table>

头脑风暴

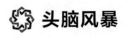

（1）高铁站"人性化"服务设备设施有哪些？

（2）高铁站为重点旅客提供的设备设施有哪些？

任务1.7 了解高铁站综合控制室设备设施

任务1.1 初识高铁站设备设施
任务1.2 掌握高铁站票务服务设备的操作方法
任务1.3 掌握高铁站乘降服务设备的功能
任务1.4 掌握高铁站候车服务设备设施的组成及功能
任务1.5 掌握高铁站信息服务设备设施的结构及功能
任务1.6 了解高铁站"人性化"服务设备设施
任务1.7 了解高铁站综合控制室设备设施

【任务发布】

在高铁站繁忙的工作中,从检票到站台乘降,从列车到达到列车按时出发,客运工作的各个环节都离不开车站的"中枢神经"——综合控制室。综合控制室的工作人员不断核对列车进出站时刻,确认现场监控,不停地接收新指令,不停地通过对讲机、电话向外传达、发布指令,调度列车。通过本任务的学习,学生应掌握综合控制室的主要设备设施及其功能,并了解相关工作人员的日常工作内容。

【任务要求】

(1)查阅相关资料,讨论高速铁路客运站综合控制室的设备设施。

(2)查阅相关资料,调研目前高铁站综合控制室的主要功能。

(3)通过学习任务信息,完成任务书。

【任务目标】

(1)掌握车站综合控制室的设备设施相关知识。

(2)掌握综合控制室工作人员的作业标准。

【任务书】

任务1.7 了解高铁站综合控制室设备设施

班级		姓名		日期	
课前思考	作答区			
归纳旅客服务系统的功能					
总结旅客服务系统的作业内容					
简述综合控制室工作人员作业标准					
简述旅客服务系统故障应急处理方法					

项目1 高速铁路客运站设备设施

一、综合控制室的主要工作内容

高速铁路客运站旅客服务系统是高速铁路客运站综合控制室最重要的设备。高铁站客流密集,要保证旅客有序出行,综合控制室必须高效运转。综合控制室负责整个车站指令的收集和传达。车站综合控制室是全站的客运指挥中心,相当于车站的"心脏"。综合控制室采用数字化旅客服务系统,对行车调度、客运计划、广播系统、引导系统、监控系统等进行高度集成,实现信息充分共享,并接入调度集中(Centralized Traffic Control,CTC)终端,车站行车人员可实时了解列车运行情况。

综合控制室一般设客运岗位、售票计划岗位,有些车站的综合控制室还设有运转行车岗位。综合控制室的工作人员包括广播员、信息监控员等客运岗位人员,由广播主管领导负责修改当日广播计划,将广播计划下发给广播员和信息监控员,确保旅客服务系统的各子系统信息统一;运转行车岗位人员负责实时监控 CTC 运行图,发现非正常情况时及时与广播主管联系;售票计划岗位人员根据列车运行情况对票额进行管理。这 3 个岗位的工作人员密切配合,及时沟通,确保旅客乘降组织安全。在综合控制室内正前方是几十块液晶显示屏,可以实时切换,监控车站的每一个角落,操作台上同样是一排排计算机显示屏,工作人员需要查看显示不同信息的显示屏,通过对讲机切换不同的频道,与车站不同岗位的工作人员进行联络。车站综合控制室如图 1-72 所示。

大型站旅客服务系统以集成管理平台为核心,集成导向显示、广播、监控、时钟、投诉、查询、求助、站台票发售、无线上网、呼叫中心座席、寄存等子系统,连接火灾报警和楼宇自控等外部系统,实现对本站旅客服务系统的集中监视和控制,完成系统间信息共享和功能联动,紧急情况下接受区域中心代管。根据线路情况,可对邻近中、小型站进行代管,以科学合理的布局配置服务终端设备,为旅客提供优质的服务。

图 1-72　车站综合控制室

二、旅客服务系统的组成及作用

旅客服务系统(简称客服系统)由旅服系统和客票系统等组成。旅服系统与列车调度指挥系统、客票系统网络连接,为旅客进出站、候车、乘降等提供实时、准确的信息和服务。客票系统为旅客提供票务、自动检票等服务。旅服系统由动态导向、广播、监控、时钟、查询、求助、站台票发售、寄存等子系统组成,通过集成管理平台对各子系统进行控制。客票系统由窗口售票、自动售票、自动检票等子系统组成。旅服系统是指采用信息采集、网络传输、广播、显示等设备,与列车调度指挥、客票发售和预订系统等接口,利用信息集成技术,为旅客进出车站、乘车等提供实时信息,并对各子系统设备进行集中监控和管理的信息系统。

随着高速铁路的快速发展,旅客服务管理模式从车站独立运行模式发展到中心站代管小站模式,再到各铁路局集团公司集中管控模式,旅客服务系统集成化程度和自动化水平逐步提高,为旅客服务系统的整体管理水平和服务质量的提高提供了技术保障。按照各铁路局集团公司不同的管理模式,结合实际运行情况,高速铁路旅客服务系统可采用的管理模式包括各铁路局集团公司集中管控模式、中心站代管小站以及车站独立运行 3 种模式。旅服平台所反映的表象在于车站的广播、引导(进站大屏、站台屏等)、闸机、查询等设备,而这些设备所播出、显示、执行的信息如果是错误的,第一发现人就是现场的工作人员及旅客。综控业务是一项"亦简亦难"的工作,调好到开点就能完成日常的工作,因为所有的引导都是依靠列车的到开时刻完成的。难在对突发事件的快速处理,紧急情况下需要争分夺秒,减少错误引导的时间。

集成管理平台是旅客服务系统管理的核心,其结构与功能如图 1-73 所示,它对导向显示、广播、监控、求助等系统进行集成,与 CTC/TDMS(Technical Document Management System,技术文件管理系统)、TRS(Ticketing And Reservation System,客票发售与预订系统)连接,实现旅客服务信息共享和功能联动。在正常工作情况下,站内所有的广播、导向显示、监控、求助、查询等系统业务均在集成管理平台上完成,为车站客运组织提供综合信息管理。

1. 系统应用管理

客服系统实行统一的设备技术标准、配置要求和软件版本。客服系统集成软件由中国国家铁路集团有限公司统一组织开发和更新,任何单位和个人不得擅自更换和修改,其设备的选型、购置、安装、使用必须满足铁路部门颁布的相关技术标准和管理规定。

2. 系统维护管理

车站应建立客服系统用户管理制度,根据岗位职责确定相关人员的使用权限。当人员有调整时,应立即变更用户名、权限和密码等。车站系统管理员负责平台操作人员的增加、删除、修改及其权限设置等工作,平台操作人员应有个人专用的用户名和密码,密码长度不低于6位数,至少每3个月更换一次,不得设置共用用户名和密码。车站要建立客服系统值班制度,明确值班电话,确保信息交流畅通,无关人员不得进入综合控制室。车站应明确相关日常操作、系统管理和设备维护人员的岗位职责,制定日常工作制度和作业流程,建立和完善系统设备管理、维护、巡查和日常操作台账。

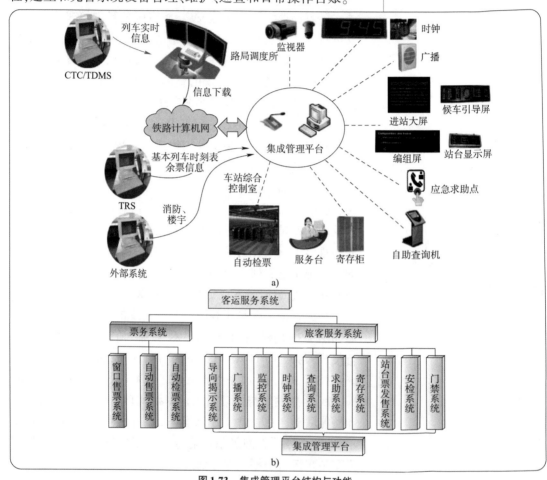

图 1-73　集成管理平台结构与功能

3. 集成管理平台的组成

集成管理平台包括到发管理、广播管理、导向管理、监控管理、设备管理、信息管理和系统管理等七个功能模块。其中到发管理、广播管理、导向管理、监控管理等模块主要负责车站业务方面的管理,而设备管理、信息管理和系统管理主要负责车站设备和平台系统层面的管理。集成管理平台操作界面如图 1-74 所示。车站集成管理平台结构如图 1-75 所示。

4. 列车到发管理

每次在修改列车基础数据信息后,客票系统即向集成管理平台发送车次目录和列车停靠站信息,列车调度系统每日实时向集成管理平台发送列车运行阶段计划和列车实时到发信息。车站工作人员确认列车到发信息后,由集成管理平台根据客票系统和列车调度系统提供的信息自动生成客运组织计划,并由工作人员根据列车运行实际和车站客流情况对计划进行调整,车站工作人员确认客运组织计划后,由集成管理平台自动生成检票计划、广播计划、导向计划,并将各计划分别发送给自动检票系统和到发通告终端。

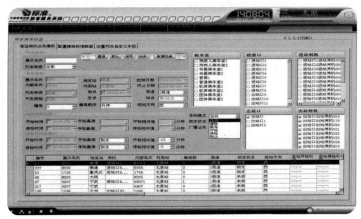

图1-74　集成管理平台操作界面

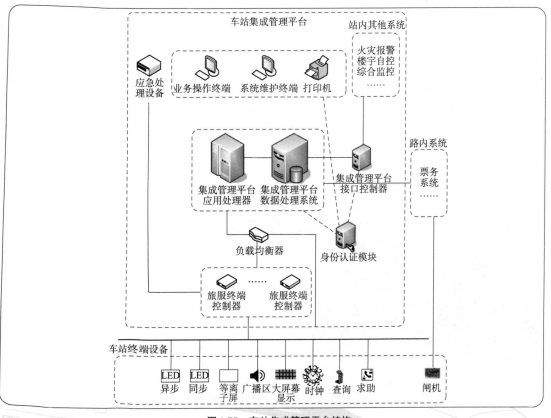

图1-75　车站集成管理平台结构

5. 广播管理

广播系统自动从集成管理平台获取广播计划和信息,按时向旅客和工作人员进行发布。车站工作人员负责对自动生成的广播计划和执行情况进行监控,必要时可采取人工广播,工作人员可以对广播区域进行分组,选择人工话筒音源与其他形式的广播音源进行混音广播。

6. 动态导向管理

车站动态导向系统自动从集成管理平台获取各类旅客服务信息,并通过售票厅、进站口、候车室、天桥、地道、站台、出站口等处设置的显示终端为旅客提供及时和准确的动、静态信息服务,车站工作人员对每日生成的导向计划和自动执行情况进行监控,必要时进行人工干预,确保导向信息准确。

7. 检票管理

自动检票系统自动从集成管理平台获取列车检票信息和检票计划,通过闸机为旅客提供自助检票进出站服务,闸机检票车次要与广播、引导系统显示的作业内容一致。进出站检票区域应有客运人员值守,负责本区域的闸机管理,引导旅客按闸机提示正确检票。遇系统故障或旅客无法通过闸机时,客运人员应引导旅客通过人工检票口进出站。

8. 监控管理

监控系统实现对站内的服务现场和服务设备设施的监控,车站工作人员、设备维护人员及相关管理人员可以在监控权限范围内浏览监控系统的实时图像信息和录像回放信息,按照优先级的高低,具有权限的相关人员可以锁定或解锁、屏蔽或解除屏蔽相关摄像机的内容。某城际旅客服务系统功能界面如图1-76所示。

图1-76 某城际旅客服务系统功能界面

9. 求助管理

求助系统通过集成管理平台响应旅客的求助需要,使旅客能及时获得车站工作人员的帮助。求助系统安装位置应充分考虑旅客的需要,并设置醒目的导向标志,求助系统应与监控系统相结合,求助点附近应有监控设备并做到对求助点的覆盖。当旅客按下求助按钮后,综合控制室工作人员应立即接听并通过集成管理平台查清求助点位置。求助点附近指定的监控设备将自动调整预制位,并将求助点图像自动显示在综合控制室显示屏上。综合控制室工作人员无法处理旅客的求助问题时,应立即通知附近岗位作业人员帮助旅客处理相关求助事宜。求助系统组成如图1-77所示。

图1-77 求助系统组成

10. 寄存管理

寄存系统通过集成管理平台实现对寄存柜的自动管理,满足旅客自助寄存小件物品的需求。当集成管理平台收到寄存设备发生故障或被外力破坏的信号时,寄存机柜附近指定的监控设备将自动调整预制位,并将寄存柜图像自动显示在集成管理平台,综合控制室工作人员应立即通知相关工作人员到现场进行处理。车站应指定专人负责寄存机柜的日常管理、钱箱的清点及找零箱、凭条的补充和更换。

11. 时钟管理

时钟系统从统一的时钟源获得标准时间,实现整个站区内各个子钟及相关系统与时钟源同步。时钟系统具有自动校时、自动追时功能。

12. 查询管理

查询系统通过集成管理平台获取列车时刻表和列车实时到发信息及各类公告内容,为旅客提供自助查询服务。遇到列车信息、公告信息变动时,车站工作人员应及时做好信息资料的更新和维护工作,保证各类信息的准确、一致。

三、设备维护保养

各铁路局集团公司客运处负责客服系统建设规划、组织管理、监督检查、维护保养等工作;信息技术所负责客服系统设备、网络和软件的日常管理工作;车站负责客服系统的日常使用、管理和报修等工作。客服系统软件和硬件设备保养、维护在保修期内由系统建设单位负责,保修期满,各铁路局集团公司采用市场化运作的模式公开招标,由中标单位负责。

四、综合控制室工作人员培训及作业标准

1. 人员培训

客服系统的相关工作人员要经过严格的培训和考试,相关培训内容要记入培训考试档案。客服系统相关工作人员培训内容如下。

(1)客服系统应用软件使用。

(2)客服系统管理办法及作业流程。

(3)客服系统的使用操作及日常维护。

(4)常见故障分析和应急处理。

2. 作业标准

(1)班前准备。

①穿着统一制服,佩戴胸卡,淡妆上岗(女),仪容整洁。

②按规定时间参加点名会。听取班计划,接收上级的命令和指示,掌握列车运行正(晚)点、客流动态、候车区(室)情况,明确作业关键和重点事项。

(2)接班作业。

①严格执行交接制度,做好综合控制室旅客服务系统设备设施、台账、资料和环境卫生的交接。确认无误后,在"综控室工作日志"上签字。

②接清列车运行、候车区(室)运用、客流变化、业务台账资料及重点事项。

③与作业现场核对旅服系统设备状态,确认登记交接内容准确,设备使用正常。

(3)上岗作业。

①按照旅客服务系统集成管理平台操作程序和规定,正确使用引导、广播、监控等系统设施设备,确保性能良好。

②根据文电、命令的指示要求,及时调整旅客服务系统的生成计划,做到调整及时,确保信息准确、完整。

③监控引导广播计划自动执行情况及设备的运行状态,及时掌握并核对列车运行计划变更信息执行情况。

④监控车站电子引导屏发布的车次,到开点时间、晚点时间、候车区(室)、站台、检票口、检票时间等内容是否准确,与各岗位人员作业过程进行联控、互控。

⑤监听车站广播计划执行情况,按时预告相关作业内容,确保信息及时、准确。

⑥根据作业要求及时调整广播内容,需要加播临时广播

内容时,广播内容应符合《铁路客运站车音频视频管理办法》的规定,并经当班值班站长(主任)审批。

⑦人工播音时,应做到语音亲切、发音准确、吐字清晰、音量适宜,无误播、无错播、无漏播。

⑧实时监控车站现场作业情况,发现客流及站台、候车区(室)、售票厅(区)等部位有异常情况时,应及时报告,通知该岗位作业人员,并在"综控室工作日志"内登记。

⑨及时通告列车运行情况,列车晚点15min以上时,代表值班站长播放致歉词。做到通告及时,播放正确。

⑩根据列车运行和客运作业变化情况,动态调整调度计划和客运计划,保证正常作业。

⑪正确处理旅客求助,做到响应迅速,处理及时。对无法自行处理的情况,应及时通知相应岗位作业人员到现场处理,并在"综控室工作日志"内登记。

⑫掌握设备运行状态,发现问题或故障及时报告、报修,确保旅服系统运行正常,并在"综控室工作日志"内登记。

⑬对接收的晚点信息和文电命令要做好记录。做到记录准确、字迹清晰。

⑭做好作业区内卫生保洁工作,保持作业区内的环境卫生。

⑮落实本岗位作业安全风险点和控制措施。

(4)交班作业。

①旅客服务系统设备设施状态良好,台账、资料、备品齐全并在固定位置摆放,环境卫生达标。

②列车运行情况及未完成事项要交接清楚。

③参加班后小结会,汇报当班工作情况。

五、旅客服务系统故障应急处理

车站应针对客服系统特点和客运专线实际情况,建立和完善相关应急预案,各子系统的应急预案,应以方便现场旅客运输组织、确保旅客运输安全为原则,做到作业岗位人员职责明确。应急措施应具有可操作性并应定期组织演练,客服系统发生故障时,车站相关工作人员应当迅速处理,一时不能恢复的,应及时启动应急预案并立即向上级主管部门报告。

1.各铁路局集团公司集成管理平台发生故障的应急处理

(1)集成管理平台发生故障,无法对车站旅客服务系统进行操作和控制时,集成管理平台会向集控调度员、车站综合控制室工作人员发出报警提示,集控调度员和相关车站应将车站应急操作台切换至站控模式或应急模式,并通知技术维护人员进行抢修。

(2)集控车站在接到各铁路局集团公司集成管理平台的故障通知后,应立即指定专人负责本站应急操作台的操作,对车站旅客服务系统各功能模块进行控制。

(3)接到集控调度员启动站控模式的命令时,综控(应急)操作人员应按照各铁路局集团公司制定的集控转站控的相关规定办理。

(4)启动车站应急模式后,旅客服务系统即将中心信息接口定向到车站应急操作台,车站的应急操作台自动接收调度信息共享平台、客票系统等相关信息数据,并负责对车站动态导向、广播、查询和自动检票设备的控制。

(5)当集成管理平台恢复正常后,由集控调度员将车站应急操作台恢复至正常管理模式,旅客服务系统自动将中心信息接口重新定向为各铁路局集团公司集成管理平台,恢复各铁路局集团公司集成管理平台对车站旅客服务系统的操作。完成各铁路局集团公司集成管理平台正常操作控制后,集控调度员通知车站恢复集控模式。

2. 旅服系统网络通信故障时的应急处理

(1)各铁路局集团公司集成管理平台与车站应急操作台发生网络通信故障,造成各铁路局集团公司与车站间网络通信无法联系时,集成管理平台会向集控调度员、车站综合控制室工作人员发出报警提示,集控调度员和相关车站应及时启动应急模式,并通知技术维护人员进行抢修。

(2)集控车站接到各铁路局集团公司集成管理平台有关网络故障的通知后,立即指定专人启动应急模式,并负责对车站旅客服务系统各功能模块的操作和控制。

(3)车站不能自动接收列车调度阶段计划及到发股道、时间信息时,应启动应急模式,立即指定专人负责对本站应急操作台的操作,并在"综控室工作日志"或"应急操作台工作日志"内登记,在行车室与车站值班员签认。车站值班员应根据列车运行调整计划,在列车到达前20min将列车到发股道、时间信息通知车站综控(应急)操作人员,遇有列车运行调度计划调整和列车晚点时,应一并通知。

(4)车站综控(应急)操作人员应采用人工维护的方式,做好列车开行信息、列车实时运行信息等外部信息的维护,确保车站旅客服务系统各功能模块正常运行。

(5)如遇列车晚点、检票口调整等需对检票计划进行修改,由车站综控(应急)操作人员登录各铁路局集团公司中心的自动检票系统,对自动检票计划进行相应修改、调整。

(6)当各铁路局集团公司集成管理平台与车站应急操作台间网络通信恢复正常后,集控调度员应将车站应急操作台恢复至正常模式,恢复集控调度台对车站旅客服务系统各功能模块的操作和控制,并通知相关车站。车站综控(应急)操作人员应及时在"综控室工作日志"或"应急操作台工作日志"内销记,并在行车室与车站值班员签认。

3. 客票系统网络通信故障和检票闸机故障时的应急处理

(1)车站工作人员发现客票系统网络通信故障或自动检票系统通信故障时,应立即向客运部客票管理所、信息技术所和各铁路局集团公司集控调度台报告,并指定专人通过车站自动检票系统的应急操作平台进入车站应急检票系统,将自动检票闸机切换至应急模式,采用人工方式对检票计划进行修改维护。

(2)各铁路局集团公司集控调度员接到车站有关客票系统网络通信故障后,应通知车站转为应急模式,车站综控(应急)操作人员要根据列车实际运行信息,做好对车站自动检票计划执行情况的监控,确保旅客检票秩序正常。

(3)当客票系统网络通信恢复正常后,车站工作人员应及时向各铁路局集团公司集控调度员报告,由集控调度员登录中心检票系统,将车站自动检票系统切换至正常模式,并将集成管理平台中的车站自动检票闸机状态切换至正常模式。

4. 广播系统故障时的应急处理

(1)遇到广播系统故障时,集控台应立即通知值班主任,集控调度员通知故障车站综合控制室切换到应急广播,由综控(应急)操作人员手动选择广播区域,按照广播内容进行人工广播,做到不缺项、不遗漏、不错播。

(2)如果应急广播无法启动,综控(应急)操作人员应立即通知值班站长、客运值班员,分以下两个区域加强组织。

①候车大厅。通知值班站长(主任),组织人员准备好手提喇叭、小区广播和车次引导牌,在进站大厅、检票口进行宣传,将旅客引导至相应的检票口。综控(应急)操作人员要与值班站长(主任)随时联系,将列车闭塞信息、列车开检和停检信息及时通知检票员,由检票员利用手提喇叭、小区广播对旅客进行宣传引导,防止旅客误乘、漏乘。

②站台及出站通道、出站厅。通知各站台值班员,准备好车次引导牌和手提喇叭,安排人员在进站通道楼梯处、站台地道口、出站地道口和出站大厅进行宣传,引导旅客有序上下车、有序进出站,严禁旅客在站内滞留。

(3)故障排除后,综控(应急)操作人员应及时报告值班站长(主任),由值班站长(主任)确认各处所广播是否完全恢复。综控(应急)操作人员在得到站长(主任)确认故障排除的报告后应上报各铁路局集团公司集控调度台。

5.检票机故障时的应急处理

(1)检票员如果发现闸机故障,不能自动检票,要及时打开人工口进行检票作业,不能影响旅客检票进站,并通知综控室,综控(应急)操作人员应及时通知设备厂家进行维修。

(2)闸机钥匙必须在检票员手里,保证发生闸机故障、卡票等问题时,检票员能够及时处理。

6.旅客服务系统设备故障报警时的应急处理

旅客服务系统发生设备故障时,集成管理平台设备监控系统会向综控(应急)操作人员发出设备故障警示信息,综控(应急)操作人员应及时联系设备维修人员进行抢修。

(1)车站发现日常广播未执行或执行不完整时,应立即通知集控调度台或通过车站应急操作台对广播内容进行重新执行处理,确保车站现场广播运行正常。

(2)车站发现导向屏显示不正确时,应及时通知集控调度台或通过车站综控(应急)操作台进行处理,确保车站导向屏显示正常。

7.列车大面积晚点时的应急处理

(1)当列车发生大面积晚点时,集控调度员应立即报告值班主任,值班主任根据具体情况决定是否转站控模式,并向各铁路局集团公司集控管理部门主任(副主任)报告。

(2)集控调度员应按照值班主任指示,及时通知相关车站站长转为站控模式操作。

(3)车站启动站控模式时,综控(应急)操作人员应立即通知行车室车站值班员。行车室车站值班员应将列车调度员下达的列车运行计划及时向应急操作台下达,并做到双方复述确认。

(4)综控(应急)操作人员应根据接到的阶段计划,对集成管理平台列车到发信息、接车股道进行调整,确保车站旅客服务系统各功能模块正常运行。

(5)因列车大面积晚点,车站转站控模式操作,广播设手动执行时,应对广播计划执行情况进行监控,发现广播未执行或执行失败的立即手动执行。上下行两趟列车交会,广播作业执行时间相同时,按优先级执行,综控(应急)操作人员要监控广播计划的执行情况,发现未执行的广播及时手动执行。列车晚点15min以上时,应播放晚点致歉广播,做到通告及时、播放正确。

(6)因特殊情况须临时变更股道时(以收到行车调度命令或行车值班员电话通知为准),要先通知候车室检票员和站台客运调度员,做好变更后的旅客乘降组织工作。

(7)启动站控模式后,集控调度员要对车站现场作业组织情况进行监控,发现问题及时通知车站。

(8)列车运行秩序恢复正常后,集控调度员应及时通知车站恢复集控模式,恢复各铁路局集团公司集控台对车站旅客服务系统各功能模块的操作和控制。

8. 遇冰雪天气的应急处理

(1)各铁路局集团公司集控管理部门接到冰雪预警命令后,由集控调度台值班主任或集控调度员及时通知客运部领导。

(2)集控调度员负责停运、增开列车客运计划的删除、添加和生成工作。

(3)遇列车大面积晚点,列车调度员无法掌握列车运行时刻、不能下达阶段计划时,值班主任应及时通知各集控台转为站控模式。

(4)集控调度员应对站控模式下的车站作业进行监督,发现调整信息不准及广播不及时,应立即通知车站,确保导向、广播信息发布准确。

(5)各铁路局集团公司集控管理部门主任、值班主任要掌握重点车站的作业及现场指挥情况。

9. 临时增开列车和列车临时停运的应急处理

(1)集控台值班主任接到列车调度员传达的列车临时停运的调度命令后,应及时传达到相关集控台,并监督做好调度计划、客运计划的修改。

(2)集控调度员应及时对当日调度计划、客运计划中增开和停运信息进行修改,同时通知管辖车站做好增开和停运列车的后续组织工作。

10. 遇动车组故障需启动热备车体车站换乘时的应急处理

(1)集控台值班主任接到列车调度员通知某次列车某站某道准备换热备车的调度命令后,应立即布置集控调度员。

（2）集控调度员应按照调度命令要求，认真核对计划，确认股道，并通知相关车站做好更换热备车的客运组织工作，加强现场监控，保证列车按照调度命令要求开车。

11. 各铁路局集团公司集控管理部门信息机房和集控调度台突发停电时的应急处理

（1）各铁路局集团公司集控管理部门信息机房和集控调度台突发停电时，UPS 电源会持续供电 30min 左右。集控调度员要及时向各铁路局集团公司集控管理部门主任报告。

（2）各铁路局集团公司集控管理部门信息机房停电后 30min 内未恢复供电时，集控调度员应通知车站启动应急管理模式，并通知相关单位及时维修。

（3）各铁路局集团公司集控调度台停电后 30min 内未恢复供电时，集控调度员应通知车站集控模式车站转为站控模式，并通知相关单位及时维修。

（4）恢复供电后，集控调度员应通知车站切换至正常管理模式或恢复集控模式。

六、旅客服务系统的应用和维护

旅客服务系统实行统一的设备技术标准、配置规范和软件版本。旅客服务系统的集成软件由中国国家铁路集团有限公司统一组织开发和更新，任何单位和个人不得擅自更换和修改。在旅客服务系统开发、升级或改造完成验收时，开发商应提供工程设计文件和操作说明书等资料，并提供必要的培训及售后服务，使用单位需对系统运行环境进行较大改变（包括更换关键设备、通信网络改造以及应用软件管理等）时，应按以下程序办理。

（1）使用单位与信息技术处协商后，向所属铁路局集团公司客运部提出书面申请，申请内容包括系统具体变更项目、时间、地点、方案、步骤、参与单位及负责人。

（2）客运部会同信息技术处对方案进行审定，由客运部向中国国家铁路集团有限公司提出书面申请。

（3）经中国国家铁路集团有限公司批复后，由客运部以文电形式下发变更安排，并会同信息技术处负责组织实施。

（4）需对旅客服务系统进行停机整修时，维修单位要征求车站意见，确定停机时间后，制订实施方案，在明确替代措施基础上，经客运部和信息技术处备案后方可组织实施。

（5）影响旅客服务系统稳定运行的调试、测试等工作，应在空闲时段进行。其他单位（部门）因检修设备需中断机房电源或通道时,必须向车站提报详细方案,征得同意后方可实施。

(6)使用单位要明确相关系统操作、设备管理人员的岗位职责,确定相应的管理和使用权限,制定日常工作制度、标准及管理维护制度,建立系统设备管理台账,并严格落实。车站负责集成管理平台用户的增加、删除、修改及权限的设置。发生人员调整时,应立即变更用户名权限、口令等相关事项。

七、安全管理

(1)车站应加强计算机病毒防范工作,主动配合信息技术分所对计算机系统及软件进行升级、查杀病毒等工作,并做好相关记录。

(2)车站应确保旅客服务系统封闭运行,相关的计算机设备严禁与互联网等外部网络进行物理连接,不得与其他无关系统共用硬件或者网络设备;U盘、移动硬盘等脱机方式进行信息交换的存储介质只能在本单位系统内部使用,不得外借、存储私人资料或带离单位使用,接入旅客服务系统前,必须查杀病毒。

(3)综合控制室要按规定配备足够的灭火器材,室内不得存放任何强磁性物品和易燃、易爆、强腐蚀性等危险品,并实行24h值班制度(指定车站除外),值班人员应有高度责任感和良好的业务素质,并明确值班电话,确保信息畅通。

(4)综合控制室严禁无关人员进入,对因工作需要进入综合控制室的其他人员应做好出入登记。

(5)集成管理平台用户首次登录后必须修改密码,密码长度不能低于6位,必须由英文字母和数字混合而成。密码至少每3个月更换一次。各操作人员应使用本人的工号和密码,严禁工号共享。

(6)车站要制定切实可行的应急预案,定期组织演练,并建立设备故障分析、处理制度和详细的故障处理档案。

(7)旅客服务系统发生故障时,相关操作、系统管理、设备维护人员应迅速处理。不能及时恢复的,要立即启动应急预案。

八、设备维修保养

各铁路局集团公司客运部是旅客服务系统的归口管理

部门,负责组织和监督检查设备维修保养工作;信息技术处是旅客服务系统的技术支持、保障和实施部门,负责旅客服务系统集成平台、网络和软件的日常管理、维护和升级;车站负责旅客服务系统的日常使用、管理和报修。客运部委托管内多元系统具有资质的专业维修单位对旅客服务系统设备进行维修保养,委托车站按照有关规定与维修单位签订设备维修合同。旅客服务系统设备在保修期内,由保修单位负责设备定期巡检、技术支持和应急响应,并负责设备故障的及时修复。

(1)春运、暑运、黄金周等旅客运输高峰期前,信息技术分所和维修单位应配合车站对旅客服务系统及相关环境设施进行全面检修,及时排除故障隐患。车站工作人员应加强服务区域的巡视检查,实时监控设备运行状态。

(2)车站要建立日常报修制度,配备专(兼)职设备管理人员,与专业维修单位建立日常联络机制,确保设备发生故障时能及时维修。

(3)车站要设立设备故障及处理登记台账,按要求在"设备设施报修登记簿"上详细记录报修时间、故障情况、处理结果等内容。对无法及时修复的设备故障,车站应指派专人跟进处理,直至修复为止。

(4)建立设备维修质量评价考核制度,加强对维修单位维修服务质量的有效监管。维修人员每次进行设备维修作业后,应如实填写"设备维修质量考核表",由车站提出意见并签字确认,车站每月 5 日前将上月度的"设备维修质量考核表"汇总,提报客运部对维修单位进行考评。

(5)维修单位要加强旅客服务系统的日常维护和检修,保证使用质量。在接到车站报修通知后,维修人员必须在规定时间内赶赴现场,迅速排除故障,使设备恢复正常。

【笔记区】

任务展示

(1)查阅相关资料,讨论车站集成管理平台的结构与功能。

(2)查阅相关资料,讨论车站综合控制室的功能及作用。

(3)展示任务书,并进行讨论。

任务评价

任务1.7 了解高铁站综合控制室设备设施

班级		姓名		日期	
项目		评价内容		分值	得分
师评	知识能力考核	掌握车站综控室的组成		10	
		掌握车站综控室的功能及作用		10	
		掌握旅客服务系统故障应急处置办法		10	
	职业素养考核	出勤情况	出勤( ) 缺课( )	5	
		任务书完成情况		10	
		任务书展示态度积极,口齿清楚,仪态得体		10	
		作业		10	
自评	自我反思(自填)			—	—
	任务书完成情况	完整(5分)	自主(5分)	10	
	是否展示汇报	是(5分)	否(0分)	5	
互评	任务书完成情况	能够积极参与讨论,完成任务书		10	
	展示汇报	能够在组内积极进行任务展示		10	
总分				100	

头脑风暴

(1)车站综合控制室有哪些功能?

(2)旅客服务系统有哪些功能?

(3)车站广播系统的功能是什么?

(4)简述列车大面积晚点时的应急处理。

(5)简述广播系统故障时的应急处理。

思政课堂　为站房设备设施护航，你不知道的高铁房建设备"保健师"

随着元宵节的结束，2022年春运落下大幕。春运期间，国内各高铁站客流量暴增，这不但对所有高铁站房设施设备是个考验，对高铁站房的"保健师"们也是一次大考。

李海清就是高铁站房"保健师"中的一员。今年56岁的李海清不仅是长沙房建公寓段"十佳工班长"、长沙南站连续两届"最美长南人"，还是广铁集团劳模。自2009年武广高铁开通以来，他就是长沙南高铁站房的首席"保健师"。13年来，他的工作一直"零事故、零违章"，为长沙南高铁站的站房设施设备保驾护航。

大年初九上午8点，李海清带领宋卫东等5名值守人员按照惯例对长沙南高铁房建设施设备进行第一次巡检。当巡查至东广场出站层南头卫生间时，细心的宋卫东发现卫生间所有洗手池排水都不太通畅。凭着经验，李海清判断肯定有一处排污管堵塞了。"小宋，你马上通知其他正在巡查的同事到故障地支援，逐一掀开此片区4个排污井进行排查，我通知吸污车司机火速进场吸污！"面对突发的污水管道堵塞，经验丰富的老工长李海清迅速提出了整治方案。

经过仔细排查，他们发现3号污水井水位超深，且井盖盖板有污水流出痕迹，李海清判断该处已被堵塞。他马上安排吸污车对3号污水井进行吸污。在吸走满满一车污水，大幅降低井内污水深度后，大家不顾污水井中的脏、臭，开始用疏通工具一节一节向前掘进疏通。经过3个小时的努力挖掘，该处堵塞的污水管道被疏通了。

收工会上，李海清说："随着春节客流增加，用厕量加大，此处的堵塞，不出两个小时，便会有大量的污水、粪水及各类污秽物漫溢流出，整个东广场将会'水漫金山'且臭气冲天，给选择在长沙南站出行的旅客带来严重不舒适的体验。因此，巡检中只要发现堵塞点，我们必须马上处理好，一点时间都不要耽搁。"

据悉，为保障长沙南站春运期间所有房建设备的状态良好，长沙南房建工区每天安排5个值守人员对站台上的每一块地砖、每一处顶棚，候车室里的每一个卫生间、每一道自动门，每一处配电箱，每一块天花板，至少进行4遍巡查。他们就如"保健师"一样，每天要对站房里里外外，上上下下进行检查、诊断，并对发现的大小问题及时进行处理化解。据悉，请思考：

高铁站房的"保健师"李海清是如何发现设备的安全隐患并第一时间解决的？他身上有哪些值得我们学习和借鉴的品质？

今年的春运近 20 天，该工区就已维修洗手池 15 处，蹲位疏通 18 处，雨棚检修 85838 m^2，检修更换灯具百余盏，化粪池清掏、吸污近百车，全力为长沙南站春节期间的旅客出行提供舒适的环境。

在这个本该阖家团圆的日子，这群高铁站房的"保健师"们舍小家，为大家，奋斗在一线，在高铁客运站绘就一幅幅向上奋进的劳动图谱。

(摘编自　潇湘晨报，引文有改动)

【笔记区】

【笔记区】

任务 2.1　走进和谐号动车组
任务 2.2　了解 CRH1 型动车组
任务 2.3　了解 CRH2 型动车组
任务 2.4　了解 CRH3 型动车组
任务 2.5　熟悉 CRH5 型动车组
任务 2.6　熟悉 CRH6 型动车组
任务 2.7　掌握 CRH380 型动车组车型
任务 2.8　掌握动车组车内设备设施的配置方法

项目 2
和谐号动车组列车设备设施

【课前预习】

【项目描述】

动车组型号繁多,作为从业人员,为了向旅客提供更专业和全面的服务,正确认知并掌握动车组型号及其设备设施相关知识是非常有必要的。通过认真学习本项目的内容,学生可以明确动车组的主要构成、编号规则、不同型号的发展历程、编组方式和技术特点,以及动车组的主要设备设施等知识,对高速铁路运营管理所涉及的专业和人才需求有一个清晰的认识,明确学习的方向。

对于动车组列车设备设施,要求重点掌握以下内容:
(1) 动车组的主要构成及发展历程。
(2) 动车组的主要型号分类。
(3) 动车组设备设施相关知识。

【建议学时】

任务序号	任务内容	建议学时
2.1	走进和谐号动车组	2
2.2	了解 CRH1 型动车组	1
2.3	了解 CRH2 型动车组	1
2.4	了解 CRH3 型动车组	1
2.5	熟悉 CRH5 型动车组	1
2.6	熟悉 CRH6 型动车组	1
2.7	掌握 CRH380 型动车组车型	1
2.8	掌握动车组车内设备设施的配置方法	2
合计		10

任务2.1　走进和谐号动车组

【任务发布】

作为铁路从业人员,你对动车组了解多少?什么叫动车组,它有什么特征?动车组的组成部分有哪些?动车组的基本要求有哪些?动车组是按照何种规则进行编号的?让我们带着这些疑问走进任务。

【任务要求】

通过学习任务信息,完成任务书。

【任务目标】

(1)掌握动车组的基本概念。

(2)掌握动车组的基本构成和识别标志。

(3)掌握动车组型号编号规则。

(4)具有自主学习、归纳总结的能力,提升大国工匠自豪感,树立铁路职业意识。

【任务书】

任务2.1　走进和谐号动车组

班级		姓名		日期	
课前思考	作答区					
以和谐号为例,动车组的构成部分有哪些					
以和谐号为例,动车组的基本识别标志包括哪些					
请描述 CRH1A-A 的含义					
请描述 CRH380AL 的含义					

- 任务2.1　走进和谐号动车组
- 任务2.2　了解 CRH1 型动车组
- 任务2.3　了解 CRH2 型动车组
- 任务2.4　了解 CRH3 型动车组
- 任务2.5　熟悉 CRH5 型动车组
- 任务2.6　熟悉 CRH6 型动车组
- 任务2.7　掌握 CRH380 型动车组车型
- 任务2.8　掌握动车组车内设备设施的配置方法

任务信息

一、动车组的基本概念

所谓动车组，就是由若干动车和拖车或全部由动车长期固定连挂在一起组成的列车，其特征是固定编组、自带动力、可双向运行。

动车组中带有动力的车辆被称为动力车，简称动车（用 M 表示），无动力的车辆被称为拖车（用 T 表示），列车两端都带有司机室，可在线路上往复运行。

拓展知识 2-1

图 2-1 "和谐长城号"动车组

图 2-2 "神州号"动车组

1. 动车组与高速列车

动车组不一定是高速列车，高速列车也不一定是动车组。动车组与高速列车是独立的概念，没有必然联系。"和谐长城号"动车组（见图 2-1）从北京站到八达岭站，运行 61km 的距离，最少需要 1h11min，速度虽然不快，但它是动车组。1955 年 3 月 29 日，法国的 Jeumont-Schneider 电力机车在波尔多与达克斯之间运行时的速度达到了 331km/h。2006 年 9 月 2 日，西门子第三代 EuroSprinter 电力机车在纽伦堡至慕尼黑高速线上运行时的速度达到 357km/h，它们的运行速度相对较快，但都不是动车组。

2. 动车组与电力牵引动车组

"神州号"动车组（见图 2-2）曾经运行在北京与天津之间，它是内燃动车组；"和谐长城号"动车组也是内燃动车组。

3. 中国的动车组与 CRH 系列动车组

在 CRH 系列动车组生产制造之前，我国制造了"大白鲨""蓝箭""庐山""先锋""中华之星"等多种型号的动车组列车。2002 年 11 月 27 日，"中华之星"动车组在秦沈客运专线上的试验速度达 321.5km/h。

二、动力集中与动力分散

动车组分为动力集中式（见图 2-3）和动力分散式（见图 2-4）两种类型。动力集中式是指动力装置集中安装在列车的两端，动力分散式是指动力装置分散安装在列车的几个车厢，由司机通过司机室的计算机控制。

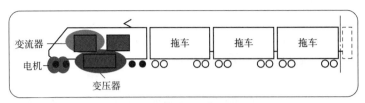

图 2-3　动力集中式动车组

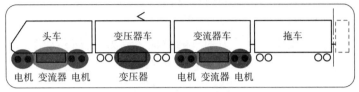

图 2-4　动力分散式动车组

动车组动力分散配置有两种方式：一种是完全分散方式，即高速列车编组中的车辆全部为动车，如日本的 0 系高速列车，16 辆编组中的每辆车均是动车；另一种是相对分散方式，即高速列车编组中大部分是动车，小部分为无动力的拖车，如日本的 100 系、700 系高速列车，16 辆编组中有 12 节动车，4 节拖车，即其动力配置组合为"12 动 +4 拖"。

动力分散式动车组具有牵引功率大、最大轴重小、启动加速性能好、可靠性高、列车利用率高、编组灵活、运行成本低等诸多优点，因此动力分散式动车组是当今世界铁路动车组，特别是高速动车组技术发展的方向。

三、和谐号动车组的构成

和谐号动车组主要由车体、转向架、车辆连接装置、制动系统、车辆内部设备和牵引传动系统等构成（见图 2-5）。

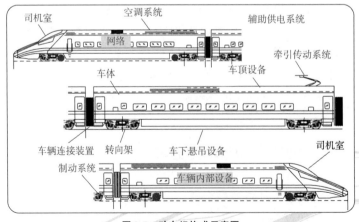

图 2-5　动车组构成示意图

1. 车体

动车组车体分为带司机室车体和不带司机室车体两种。

车体是容纳旅客和司机驾驶的地方,同时又是安装与连接其他设备和部件的基础。为使车体轻量化,高速动车组车体通常采用铝合金和不锈钢材料制造。

2. 转向架

动车组转向架分为动力转向架和非动力转向架。动力转向架的车轴可以是全动轴,也可以是部分动轴。转向架置于车体和轨道之间,用来牵引和引导车辆沿轨道行驶,并承受和传递来自车体及线路的各种载荷,缓和作用力。

3. 车辆连接装置

车辆编组成列车运行必须借助于连接装置,其中机械连接包括缓冲装置和风挡等,同时还有车辆之间的电器和空气管路的连接、辅助系统和列车供电连接以及控制系统连接等。

4. 制动系统

制动装置是保证列车安全运行所必需的装置。动车组常采用动力制动与摩擦制动两种制动模式。制动系统包括动力制动控制系统(再生制动)和空气制动控制系统。此外,还包括电子防滑器及基础制动装置等。

5. 车辆内部设备

车辆内部设备是指服务于旅客的车内固定附属装置,如座席、车窗、车门、行李架、旅客信息服务系统等。

6. 牵引传动系统

牵引传动系统包括主电路、高压设备、受电弓、主断路器、其他高压设备、主变压器、牵引交流器、牵引电机及电传动系统的保护等。

四、和谐号动车组的技术特点

1. 均为动力分散式动车组

和谐号动车组在技术引进阶段,瞄准了动力分散式动力配置方案,减少轮轨冲击、黏着利用充分并提高载客量。此外,我国采用的是新建专线的高速铁路方案,未采用摆式列车提速方案。

2. 互联互通基础较好

从外部技术接口上看,和谐号动车组接触网电压统一为交流25kV,与欧洲相比,避免了车载设备需兼容多电压制式的问题。此外,我国列控系统CTCS也进行了系统规划,兼容性较高,避免了车载需设置多套信号系统的问题,为高速列车互联互通奠定了基础。尽管还存在速度等级、接触网网高、牵引供电能力、分相间距、不同供应商列控兼容等问题,但互联互通整体基础较好。

3. 采用无摇枕转臂式转向架

和谐号系列动车组均采用无摇枕高速转向架技术。为便于维护,结构全部采用转臂式。此外,还采用空簧做二系悬挂,提高旅客舒适度,保证良好的曲线通过性能及旅客乘坐的舒适性。

4. 车体结构轻量化

为了减小牵引功率,降低高速所引起的动力作用对线路结构、机车车辆结构产生的损伤,并提高旅客乘坐的舒适度,需要最大限度地降低高速动车组的轴重,因此国外高速列车车体的主要材料是铝合金和不锈钢。从发展趋势看,铝合金将成为动车组车体的主导材料。

5. 采用混合制动技术

列车的制动功率与列车速度的3次方成正比,高速列车对制动系统提出了极高的要求。目前,高速列车采用电、空混合制动模式,因为电制动能量可再生使用,且可以大大减少空气制动磨耗件的消耗,所以优先使用电制动。高速运行区段电制动能力不足时,采用空气制动进行补偿。此外,高速列车均设置有防滑保护机构。空气制动方面,高速列车均采用电控直通式空气制动系统作为制动系统的主体。

6. 采用交-直-交结构主电路结构

早期的电力牵引传动系统均采用交-直传动,用直流电机驱动。直流电机的单位功率重量较大,这使高速列车既要大功率驱动又要减轻轴重的矛盾难以克服。

和谐号动车组各平台动车组均采用交-直-交结构牵引传动系统。牵引能力强,特性好。交流牵引电机具有额定输出功率大、结构简单、体积小、重量轻、易维修、速度控制方便、效率高等一系列优点。

7. 采用先进的列车控制及诊断系统

列车自动控制系统对保证高速列车安全运行、提高动车组运行和检修效率有十分重要的作用。我国高速列车平台先进、成熟,自动控制及诊断系统较为完善,在长期使用过程中,又对系统不断进行优化提升,有力地保障了动车组的运行安全。

五、动车组基本要求

1. 动车组基本识别标志

动车组应有路徽、配属局段简称、车型、车号、定员、自重、载重、全长、最高运行速度、制造厂名及日期、定期修理的日期和处所等基本识别标志。

动车组应有"电化区段严禁攀登"的标志。

2. 列车运行安全监控功能

动车组应具有列车运行安全监控功能,对重要的运行部件和功能系统进行实时监测、报警和记录,并能提前向检修基地传输。动车组必须装备 CTCS-2 级列控车载设备,并根据需要加装列车运行监控记录装置(目前大多为 LKJ2000 型)。

3. 动车组制动速度规定

动车组制动初速度为 200km/h 时,列车紧急制动距离限值为 2000m;制动初速度为 250km/h 时,紧急制动距离限值为 3200m。动车组制动机采用计算机控制直通式电空制动系统。制动系统具备动力制动和空气制动的功能,当动力制动能力不足或丧失时,使用空气制动补充,必须保证规定的紧急制动距离。

4. 动车组应急备品

动车组应随车配备行车备品和过渡车钩、电气连接线、专用风管及止轮器,并存放在固定地点。动车组应具有良好的密封性。动车组应设集便装置和废水箱,污物、废水应定点集中处理。动车组应设火警分级报警系统,并有相应的火灾应急对策。

5. 动车组检修规定

新造动车组以及检修后按检修规程规定需要试运行的动车组,上线运营前应按规定进行试运行。动车组不得通过半径小于 180m 的曲线,不得侧向通过小于 9 号的单开道岔和小于 6 号的对称双开道岔。

动车组实行计划预防检修,分为运用检修和定期检修。检修周期及技术标准按中国国家铁路集团有限公司检修规程执行。动车组的检修分别在动车段和动车运用所中进行。动车段(所)应设库线供动车组检修,并应配备地面电源及相应设备,对转向架、车下设备、车上设备以及车顶设备进行检查、维护、更换、检修和清洗等作业。动车段(所)应具备各型动车组运用检修、行车安全设备检修、客运整备能力及相应的存车条件,动车段还应具备特定动车组定期检修能力。

6.动车组运转规定

动车段(所)设动车组司机派班室、候班室,并配备列控车载设备、列车运行监控记录装置、列车无线调度通信系统等的检修、检测设备和数据转储、分析设备,并设相应检修处所。动车组日常运用的整备、清洁、排污等作业原则上应在动车段(所)完成。不在动车段(所)停留的动车组,需进行整备、保洁、上水、排污等作业时,其停留地点应具备相应的条件。根据作业需要,应在车站设置吸污设备。

六、和谐号的车型型号和车组号的命名规则

(一)技术序列代码命名方式

动车组的编号由动车组简称、技术序列代码、制造序列代码和型号系列代码组成。型号以一位大写拉丁字母表示,表示动车组的技术特点,制造序列代码,以3位阿拉伯数字表示。动车组车型编号如图2-6所示,其中a表示中国铁路高速动车组;b表示技术序列代码,以1位阿拉伯数字表示;c以1位大写英文字母表示子型号;d空缺或以1~2位大写英文字母表示技术配置代码;e以4位阿拉伯数字表示车组号。

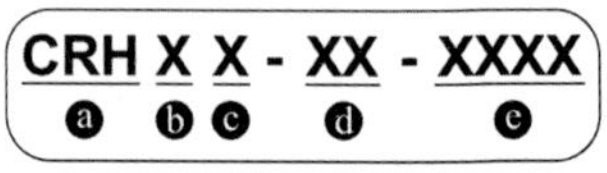

CRH X X - XX - XXXX
   ⓐ ⓑ ⓒ   ⓓ   ⓔ

图2-6 动车组车型编号

(1)车型代码中的CRH为中国铁路高速动车组标志,是China Railway High-Speed的缩写。

(2)技术序列代码以一位阿拉伯数字表示。

数字1指青岛四方庞巴迪铁路运输设备有限公司申请定型的动车组技术序列。

数字2指中车青岛四方机车车辆股份有限公司申请定型的动车组技术序列。

数字3指中车唐山机车车辆有限公司申请定型的动车组技术序列。

数字5指中车长春轨道客车股份有限公司申请定型的动车组技术序列。

数字6指中车青岛四方机车车辆股份有限公司和中车南京浦镇车辆有限公司申请定型的城际动车组技术序列。

数字7及后续数字指预留的动车组技术序列代码。

(3)子型号以一位大写英文字母表示。

字母 A 表示设计速度 200～250km/h 的 8 辆编组座车。
字母 B 表示设计速度 200～250km/h 的 16 辆编组座车。
字母 C 表示设计速度 300～350km/h 的 8 辆编组座车。
字母 D 表示设计速度 300～350km/h 的 16 辆编组座车。
字母 E 表示设计速度 200～250km/h 的 16 辆编组卧车。
字母 F 表示设计速度 160km/h 的 8 辆编组城际动车组。
字母 G 表示设计速度 200～250km/h 的 8 辆编组耐高寒座车动车组。
字母 J 表示综合检测动车组。
H、J、K 及后续字母表示预留的动车组子型号。

(4)技术配置代码以 1～2 位大写英文字母表示,由字母 A 开始排列,用以区分统一基本型号下不同技术配置的衍生车型,(如 4 辆编组的 CRH6F-A),基础车型技术配置代码空缺。

按照此种方式命名的动车组有以下车型:CRH1A、CRH1B、CRH1E、CRH1A-A、CRH2A、CRH2B、CRH2C、CRH2E、CRH2G、CRH3C、CRH3A、CRH5A、CRH5G、CRH5E、CRH6A、CRH6A-A、CRH6F、CRH6F-A。

(二)速度等级命名方式

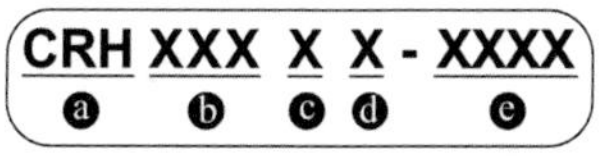

速度等级命名方式如图 2-7 所示,其中 a 表示中国铁路高速动车组;b 以 3 位阿拉伯数字表示速度目标值;c 以 1 位大写英文字母表示技术平台代码;d 空缺或以 1 位大写英文字母表示子型号;e 以 4 位阿拉伯数字表示车组号。

CRH XXX X X - XXXX
 ⓐ   ⓑ ⓒ ⓓ   ⓔ

图 2-7 动车组速度等级命名

(1)车型代码中的 CRH 为中国铁路高速动车组标志,是 China Railway High-Speed 的缩写。

(2)速度目标值以动车组最高运行速度目标值的 3 位数字组成。目前,CRH380 是唯一采用这种方式命名的动车组系列,代表设计最高运行速度目标值为 380km/h。

(3)技术平台代码以一位大写英文字母表示。

字母 A 表示中车青岛四方机车车辆股份有限公司申请定型的 8 辆编组座车。

字母 B 表示中车长春轨道客车股份有限公司和中车唐山机车车辆有限公司申请定型的 8 辆编组座车。

字母 C 表示中车长春轨道客车股份有限公司申请定型的 8 辆编组座车(与 B 采用不同的牵引及控制系统)。

字母 D 表示青岛四方庞巴迪铁路运输设备有限公司申请定型的 8 辆编组座车。

(4)子型号以一位大写英文字母表示(不标注时为基本车型)。

字母 G 表示耐高寒动车组。

字母 J 表示综合检测动车组。

字母 L 表示基本型的 16 辆编组动车组。

字母 M 表示更高速度等级试验列车改装制造的综合检测动车组,其余字母为预留。

按照此种方式命名的动车组有以下车型:CRH380A、CRH380AL、CRH380BL、CRH380B、CRH380BG、CRH380CL、CRH380D。

(三)和谐号的车组号命名规则

常见的中国国家铁路集团有限公司采购的和谐号动车组,均是按照制造工厂分配车组号号段。

(1)青岛四方庞巴迪铁路运输设备有限公司。

250km/h 及以下动车组号段为 1001~1499。

350km/h 及以上动车组号段为 1501~1999。

检测、试验等特殊用途动车组号段为 0101~0110。

(2)中车青岛四方机车车辆股份有限公司。

250km/h 及以下动车组(含 CRH2C 和城际动车组)号段为 2001~2499,4001~4499。

350km/h 及以上动车组号段为 2501~2999。

检测、试验等特殊用途动车组号段 0201~0210。

(3)中车唐山机车车辆有限公司。

250km/h 及以下动车组(含 CRH3C)号段为 3001~3499。

350km/h 及以上动车组号段为 3501~3999。

检测、试验等特殊用途动车组号段为 0301~0310。

(4)中车长春轨道客车股份有限公司。

250km/h 及以下动车组号段为 5001~5499。

350km/h 及以上动车组号段为 5501~5999。

检测、试验等特殊用途动车组号段为 0501~0510。

(5)中车南京浦镇车辆有限公司和中车广东轨道交通车辆有限公司号段为 4501~4999。

七、车种代码及车组号的命名规则

和谐号的车种代码和车组号的命名规则如图 2-8 所示,其中 a 表示车种代码,以 2 位或 3 位大写英文字母表示;b 表示动车组车组号;c 表示编组顺位代码,以 2 位阿拉伯数字表示。

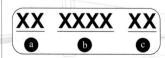

图 2-8 命名规则

(1)动车组中的车辆车种代码是车种汉语拼音的缩写,车种代码、车种名称和英文对应表如表 2-1 所示。

车种代码、车种名称和英文对应表　　　表 2-1

序号	车种代码	车种名称	英文
1	ZY	一等座车	First Class Coach
2	ZE	二等座车	Second Class Coach
3	WR	软卧车	Soft Sleeper Coach
4	WY	硬卧车	Hard Sleeper Coach
5	CA	餐车	Dining Coach
6	SW	商务座车	Business Coach
7	ZEC	二等座车/餐车	Second Class/Dining Coach
8	ZYS	一等/商务座车	First Class/Business Coach
9	ZES	二等/商务座车	Second Class/Business Coach
10	ZYT	一等/特等座车	First Class/Premier Coach
11	ZET	二等/特等座车	Second Class/Premier Coach
12	JC	检测车	Detection Car
13	WRC	软卧车/餐车	Soft Sleeper/Dining Coach
14	WG	高级软卧车	Luxury Sleeper Coach
15	DGN	多功能车	Multi-function Coach

(2)车组号为本列车的车组号,由 4 位数字组成。

(3)编组顺位代码以 2 位阿拉伯数字表示,自头车开始,由 01 开始顺序排列,尾车标注为 00 车。

【笔记区】

(1) 查询资料,了解我国和谐号动车组的发展历程。
(2) 展示任务书,并进行讨论。

任务展示

任务评价

任务2.1 走进和谐号动车组

项目		评价内容			分值	得分
班级			姓名		日期	
师评	知识能力考核	掌握动车组的基本构成			10	
		掌握动车组识别标志			10	
		掌握动车组型号编号规则			10	
	职业素养考核	出勤情况	出勤( )	缺课( )	5	
		任务书完成情况			10	
		任务书展示态度积极,口齿清楚,仪态得体			10	
		作业			10	
自评	自我反思(自填)				—	—
	任务书完成情况	完整(5分)		自主(5分)	10	
	是否展示汇报	是(5分)		否(0分)	5	
互评	任务书完成情况	能够积极参与讨论,完成任务书			10	
	展示汇报	能够在组内积极进行任务展示			10	
		总分			100	

头脑风暴

(1) 什么是动车组?
(2) 动车组的基本特征有哪些?
(3) 动车组的技术特点有哪些?
(4) 请描述图2-9~图2-14中动车组型号和车组号的含义。

图 2-9 　　　　　图 2-10

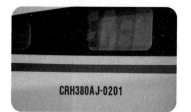
图 2-11

图 2-12

图 2-13

图 2-14

任务2.2 了解CRH1型动车组

任务2.1	走进和谐号动车组
任务2.2	**了解CRH1型动车组**
任务2.3	了解CRH2型动车组
任务2.4	了解CRH3型动车组
任务2.5	熟悉CRH5型动车组
任务2.6	熟悉CRH6型动车组
任务2.7	掌握CRH380型动车组车型
任务2.8	掌握动车组车内设备设施的配置方法

【任务发布】

当你乘坐动车组出行，体验现代交通的便利和快捷时，是否思考过动车组有哪些不同的类型？CRH1型动车组有哪些主要类型？它们的编组形式是否相同？它们具有怎样的技术特点？让我们带着这些疑问走进任务。

【任务要求】

（1）查阅相关资料，讨论CRH1型动车组的发展历程。

（2）查阅相关资料，调研CRH1型动车组在我国哪些线路上运行。

（3）通过学习任务信息，完成任务书。

【任务目标】

（1）掌握CRH1型动车组的车型类型。

（2）掌握CRH1型动车组的各车型编组形式。

（3）能够正确画出CRH1A-A动车组的编组示意图。

（4）具有自主学习、归纳总结的能力，增强对专业学习的自信心。

【任务书】

任务2.2 了解CRH1型动车组

班级		姓名		日期	
课前思考	（1）调研CRH1型动车组主要类型 （2）简述各车型的定员和编组方式（动力配置） （3）简述各车型的车厢类型、客室布置及车辆外形尺寸				
车型	定员	动力配置	车厢类型	长宽高	
CRH1A(200)					
CRH1A(250)					
CRH1A-A					
CRH1B					
CRH1E					

任务信息

一、CRH1A 型动车组

图 2-15　CRH1A 型动车组

图 2-16　CRH1A 型动车组原型车

CRH1A 型动车组(见图 2-15 和图 2-16)目前有 CRH1A(200)、CRH1A(250)和 CRH1A-A 这 3 种型号。

(一)CRH1A(200)型动车组

CRH1A(200)型动车组编组形式为 5 节动车加 3 节拖车(5M3T),设计速度 220km/h,定员有 668 人和 611 人两种(见图 2-17 和图 2-18),车辆全长 213.5m,宽 3328mm,高 4040mm,于 2007 年 2 月投运,全部由青岛四方庞巴迪铁路运输设备有限公司制造,编号范围为 CRH1A1012 ~ 1040。

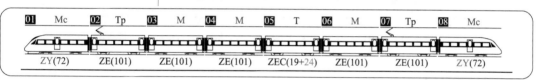

图 2-17　CRH1A(200)型动车组编组定员示意图(定员 668 人,24 人机动)

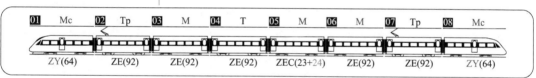

图 2-18　CRH1A(200)型动车组编组定员示意图(定员 611 人,24 人机动)

由于原车型为城际列车,因此 CRH1A 型动车组保留了类似地铁的加速度,提速快。但 CRH1A 型动车组采用不锈钢材料车身,当速度达 130km/h 左右时,就会出现和部分较旧铁轨产生共振的现象,车身会振动。另外,每节车厢每侧仅有一个车门,使 CRH1A 型动车组上下旅客的速度很慢,在客流大、多停站的线路,高峰期经常造成列车晚点。且由于该车型车体气密性较差,列车在高速运行中通过较长隧道时,会使旅客产生强烈的耳鸣。

(二)CRH1A(250)型动车组

CRH1A(250)型动车组,编组形式为 5 节动车加 3 节拖车(5M3T),设计速度 250km/h,定员有 646 人、635 人和 668 人 3 种(见图 2-19 ~ 图 2-21),分别于 2010 年 9 月和 2012 年 9 月投运,车辆全长 213.5m,宽 3328mm,高 4040mm,全部由青岛四方庞巴迪铁路运输设备有限公司制造,编号范围为 CRH1A1081~1168。

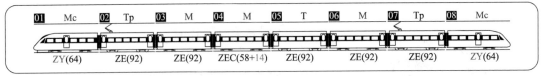

图 2-19 CRH1A(250)型动车组编组定员示意图(定员 646 人,14 人机动)

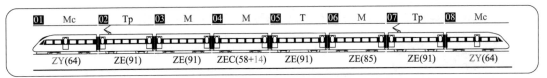

图 2-20 CRH1A(250)型动车组编组定员示意图(定员 635 人,14 人机动)

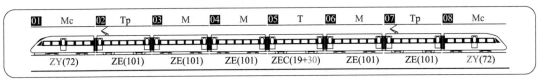

图 2-21 CRH1A(250)型动车组编组定员示意图(定员 668 人,30 人机动)

(三)CRH1A-A 型动车组

CRH1A-A 型动车组(见图 2-22)采用 5 节动车加 3 节拖车的编组形式(5M3T),数量共 87 列,设计速度 250km/h,定员有 613 人、568 人及 588 人 3 种,车辆全长 207.89m,宽 3358mm,高 4160mm,该动车组全部由青岛四方庞巴迪铁路运输设备有限公司制造。

图 2-22 CRH1A-A 型动车组

1. CRH1A-A 型动车组的发展历程

(1)2012 年 9 月,铁道部向青岛四方庞巴迪铁路运输设备有限公司再次订购新一批动车组,共包含速度 250km/h 动车组 106 组,其中前 46 列为 CRH1A 型动车组,另外 60 列进行了改款并统一化,即 CRH1A-A(编号范围 1169~1228)。

(2)2015 年 1 月,新一代 CRH1A-1169、1170 两列动车组在秦沈客运专线进行动力学试验。

(3)2016 年 2 月,新一代 CRH1A-1169 型动车组正式在广珠城际铁路载客运行。

(4)2016 年 11 月,CRH1A-A 正式投入海南环岛高速铁路运营,替代海南所有 CRH1A 型动车组。

(5)2017 年 1 月,海南东环高速铁路速度由 200km/h 提至 250km/h。

2. CRH1A-A 型动车组的技术特点

CRH1A-A 型动车组采用更为流线型的头型设计,由原来的不锈钢车体改为铝合金车体,改善了车体气密性,优化了转向架悬挂,提高了稳定性,列车牵引功率由 5300kW 增加到 5500kW,设计寿命延长至 25 年。

列车车体采用开放型管状设计,使内部可用空间最大化,在相同轴重下,为同类型动车组中最大车辆横断面积。

列车定员分别为 613 人、568 人及 588 人,1 号车为一等座车,定员 48 人,4 号车设计无障碍卫生间,5 号车为二等座车和餐车和合造车。在海南运行的部分 CRH1A-A 型动车组的 1、8 号车均为一等座车,还有部分列车的 1、8 号车为商务或一等座车。

3. 运营范围及车次

目前 CRH1A-A 型动车组配属中国铁路广州局集团有限公司和中国铁路南昌局集团有限公司,主要用于夏深线、广深城际铁路以及贵广、南广部分车次。

(1) CRH1A-A 型动车组定员 613 人(见图 2-23),编号范围为 CRH1A-A-1169~1182、1183~1208、1234~1260,2016 年 2 月投运。

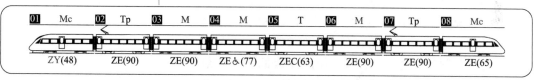

图 2-23　CRH1A-A 型动车组编组定员示意图(定员 613 人)

(2) CRH1A-A 型动车组定员 568 人(见图 2-24),编号范围为 CRH1A~A1182,2016 年 11 月投运。

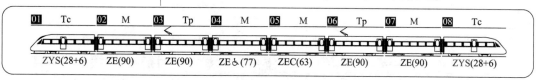

图 2-24　CRH1A-A 型动车组编组定员示意图(定员 568 人)

(3) CRH1A-A 型动车组定员 588 人的列车共 8 列(见图 2-25),编号范围为 CRH1A-A-1209~1216,2017 年 4 月投运。

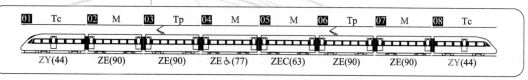

图 2-25　CRH1A-A 型动车组编组定员示意图(定员 588 人)

二、CRH1B 型动车组

CRH1B(1A 车头)是在 CRH1A 的基础上扩编至 16 节车厢的大编组座车动车组,全列 16 节编组中包括 10 节动车和 6 节拖车(10M6T),定员 1299 人,其中包括 3 节一等座车,12 节二等座车,1 节餐车,车辆全长 426.3m,宽 3328mm,高 4040mm,最高设计速度为 250km/h,编号范围为 CRH1B-1041~1060。

(一)发展历程

(1)2009 年 3 月 5 日,首列 CRH1B 型动车组在青岛四方庞巴迪铁路运输设备有限公司内部完成了环形线测试,3 月 8 日开始在北京环行铁试验。

(2)2009 年 4 月起,逐步交付上海铁路局,运行上海—南京、上海南—杭州的城际列车。

(3)整批 20 列 CRH1B 动车组在 2010 年 4 月交付完毕。

(二)CRH1B 技术特点

CRH1B 型动车组采用交流传动及动力分散式技术,定员 1299 人(见图 2-26),轴重不大于 16t,牵引总功率 11000kW,车体为不锈钢结构。列车在第 2、7、10、15 号车厢设有受电弓及附属装置,受电弓工作高度最低 5.3m、最高 6.5m。车端连接装置采用德国系统的夏芬伯格式 10 号半自动密接全自动车钩,内置机械、空气、电气连接机构和通路,但不支持重联运行,其他主要技术参数与 CRH1A 型动车组相同。

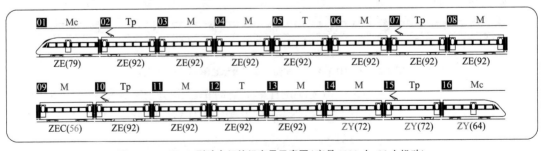

图 2-26 CRH1B 型动车组编组定员示意图(定员 1299 人,56 人机动)

CRH1B(1E 头型)型电力动车组是由青岛四方庞巴迪铁路运输设备有限公司基于 ZEFIRO250,为适应中国铁路运力状况而研发的 250km/h 长编组动车组。CRH1B 总数增至 25 列,于 2012 年 12 月交付完毕。

三、CRH1E 型动车组

CRH1E 是青岛四方庞巴迪铁路运输设备有限公司基于 ZEFIRO250 研发的长编组卧铺动车组。CRH1E 编组为 16 节车厢，包括 10 节动车和 6 节拖车（10M6T），车辆全长 428.96m，宽 3328mm，高 4040mm，设计速度为 250km/h，是世界上第一种速度能达到 250km/h 的高速卧铺动车组，总数为 15 列，编号范围为 CRH1E1061～1075。

CRH1E 型动车组前 12 列编组中有 1 节高级软卧车、12 节软卧车、2 节二等座车和 1 节餐车，全列定员 618 人（见图 2-27）。其中，位于 10 号车厢的高级软卧车每车定员 16 人，设 8 个包厢，每个包厢 2 个铺位，每个包厢中均有沙发和衣柜，但没有独立卫生间，车厢一端设有带转角式沙发的休息室。自第 13 列动车组（CRH1E-1073）起取消了高级软卧车，并以软卧车代替，全列定员增加至 642 人。

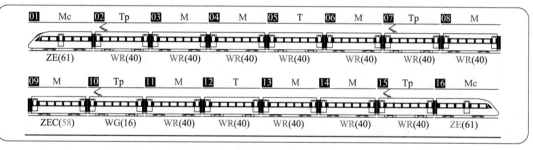

图 2-27　CRH1E 型动车组编组定员示意图（定员 618 人，58 人机动）

高级软卧车定员 16 人，有宽敞的会客厅，让旅客在途中有商务空间。高级软卧车内只有两套卧具，配有沙发和衣帽柜。软卧车厢内每个铺位前都装有电视机，并配备有单独耳机，频道可自由选择；车厢内的空调是单独控制，旅客可根据自己的需要调节室温；包厢进出的门是自动感应式门。软卧车每个包厢 4 个铺位，定员 40 人，每个铺位均有多媒体电视、靠近头部位置的阅读灯以及墙上的控制开关和一体式置物架，鞋子放在下铺。

（一）发展历程

（1）2009 年 10 月，首列 CRH1E 型动车组出厂，配属上海铁路局。

（2）2009 年 11 月，CRH1E 型动车组开始上线运营，后期主要承担北京—上海的动车组列车运营任务。

(二)技术特点

CRH1E 型动车组采用交流传动及动力分散式技术,轴重不大于 16t,牵引总功率 11000kW,车体为不锈钢结构,其受电弓位置及高度与 CRH1B 型动车组一样。另外,车端连接装置也采用德国系统的夏芬伯格式 10 号半自动密接全自动车钩,内置机械、空气、电气连接机构和通路,不支持重联运行。

该动车组供电制式为交流 25kV、50Hz,接触网取电,IGBT 水冷 WVF 牵引变流器,采用再生制动,直通式电空制动紧急制动距离小于或等于 3200m(制动初速度为 250km/h 时),采用无摇枕空气弹簧转向架,一系悬挂为单组钢弹簧单侧拉板定位加液压减振器,二系悬挂为空气弹簧加橡胶堆,辅助供电制式为三相 AC380V、50Hz 和 DC100V。

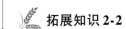

拓展知识 2-2

新一代 CRH1E(NG)动车组

新一代 CRH1E 型卧铺动车组是青岛四方庞巴迪铁路运输设备有限公司利用 ZEFIRO NG 高速列车平台设计的新一代高速卧铺动车组,采用铝合金鼓型车体,动车定员 642 人,设计最高速度 250km/h,编号范围为 CRH1E1229~CRH1E1233。

2015 年 08 月,首列 CRH1E(NG)型动车组下线,并开始在北京环形铁道进行测试。

2016 年 01 月,新一代 CRH1E(NG)型动车组 CRH1E-1230 首发。

新一代 CRH1E 型动车组采用更为流线型的头型设计,由原来的不锈钢车体改为铝合金车体,改善了车体气密性,全车 16 编组,配置为 10 节动车和 6 节拖车,功率为 11000kW。最高运行速度 250km/h,最高试验速度 275km/h。

其中,1 号、16 号车为二等座车,定员各为 55 人;9 号车为软卧、餐车合造车,定员 12 人,该车厢一半为餐车厨房、储物室,另一半为 5 个四人包厢结构,其中 2 个包厢改造为小件行李储存间;其余车厢为软卧车厢,定员均为 40 人。每节车设有蹲式卫生间、坐式卫生间以及双人盥洗室。全列车卧铺模式定员为 642 人。

为了提高动车组的使用率,卧铺动车日间会套跑座位车次,新一代 CRH1E 型动车组软卧铺位可以轻松调整为座席,上铺床板改为上翻式设计,可向上抬起。下铺床位侧墙处增设了背靠软垫,软垫侧设计有隐藏式的下拉式扶手。一个 4 人软卧包间可以改为 6 人软座包间,此时普通软卧车厢定员为 60 人,全车软座模式定员为 908 人。

【笔记区】

任务展示

(1) 查阅相关资料,讨论 CRH1 型动车组的发展历程。

(2) 查阅相关资料,调研 CRH1 型动车组正在或曾经在我国哪些线路上运行。

(3) 展示任务书,并进行讨论。

任务评价

任务 2.2　了解 CRH1 型动车组

班级		姓名		日期	
项目		评价内容		分值	得分
师评	知识能力考核	掌握 CRH1 型动车组的车型类型		10	
		掌握 CRH1 型动车组的各车型编组形式		10	
		能正确画出 CRH1A-A 动车组的编组示意图		10	
	职业素养考核	出勤情况	出勤（　） 缺课（　）	5	
		任务书完成情况		10	
		任务书展示态度积极,口齿清楚,仪态得体		10	
		作业		10	
自评	自我反思(自填)			—	—
	任务书完成情况	完整(5 分)	自主(5 分)	10	
	是否展示汇报	是(5 分)	否(0 分)	5	
互评	任务书完成情况	能够积极参与讨论,完成任务书		10	
	展示汇报	能够在组内积极进行任务展示		10	
总分				100	

头脑风暴

(1) 简述 CRH1A-A 型动车组的发展历程以及技术特点。

(2) 画出 CRH1A-A 型动车组的编组示意图。

任务2.3 了解CRH2型动车组

任务2.1　走进和谐号动车组
任务2.2　了解CRH1型动车组
任务2.3　了解CRH2型动车组
任务2.4　了解CRH3型动车组
任务2.5　熟悉CRH5型动车组
任务2.6　熟悉CRH6型动车组
任务2.7　掌握CRH380型动车组车型
任务2.8　掌握动车组车内设备设施的配置方法

【任务发布】

当你走上站台,是否会留意动车组车身上的标志?CRH2型动车组有哪些主要类型?它们的编组形式是否相同?它们具有怎样的技术特点?让我们带着这些疑问走进任务。

【任务要求】

(1)查阅相关资料,讨论CRH2型动车组的发展历程。

(2)查阅相关资料,调研CRH2型动车组正在或曾经在我国哪些线路上运行。

(3)通过学习任务信息,完成任务书。

【任务目标】

(1)掌握CRH2型动车组的车型类型。

(2)掌握CRH2型动车组的各车型编组形式。

(3)能够正确画出CRH2A动车组的编组示意图。

(4)具有自主学习、理解能力,增强社会主义核心价值观,树立铁路职业意识。

【任务书】

任务2.3　了解CRH2型动车组

班级		姓名		日期	
课前思考	(1)调研CRH2型动车组主要类型 (2)简述各车型的定员和编组方式(动力配置) (3)简述各车型的车厢类型、客室布置及车辆外形尺寸				
车型	定员	动力配置	车厢类型	长宽高	
CRH2A					
CRH2B					
CRH2C					
CRH2E					
CRH2G					

任务信息

一、CRH2A 型动车组

（一）CRH2A 型动车组

图 2-28 CRH2A 型动车组

CRH2A 型动车组（见图 2-28）编组方式是 4 节动车加 4 节拖车（4M4T），最高设计营运速度为 250km/h，车辆全长 201.4m，宽 3380mm，高 3700mm，定员 610 人（见图 2-29），于 2007 年 1 月投运。列车设有一等座车、二等座车和二等座车/餐车，其中一等座及二等座座椅均可旋转，可两组重联运行，编号范围为 CRH2A2001～2009、2011～2060、2151～2211。

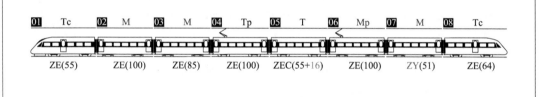

图 2-29 CRH2A 型动车组编组定员示意图（定员 610 人，16 人机动）

（二）CRH2A 统型动车组

CRH2A 统型动车组是国铁集团根据以往的运营经验和旅客乘坐需求，在各型动车组技术平台上，对列车的车型、定员、旅客服务设施、司机操作设施、列车的主要性能进行统一而设计出来的动车组，车辆长宽高尺寸同 CRH2A 型动车组，定员 613 人，于 2013 年 11 月投运，编号范围为 CRH2A2212～2416、2427～2459、2473～2499、2828、4001～4071、4082～4095、4114～4131。

CRH2A 统型动车组取消了一等座包厢，设有一等座车（可旋转）、二等座车（可旋转）及二等座车/餐车。一等座车的座位间距为 1160mm，座位设于左右各两排，中间为过道。二等座车的座位间距为 980mm，座位设于左右"3+2"排，中间为过道。1 号车为一等座车，定员 48 人，部分车厢设无障碍座位。每节车厢均设卫生间，4 号车设有无障碍卫生间，5 号车为二等座车和餐车合造车。

二、CRH2B 型动车组

CRH2B 型动车组分为 2C 头型和 2A 头型。

(一) CRH2B(2C 头型)型动车组

CRH2B(2C 头型)型动车组是由中车青岛四方机车车辆股份有限公司在 CRH2A 型动车组的基础上,为适应中国铁路运力状况而研发的长编组动车组。它的编组为 16 节,8 节动车加 8 节拖车(8M8T),车辆全长 401.4m,宽 3380mm,高 3700mm,最大运营速度 250km/h,定员 1230 人(见图 2-30),总生产数量 10 列,于 2008 年 8 月投运,编号范围为 CRH2B2111~2120。

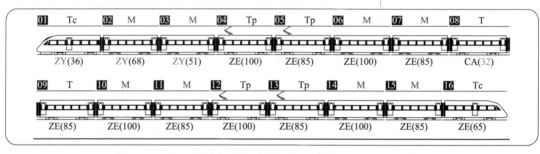

图 2-30　CRH2B 型动车组编组定员示意图(定员 1230 人,32 人机动)

CRH2B 与 CRH2A 型动车组的外观相比,CRH2B 头车加装了类似"丹凤眼"的车灯。

(二) CRH2B(2A 头型)型动车组

CRH2B(2A 头型)型动车组也称 CRH2B 统型动车组,采用 16 辆编组,8 节动车加 8 节拖车,定员 1230 人。它采用与 CRH2A 统型动车组相同的外观和司机台,取消了司机门和"丹凤眼"车灯,内部布局和装饰与 CRH380L 型动车组较为相似,车内布局与原 CRH2B 型动车组相同,数量共有 17 列,全部由中车青岛四方机车车辆股份有限公司制造,于 2017 年 7 月投运,编号范围为 CRH2B2466~2472、4096~4105。

三、CRH2C 型动车组

CRH2C 型动车组(见图 2-31)分为一阶段和二阶段。

(一) CRH2C 型动车组(一阶段)

CRH2C 型动车组(一阶段)是在 CRH2A 型动车组的基础上改进研制的。CRH2C 型动车组(一阶段)将动车数量从 4 节增至 6 节(6M2T),车辆全长 201.4m,宽 3380mm,高

图 2-31　CRH2C 型动车组

3700mm，定员610人（见图2-32），额定功率增加到8208kW，最高运营速度320km/h，数量共28列，于2008年8月投运。编号范围为CRH2C2062~2067、2069~2090。

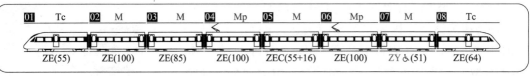

图2-32　CRH2C型动车组编组定员示意图（定员610人，16人机动）

CRH2C型动车组（一阶段）在第4节车厢、第6节车厢处各设一个受电弓，为适应较高的运行速度，动车组使用SSS400+型高速受电弓，并在受电弓两侧加装立体围护整流罩。CRH2C型动车组（一阶段）采用中车青岛四方机车车辆股份有限公司研制的SWTB-300/SWMB-300型转向架，一系悬挂由垂向油压减振组成，二系悬挂由空气弹簧、横向油压减振器和抗蛇行减振器组成，采用转臂式轴箱定位，转向架制动方式为液压式轮盘制动。

CRH2C型动车组（一阶段）设有一等座车、二等座车及二等座车/餐车，其中一等座及二等座座椅均可旋转。一等座车的座位间距为1160mm，座位设于左右各两排，中间为过道。二等座车的座位间距为980mm，座位设于左右"3+2"排，中间为过道。

（二）CRH2C型动车组（二阶段）

CRH2C型动车组（二阶段）是在CRH2C型动车组（一阶段）的基础上继续改良设计，保持8节编组不变，列车总功率提升至8760kW，列车最高设计速度350km/h，定员610人，于2010年1月投运，编号范围为CRH2C2091~2110。

CRH2C型动车组（二阶段）较大程度地改良了隔音、降噪性能以及减轻了CRH2C型动力组（一阶段）存在的振动等问题，减少了车顶的天线数量，车厢内饰与CRH2C型动车组（一阶段）不同，内饰面料部分模仿了CRH3型动车组的木质暖色调，并大量使用LED光源。

拓展知识2-3

CRH2C型动车组两阶段的外形区别

CRH2C型动车组（一阶段）列车头车顶部天线较为突出、显眼，内饰上与CRH2A型动车组一样；CRH2C型动车组（二阶段）列车内饰部分仿照了CRH3C型动车组的木质结构，车厢采用了高亮度、低能耗的LED照明，使列车看起来更现代化、更舒服，车窗上方亦有内置光管作补充照明。CRH2C型动车组可两组重联运行。

四、CRH2E 型动车组

CRH2E 型动车组(见图 2-33)是由青岛四方机车车辆股份有限公司为适应中国铁路列车距离运行的实际情况,在 CRH2B 型动车组的基础上研发的长编组卧铺动车组。CRH2E 型动车组为 16 节长大编组的卧铺电力动车组,最高营运速度为 250km/h,车辆全长 401.4m,宽 3380mm,高 3700mm,定员 630 人(见图 2-34),于 2008 年 12 月投运,编号范围为 CRH2E2121~2140。

图 2-33　CRH2E 型动车组

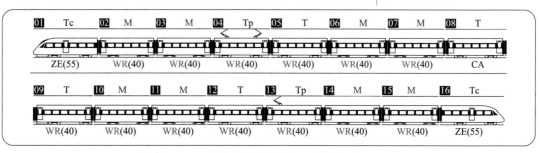

图 2-34　CRH2E 型动车组编组定员示意图(定员 630 人)

CRH2E 型动车组设有 13 节软卧车、2 节二等座车和 1 节餐车。软卧车每辆 10 个包厢,共 40 个铺位,每个铺位均装有附耳机的液晶电视,并设计增加了联系乘务员的旅客呼唤系统。餐车内设有休闲酒吧和 3 台液晶电视机。另外,为方便旅客使用随身电子产品,每个车厢均安装了 AC220V 家用电源插座。其中,二等座车每隔 3 排座椅下设 1 个插座;软卧车每个包间设 1 个插座,走廊设 2 个插座;餐车酒吧区设 2 个插座。

拓展知识 2-4

2011 年 07 月 23 日,"7·23"甬温线特别重大铁路交通事故中,由 CRH2E 型动车组担当的 D301 次列车(北京南—福州)追尾由 CRH1B 型动车组担当的 D3115 次列车(杭州—福州南),D301 次的 CRH2E 型动车组(后车)1 车至 4 车脱轨坠落桥下,5 车悬空,D3115 次的 CRH1B 型动车组(前车)13 车至 16 车脱轨,事后,CRH2E 型动车组的 1 车至 5 车报废,11 车至 16 车后被中国国家铁路集团有限公司改造为综合检测列车(CRH2J),其余车厢被拆解;CRH1B 型动车组的 13 车至 16 车报废,1 车至 12 车被中国国家铁路集团有限公司改造为训练列车。

五、CRH2G 型动车组

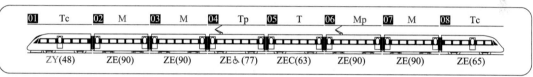

图 2-35　CRH2G 型动车组

和谐号 CRH2G 型动车组(见图 2-35)车头的设计灵感来自骏马,采用大量新材料和新技术,采用全新的外观设计,重点解决了耐高寒、抗风沙、耐高温、适应高海拔和防紫外线老化五大技术难题,能够适应 ±40°C 的温度,也能安全运行在强风沙和高海拔地带。CRH2G 型动车组最高速度达到 250km/h,采用 8 辆编组,4 节动车加 4 节拖车,车辆全长 201.4m,宽 3380mm,高 3700mm,定员 613 人(见图 2-36),共 28 列,于 2016 年 1 月投运,编号范围为 CRH2G- 2417～2426、4072～4081、4106～4113。

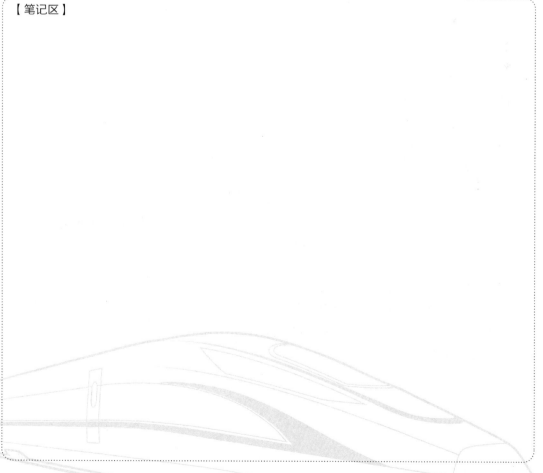

图 2-36　**CRH2G 型动车组编组定员示意图**(定员 613 人)

【笔记区】

(1)查阅相关资料,讨论 CRH2 型动车组的发展历程。

(2)查阅相关资料,调研 CRH2 型动车组正在或曾经在我国哪些线路上运行。

(3)展示任务书,并进行讨论。

任务展示

任务评价

	任务 2.3 了解 CRH2 型动车组			
班级		姓名	日期	
项目		评价内容	分值	得分
师评	知识能力考核	掌握 CRH2 型动车组的车型类型	10	
		掌握 CRH2 型动车组的各车型编组形式	10	
		能正确画出 CRH2A 型动车组的编组示意图	10	
	职业素养考核	出勤情况 出勤( ) 缺课( )	5	
		任务书完成情况	10	
		任务书展示态度积极,口齿清楚,仪态得体	10	
		作业	10	
自评	自我反思(自填)		—	—
	任务书完成情况	完整(5 分) 自主(5 分)	10	
	是否展示汇报	是(5 分) 否(0 分)	5	
互评	任务书完成情况	能够积极参与讨论,完成任务书	10	
	展示汇报	能够在组内积极进行任务展示	10	
	总分		100	

头脑风暴

(1)简述 CRH2A 型动车组的发展历程。

(2)CRH2A 型动车组有哪些技术特点?

(3)画出 CRH2A 型动车组的编组示意图。

(4)CRH2B 型动车组有哪些技术特点?

(5)CRH2G 型动车组有哪些技术特点?画出 CRH2G 型动车组的编组示意图。

任务2.4 了解CRH3型动车组

任务2.1　走进和谐号动车组
任务2.2　了解CRH1型动车组
任务2.3　了解CRH2型动车组
任务2.4　了解CRH3型动车组
任务2.5　熟悉CRH5型动车组
任务2.6　熟悉CRH6型动车组
任务2.7　掌握CRH380型动车组车型
任务2.8　掌握动车组车内设备设施的配置方法

【任务发布】

你见过"黄金眼"的动车组吗？下面让我们一起来了解CRH3型动车组有哪些主要类型，它们的编组形式是否相同，以及它们具有怎样的技术特点。让我们带着这些疑问走进任务。

【任务要求】

(1) 查阅相关资料，讨论CRH3型动车组的发展历程。

(2) 查阅相关资料，调研CRH3型动车组正在或曾经在我国哪些线路上运行。

(3) 通过学习任务信息，完成任务书。

【任务目标】

(1) 掌握CRH3型动车组的车型类型。

(2) 掌握CRH3型动车组的各车型编组形式。

(3) 能够正确画出CRH3A型动车组的编组示意图。

(4) 具有发现、分析及解决问题的能力，增强自身综合素质。

【任务书】

任务2.4　了解CRH3型动车组

班级		姓名		日期	
课前思考	(1) 调研CRH3型动车组主要类型 (2) 简述CRH3型动车组各车型的定员和编组方式（动力配置） (3) 简述CRH3型动车组各车型的车厢类型、客室布置及车辆外形尺寸					
车型	定员	动力配置	车厢类型	长宽高	
CRH3A					
CRH3C					
CRH3G					
CRH3F					

项目2　和谐号动车组列车设备设施

CRH3 型系列动车组的全称为"和谐号 CRH3 型动车组"(简称 CRH3),为动力分布式的电力动车组。CRH3 型系列动车组的原型为德国铁路的 ICE-3 列车(西门子 Velaro),我国引进西门子公司的先进技术,由中车唐山机车车辆有限公司在国内率先生产,实现国产化。

一、CRH3A 型动车组

CRH3A 型动车组(见图 2-37)由中车唐山机车车辆有限公司生产的数量有 31 列,编号为 CRH3A-3081～3111;由中车长春轨道客车股份有限公司生产的数量有 27 列,编号为 CRH3A-5230～5256,两种共 58 列。

图 2-37　CRH3A 型动车组

CRH3A 型动车组是以 CRH380BL 技术平台为基础,借鉴了 CRH380BL、CRH380CL、CRH380B、CRH5 型动车组的优点,研制开发的自主知识产权动车组。CRH3A 型动车组采用 8 辆编组,4 节动车加 4 节拖车(4M4T),牵引总功率 5120kW。车辆全长 213.5m,宽 3328mm,高 4040mm,定员 613 人(见图 2-38)。

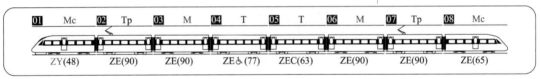

图 2-38　CRH3A 型动车组编组定员示意图(定员 613 人)

CRH3A 型动车组可根据不同运营线路的需求,以速度 160km/h、速度 200km/h、速度 250km/h 3 个速度等级运行,是目前国内唯一能同时满足速度在 200～250km/h 之间客运专线和速度在 160～250km/h 之间城际铁路运行要求的动车组。它的车头采用漂亮的流线型设计,在满足气动学要求的基础上显得动感十足,在司机室两侧的车窗位置有一抹"土豪金"的装饰。在内饰设计中,通过内装造型设计、材料选择、人机工程设计和细节变化,呈现出独特的空间布局、内饰造型以及色彩变化上的特征,给人以舒适感、安全感和高效感。

CRH3A 型动车组具有以下 4 个技术特点。

(1) CRH3A 型动车组是具有自主知识产权的 250km/h 级别速度的动车组。

(2) 转向架(走行部)借用 CRH380BL 的成熟结构,性能稳定可靠,更加安全。

(3)车下设备舱采用抽拉式底板,便于日常检查和维护。

(4)空调系统采用 CRH380BL 成熟结构及设计方案,在此基础上进行了细节上的优化,对空调机组、司机室机组、电加热器等进行了适应性调整。

二、CRH3C 型动车组

图 2-39 CRH3C 型动车组

CRH3C 型动车组(见图 2-39)分为一阶段和二阶段,均由中车唐山机车车辆有限公司生产,采用动力分散式,每列 8 辆编组,4 节动车加 4 节拖车(4M4T),CRH3C 型动车组(一阶段)数量 60 列,设计速度 320km/h,定员 556 人(见图 2-40),于 2008 年 8 月投运,编号范围为 CRH3001~3060,二阶段数量 20 列,设计速度 350km/h,定员 556 人(见图 2-41),于 2010 年 8 月投运,编号范围为 CRH3061~3080。

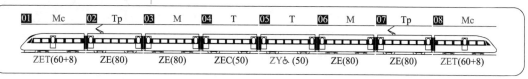

图 2-40 CRH3C 型动车组(一阶段)编组定员示意图(定员 556 人)

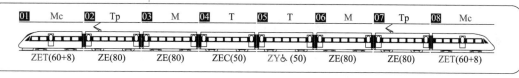

图 2-41 CRH3C 型动车组(二阶段)编组定员示意图(定员 556 人)

CRH3C 型动车组拥有圆润的海豚型车头,外形流畅优美,圆润的设计能有效地减小高速运动时的空气阻力,车身为"梭鱼"般的蓝色曲线,使车体外形显得更为光滑,也更具速度感。首尾的头车设有司机室,可双向驾驶,定员 556 人,头车长度 20.7m,中间车长度 25m,车宽 3300mm,车高 3890mm,列车总长 200.67m,适应站台高度 1.25m。

第一列国产化 CRH3C 型动车组于 2008 年 6 月 24 日上午 9 时 13 分在京津城际铁路的试验中创下了 394.3km/h 的最高速度,仅用 5min 左右,速度就提升至 300km/h。2009 年 12 月 9 日,在武广客运专线试验中,最高速度达到 394.2km/h,创下当时两车重联情况下世界运营高速铁路的最高速度纪录。

三、CRH3G 型动车组

图 2-42 CRH3G 型动车组

CRH3G 型动车组(见图 2-42)是中车唐山机车车辆有限公司在充分消化吸收速度 350km/h 动车组研发制造技术的

基础上，自主集成研发的又一创新产品（这里的 G 并不是高寒动车组的意思）。它采用 4 节动车加 4 节拖车（4M4T）8 辆编组形式，最高运营速度 250km/h，填补了我国在速度为 200~250km/h 速度等级中城际动车组产品的空白。CRH3G 型动车组采用 CJ 平台（城际动车组），是以西门子技术为基础，CRH3C 型动车组为原型，吸收借鉴了 CRH380B、CRH380C 系列动车组和 CRH5A 型动车组优点，研制开发的拥有自主知识产权的动车组平台。

CRH3G 型动车组于 2013 年 12 月获得中国创新设计红星奖唯一至尊金奖。

四、CRH3F 型动车组

CRH3F 型动车组（见图 2-43）是中车唐山机车车辆有限公司设计生产的速度达 160km/h 的城际动车组，采用 2 节动车加 2 节拖车（2M2T）4 编组，可拓展至 6 编组或 8 编组。它采用铝合金轻量化焊接车体，具备速度达 200km/h 的升级能力，具有重联功能。

图 2-43 CRH3F 型动车组

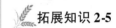

拓展知识 2-5

CRH3 型动车组成长大事记

2008 年 6 月 24 日，CRH3 型高速动车组在京津城际高速铁路联调联试中创造了 394.3km/h 的"中国铁路第一速"。

2008 年 8 月 1 日，我国第一条高速铁路——京津城际高速铁路正式通车运营，中车唐山机车车辆有限公司两列 CRH3 型高速动车组成功完成京津两地首发任务。自投入运营以来，CRH3 型高速动车组运行状况良好，受到了党和国家领导人、社会各界、中外媒体的一致好评。

2009 年 4 月 6 日起，CRH3 型高速动车组开始独立承担京津城际高速铁路运营任务。

2009 年 12 月 26 日，武广高速铁路正式投入运营，CRH3 型高速动车组成功完成了广州北站和长沙南站首发运营任务。

2010 年 7 月 1 日，两列 CRH3 型高速动车组在新开通的沪宁城际高速铁路上海虹桥站和南京站同时首发成功运营，将上海至南京的通勤时间缩短至 73min。

同一年，在服务上海 2010 世界博览会高铁交通项目中，CRH3 型高速动车组以一流的高速运营新业绩，带动长三角地区跨入"高铁时代"。

2010 年 11 月，CRH3 型高速动车组服务广州亚运会，以安全、舒适、快捷的运营品质吸引了国内外铁路爱好者和游客争相乘坐，体验"千里武广半日还"的"贴地飞行之旅"。

任务展示

(1) 查阅相关资料,讨论 CRH3 型动车组的发展历程。

(2) 查阅相关资料,调研 CRH3 型动车组正在或曾经在我国哪些线路上运行。

(3) 展示任务书,并进行讨论。

任务评价

任务 2.4　了解 CRH3 型动车组

班级		姓名		日期	
项目		评价内容		分值	得分
师评	知识能力考核	掌握 CRH3 型动车组的车型类型		10	
		掌握 CRH3 型动车组的各车型编组形式		10	
		能正确画出 CRH3A 动车组的编组示意图		10	
	职业素养考核	出勤情况	出勤(　)　缺课(　)	5	
		任务书完成情况		10	
		任务书展示态度积极,口齿清楚,仪态得体		10	
		作业		10	
自评	自我反思(自填)			—	—
	任务书完成情况	完整(5 分)	自主(5 分)	10	
	是否展示汇报	是(5 分)	否(0 分)	5	
互评	任务书完成情况	能够积极参与讨论,完成任务书		10	
	展示汇报	能够在组内积极进行任务展示		10	
总分				100	

头脑风暴

(1) CRH3A 型动车组有哪些技术特点?

(2) 画出 CRH3C 型动车组的编组示意图。

(3) 简述 CRH3 型动车组的发展历程。

任务2.5 熟悉CRH5型动车组

【任务发布】

我国幅员辽阔,气候类型多种多样,南北气候差异较大,因此中车集团专门针对北方的寒冷气候研制了CRH5型动车组。你了解CRH5型动车组有哪些主要类型吗?它们的编组形式是否相同?它们具有怎样的技术特点?让我们带着这些疑问走进任务。

【任务要求】

(1)查阅相关资料,讨论CRH5型动车组的发展历程。

(2)查阅相关资料,调研CRH5型动车组正在或曾经在我国哪些线路上运行。

(3)通过学习任务信息,完成任务书。

【任务目标】

(1)掌握CRH5型动车组的车型类型。

(2)掌握CRH5型动车组的各车型编组形式。

(3)能够正确画出CRH5A动车组的编组示意图。

(4)培养吃苦耐劳的奋斗精神。

【任务书】

任务2.5 熟悉CRH5型动车组

班级		姓名		日期	
课前思考	（1）调研CRH5型动车组主要类型 （2）简述CRH5型动车组各车型的定员和编组方式(动力配置) （3）简述CRH5型动车组各车型的车厢类型、客室布置及车辆外形尺寸				
车型	定员	动力配置	车厢类型	长宽高	
CRH5A					
CRH5G					
CRH5E					

任务2.1 走进和谐号动车组
任务2.2 了解CRH1型动车组
任务2.3 了解CRH2型动车组
任务2.4 了解CRH3型动车组
任务2.5 熟悉CRH5型动车组
任务2.6 熟悉CRH6型动车组
任务2.7 掌握CRH380型动车组车型
任务2.8 掌握动车组车内设备设施的配置方法

任务信息

CRH5 型动车组是我国引进国外技术改造的客运列车种类之一,主要为北方干线或区际铁路服务,设计速度为 250km/h。CRH5 型动车组整个系列都比较耐高寒,其中 CRH5G 型动车组最优。

一、CRH5A 型动车组

图 2-44　CRH5A 型动车组

CRH5A 型动车组(见图 2-44)是由法国阿尔斯通公司基于意大利菲亚特铁路公司的 New Pendolino 宽体摆式列车平台 ETR600/610 车体研制,取消了摆式功能,由意大利工厂生产样车,通过技术转移、引进吸收后,由中车长春轨道客车股份有限公司继续生产的动车组。CRH5A 型动车组采用 8 辆编组,5 节动车加 3 节拖车(5M3T),车辆全长 211.5m,宽 3200mm,高 4270mm,设计速度为 250km/h,定员 622 人(见图 2-45),编号范围为 CRH5A-5001～5013、5044～5045。该车型另一种定员 586 人(见图 2-46),编号范围为 CRH5A-5014～5043、5046～5140。该车型可两列重联运行,第一批于 2007 年 4 月投运。

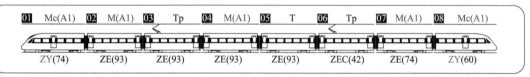

图 2-45　CRH5A 型动车组编组定员示意图(定员 622 人)

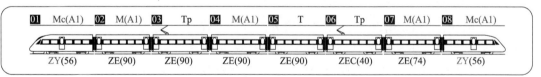

图 2-46　CRH5A 型动车组编组定员示意图(定员 586 人)

在耐寒性方面,CRH5 型动车组比 CRH1 及 CRH2 型动车组优越,可停靠在低站台,编号范围为 CRH5A-5001～5012、5043～5053 的 CRH5A 型动车组一等和二等座椅不可旋转,容易使背朝列车前进方向的旅客感到不适。

二、CRH5G 型动车组

图 2-47　CRH5G 型动车组

CRH5G 型动车组(见图 2-47)是由中车长春轨道客车股份有限公司在 CRH5A 型动车组的基础上,借鉴 CRH380B 系列动车组研制的动车组,在既有 CRH5A 型动车组基础上进行了技术升级和结构优化,堪称升级版"高寒战士",能适应高寒、风沙、高温、高海拔、强紫外线等恶劣环境,CRH5G 型动车组在车厢设施的舒适性和"人性化"上有了进一步提高。列车采用 8 辆编组,5 节动车加 3 节拖车(5M3T),车辆全长 211.5m,宽 3200mm,高 4270mm,设计速度 250km/h,定员 613 人(见图 2-48),编号范围为 CRH5G-5141~5200、5206~5217。

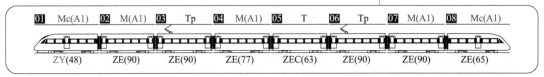

图 2-48　CRH5G 型动车组编组定员示意图(定员 613 人)

2016 年 12 月,中车长春轨道客车股份有限公司研发生产了 CRH5G 技术提升型动车组。CRH5G 技术提升型动车组采用了我国第一款具有完全自主知识产权的列车网络控制系统和具有完全自主知识产权的列车牵引系统,整车 9 项关键技术及 10 项配套技术的自主化率、国产化率达到 90%上,是具有完全自主知识产权的耐高寒防风沙动车组。

CRH5G 技术提升型动车组可在 -40℃高寒条件下正常运行,具有抗风、沙、雨、雪、雾、紫外线等恶劣天气的能力。与既有的动车组相比,CRH5G 技术提升型动车组单个垃圾箱容量加大至 40L,并且通过优化,解决了垃圾箱与电气柜共用空间的问题,垃圾投递口的高度也抬高了 10cm,使旅客使用更为方便。动车组还在车厢预留了 Wi-Fi 功能接口,未来条件允许时,旅客乘车时将可以通过 Wi-Fi 上网。

(一)CRH5G 型动车组的"人性化"设计

(1)CRH5G 型动车组在"人性化"设施方面进行了优化布置和设计,整列车的座椅都可 180°旋转,可调整倾斜度,用脚轻踩座椅下的脚踏板,就可将座椅 180°调整。每排座椅设有安全插座,窗户下面设有小窗台,便于旅客放置水杯、手机等小件物品。

(2)CRH5G 型动车组采用车顶单元式空调,不管是严寒还是酷暑,车内始终保持 20~24℃舒适乘坐温度,确保旅客有良好的乘坐体验。

(3)CRH5G 型动车组采用了先进的航空隔音材料和结构,有效控制了车外辐射噪声和司机室、客室内噪声。以 250km/h 的速度运行时,客室内噪声指标可低至 61dB,远低于飞机和小汽车的内部噪声。

(4)CRH5G 型动车组检修周期长,是动车组里的"经济适用型车",运行里程达 120 万 km 后进行三级检修,达 240

万 km 进行四级检修,达 480 万 km 进行五级检修,极大降低了后期维修成本。

(二) CRH5G 型动车组的安全保障

(1)在安全性方面,CRH5G 型动车组列车控制与监控系统标准高,全车设有 2000 多个传感器,对 32 个设备进行监控,监控点达 1000 多个,对动车组的主要系统或零部件的工作状态进行实时监控,如电机、齿轮箱、走行部轴承温度等。此外,动车组还设有远程专家系统故障诊断系统,保证行车安全。

(2)CRH5G 型动车组转向架装有抗侧滚扭杆、抗蛇行减振器,确保列车在大风天气下车体运行稳定。此外,列车导流罩下设备舱都是密封结构,可以有效防止设备舱内电气、制动等设备受风沙影响。

(3)恶劣天气也能行车。在雨雪天气时,轨道与车轮之间的摩擦系数减小,车轮可能出现空转和滑行现象,CRH5G 型动车组设有撒砂装置,通过激活撒砂装置,向轨道上喷洒砂粒以增加轨道与车轮间的摩擦系数,提高轮轨黏着,保证雪天车轮不打滑,有利于行车安全。

(4)防雷防紫外线功能。列车设有多个避雷器,对动车组的高压系统和牵引系统进行保护,并且车内外所有的电气部件均有接地保护装置,有效保证了旅客乘坐的安全性。在紫外线方面,列车的前风窗玻璃和客室侧窗玻璃均具有防紫外线功能,可隔离 90% 以上的紫外线。

三、CRH5E 型动车组

图 2-49 CRH5E 型动车组

CRH5E 型动车组(见图 2-49)是由中车长春轨道客车股份有限公司在 CRH5A 型动车组及 CJ1 型动车组的基础上,研制的耐高寒、抗风沙的长编组卧铺动车组,采用 10 节动车加 6 节拖车(10M6T)的 16 辆编组形式,设计速度 250km/h,数量共 3 列,于 2015 年 12 月投运,定员 860 人(见图 2-50),编号范围为 CRH5E-5203~5205。

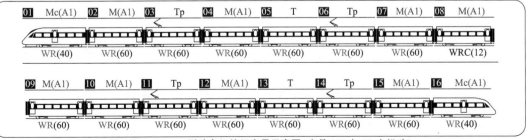

图 2-50 CRH5E 型动车组编组定员示意图(定员 860 人,12 人机动)

CRH5E 型动车组延续了 CRH5G 型动车组成熟的高寒抗风沙性能,可适应 -40 ~ +40℃环境温度。

在车体结构方面,CRH5E 型动车组参考了当时正在试验运行的 CJ1 型动车组(即 CRH3A 型动车组样车),在 CRH5A 和 CRH5G 型动车组 3200mm 车体宽度基础上,增加到 3300mm,以增加卧铺包厢空间,成为 CRH5 技术平台中第一款采用宽车身的车型。

CRH5E 型动车组的车头结构同样参考了 CJ1 型动车组的样式,车灯附近酷似黑眼圈的涂装风格让它有了"熊猫"的爱称。

2015 年 12 月,首列 CRH5E 型动车组抵达北京国家铁道试验中心。2016 年 11 月 18 日,CRH5E 型动车组获得国家铁路局颁发的型号合格证和制造许可证。虽然预留了 5 列车的编号号段(5201 ~ 5205),但截至目前,CRH5E 型动车组只生产了编号为 5201、5202 的 2 列样车。编号为 5203 ~ 5205 的 3 列车曾计划调整为纵列式铺位布局,但并未制造。2018 年底,两列 CRH5E 型动车组正式配属中国铁路北京局集团有限公司北京动车段,并于 2019 年 1 月 27 日起开始在北京—青岛的 D335/6 次线路上正式投入运营。

CRH5E 型长编卧铺动车组作为国内唯一一款可以在高寒和风沙条件下运行的卧铺动车组,它具有得天独厚的技术优势。

(1)它是以目前运行在哈大线和兰新线上的高寒动车组为技术基础研发的卧铺动车组,继承了耐高寒、阻冰雪、抗风沙的特点。

(2)为了保证列车长时间高速运行的稳定性,车辆对转向架、制动、牵引等多个系统进行了针对性的提升,这使得列车在 -40℃的环境下依然能够长时间地运营。

(3)它具备简洁实用的座卧转换功能,可实现夜间卧铺车、白天座车两种运营模式。

【笔记区】

任务展示

(1) 查阅相关资料,讨论 CRH5 型动车组的发展历程。

(2) 查阅相关资料,调研 CRH5 型动车组正在或曾经在我国哪些线路上运行。

(3) 展示任务书,并进行讨论。

任务评价

任务 2.5　熟悉 CRH5 型动车组

班级		姓名		日期	
项目		评价内容		分值	得分
师评	知识能力考核	掌握 CRH5 型动车组的车型类型		10	
		掌握 CRH5 型动车组的各车型编组形式		10	
		能正确画出 CRH5A 型动车组的编组示意图		10	
	职业素养考核	出勤情况	出勤( )　缺课( )	5	
		任务书完成情况		10	
		任务书展示态度积极,口齿清楚,仪态得体		10	
		作业		10	
自评	自我反思(自填)			—	—
	任务书完成情况	完整(5 分)	自主(5 分)	10	
	是否展示汇报	是(5 分)	否(0 分)	5	
互评	任务书完成情况	能够积极参与讨论,完成任务书		10	
	展示汇报	能够在组内积极进行任务展示		10	
		总分		100	

头脑风暴

(1) CRH5G 型动车组的有哪些技术特点?

(2) 画出 CRH5G 型动车组的编组示意图。

(3) CRH5E 型动车组有哪些技术优势?

任务2.6 熟悉CRH6型动车组

【任务发布】

CRH6 型动车组主要用于城市之间、区域城郊之间的中短途通勤和商旅客运,是以公交化的运营模式为主的动车组。CRH6 型动车组主要有哪些类型?它们的编组形式是否相同?它们具有怎样的技术特点?让我们带着这些疑问走进任务。

【任务要求】

(1)查阅相关资料,讨论 CRH6 型动车组的发展历程。

(2)查阅相关资料,调研 CRH6 型动车组正在或曾经在我国哪些城市之间运行。

(3)通过学习任务信息,完成任务书。

【任务目标】

(1)掌握 CRH6 型动车组的车型类型。

(2)掌握 CRH6 型动车组的各车型编组形式。

(3)能够正确画出 CRH6A 动车组的编组示意图。

(4)具有自主学习、归纳总结的能力,增强民族自信心与自豪感。

【任务书】

任务2.1 走进和谐号动车组
任务2.2 了解 CRH1 型动车组
任务2.3 了解 CRH2 型动车组
任务2.4 了解 CRH3 型动车组
任务2.5 熟悉 CRH5 型动车组
任务2.6 熟悉 CRH6 型动车组
任务2.7 掌握 CRH380 型动车组车型
任务2.8 掌握动车组车内设备设施的配置方法

任务2.6 熟悉 CRH6 型动车组

班级		姓名		日期	
课前思考	(1)调研 CRH6 型动车组主要类型 (2)简述 CRH6 各车型的定员和编组方式(动力配置) (3)简述 CRH6 各车型的车厢类型、客室布置及车辆外形尺寸				
车型	定员	动力配置	车厢类型	长宽高	
CRH6A					
CRH6A(ATO)					
CRH6A(三门)					
CRH6A(舒适版)					
CRH6A-A					
CRH6F					

任务信息

CRH6 型电力动车组是由中车青岛四方机车车辆股份有限公司和中车南京浦镇车辆有限公司共同研发的 CRH 系列电力动车组。CRH6 型动车组是为满足我国区域经济快速发展和城市群崛起对城际轨道交通的需求而研制的一种新型运输工具,填补了我国轨道交通客运装备领域的一项空白。它继承了和谐号系列高速动车组安全、成熟、舒适和可靠等优点,具备快启快停、快速乘降、大载客量及高速持续运转的特点,可满足互联互通要求。它能够在中短途和点到点的路线上实现持续高速运行,也能在预先设定的站点间歇性停靠。CRH6 型动车组被人们冠以"海豚"的昵称,这是因为它的动车车头与海豚相似。

图 2-51　CRH6A 型动车组

图 2-52　CRH6A 型动车组车厢内部

图 2-53　上海金山铁路与 CRH6A 型动车组类似的地铁线路

一、CRH6A 型系列动车组

(一) CRH6A 型动车组

CRH6A 型动车组(见图 2-51～图 2-53)数量共 24 列,由中车广东轨道交通车辆有限公司、中车青岛四方机车车辆股份有限公司和中车南京浦镇车辆有限公司制造,数量分别是 4 列(2016 年 3 月投运,编号为 CRH6A0414～0417)、8 列(2018 年 2 月投运,编号为 CRH6A0422～0429)和 12 列(2017 年 4 月投运,编号为 CRH6A0611～0622),采用 8 辆编组,4 节动车加 4 节拖车(4M4T),定员均为 549 人(见图 2-54),车辆全长 201.4m,宽 3300mm,高 3860mm,设计速度 200km/h,均无电茶炉。

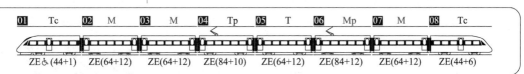

图 2-54　CRH6A 型动车组编组定员示意图(定员 549 人,40 人机动)

(二) CRH6A(ATO)型动车组

CRH6A(ATO)型动车组数量共 43 列,由中车广东轨道交通车辆有限公司、中车青岛四方机车车辆股份有限公司和中车南京浦镇车辆有限公司制造,数量分别是 31 列[其中 6 列定员 553 人,无电茶炉,2016 年 3 月投运,编号为 CRH6A0403、0405～0408、0601;其余 25 列定员 530 人(见图 2-55),有电茶炉,2019 年 12 月投运,编号为 CRH6A0624-0648]、10 列[定员 553 人(见图 2-56),无电茶炉,2016 年 3 月投运,编号为

项目 2　和谐号动车组列车设备设施 | 117

CRH6A0401、0602~0610]和2列(定员553人,2016年3月投运,编号为CRH6A0402和0404),采用8辆编组,4节动车加4节拖车(4M4T),车辆全长201.4m,宽3300mm,高3860mm,设计速度200km/h。目前在广清城际、广州东环城际以及珠海—珠海机场线路使用。

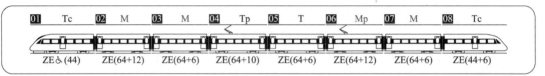

图2-55　CRH6A(ATO)型动车组编组定员示意图(定员530人)

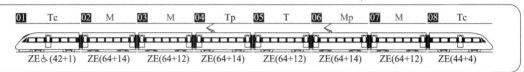

图2-56　CRH6A(ATO)型动车组编组定员示意图(定员553人)

(三)CRH6A型(三门)动车组

为了进一步提高车辆的适应能力,满足大运量交通系统的需求,CRH6A型(三门)动车组(见图2-57~图2-59)应运而生,增加了旅客门,可以大幅度提高旅客乘降速度,提高线路运行效率,列车最大载客量可达1480人左右。它数量共10列,分别是1列(样车试验中,编号为CRH6A0512)、7列[定员477人(见图2-60),无电茶炉,2017年9月投运,编号为CRH6A0420~0421,CRH6A0436~0439,CRH6A0478]和2列(定员477人,2017年12月投运,编号为CRH6A0623和0649),8辆编组,4节动车加4节拖车(4M4T),车辆全长201.4m,宽3300mm,高3860mm,设计速度200km/h。

图2-57　CRH6A型(三门)动车组车厢内部

图2-58　CRH6A型(三门)动车组车内座位面对面

图2-59　CRH6A型(三门)动车组车厢端部设有折叠椅

(四)CRH6A型(舒适版)动车组

为了提高乘降效率,提高运力,2017年4月28日,CRH6A型动车组开始逐步替换广珠城际铁路上运营的CRH1A型动车组。但是,CRH6A型动车组座位较少,且舒适程度较差。为了解决速度250km/h的动车组在速度200km/h的线路上运行造成的浪费问题,也为避免城际版本的CRH6A型动车组座椅角度不可调且卫生间较少,运行长距离的车次造成旅客不适等问题,中国铁路广州局集团有限公司定制了一批带有一等座和餐车的CRH6A型(舒适版)动车组。其中,1车一等座第5~12排可以旋转方向,其余座位不可以旋转方向,该车同时仍保留了大量站立空间,保证能够承载较大客流。

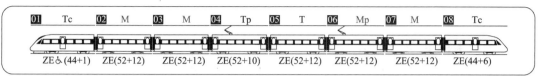

图 2-60　CRH6A 型(三门)动车组编组定员示意图(定员 477 人)

CRH6A 型(舒适版)动车组数量共 14 列,分别是 8 列[定员 613 人(见图 2-61),有电茶炉,2020 年 1 月投运,编号为 CRH6A4502～4509]和 6 列(定员 613 人,有电茶炉,2018 年 9 月投运,编号为 CRH6A4132～4137),8 辆编组,4 节动车加 4 节拖车(4M4T),车辆全长 201.4m,宽 3300mm,高 3860mm,设计速度 200km/h。

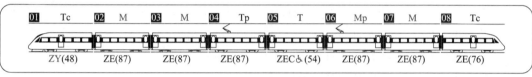

图 2-61　CRH6 型(舒适版)动车组编组定员示意图(定员 613 人)

(五) CRH6A-A 型动车组

图 2-62　CRH6A-A 型动车组

CRH6A-A 型动车组(见图 2-62)是我国首款 4 辆编组的速度为 200km/h 的城际动车组,它的诞生标志着我国城际动车组已形成谱系化。4 辆编组能够有效降低采购成本,使更多城市迈入市域铁路时代。

CRH6A 平台下有 8 辆编组的 CRH6A 和 CRH6F 两种速度等级车型,4 辆编组的 CRH6F-A 是 CRH6F 的"短编版",而 CRH6A-A 则是 CRH6F-A 的"提速版",CRH6A-A 从技术上讲与 CRH6A 关系不大。

CRH6A 型(舒适版)动车组数量共 21 列,由中车青岛四方机车车辆股份有限制造,定员 240 人(见图 2-63),2018 年 12 月投运,全车只有 1 个卫生间,位于 3 车,编号为 CRH6A-A0451～0460、0480～0490,4 辆编组,2 节动车加 2 节拖车(2M2T),车辆全长 201.4m,宽 3300mm,高 3860mm,设计速度 200km/h,目前主要在成都市域铁路运行。

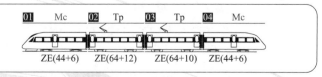

图 2-63　CRH6A-A(舒适版)编组定员示意图(定员 240 人,10 人机动)

二、CRH6F 型系列动车组

(一) CRH6F 型动车组

CRH6F 型动车组(见图 2-64、图 2-65)定员 1502 人(包括座席及站席,按每平方米站立 4 人计算),超员载客量达 1998 人(包括座席及站席,按每平方米站立 6 人计算),车内设有站立扶手。车内继承了 CRH 系列动车组的设计,并结合了地铁列车快捷便利的特点,采用大宽度通道,车厢端部设有扶手,同时还有翻转座椅及无障碍设施。该车牵引制动性能比 CRH6A 型动车组更好、载客量更大,适用于较短站间距的城际线路和"站站停"模式。

图 2-64　CRH6F 型动车组

图 2-65　CRH6F 型动车组车厢内部

为了适应城际客流量大、快速乘降的要求,CRH6F 型动车组采用大开度车门,每节车厢设有 3 组 1300mm 宽的对开塞拉门,在超员状态下,单侧开门可实现 30s 内一半旅客上车和一半旅客下车,同时具有障碍物检测功能。

CRH6F 型动车组采用速度黏着控制的电空复合制动技术,满足城际和市域运行长坡道、短站距快启快停、频繁制动的要求。同时,列车气密性较好,可满足线路频繁出入隧道和在地下运行的需求。

CRH6F 型动车组数量共 21 列,由中车广东轨道交通车辆有限公司、中车青岛四方机车车辆股份有限公司和中车南京浦镇车辆有限公司制造,数量分别是 1 列(定员 512 人,编号为 CRH6F0651)、18 列[5 列于 2016 年 12 月投运,编号为 CRH6F0409~0413,定员 512 人(见图 2-66);6 列于 2017 年 4 月投运,编号为 CRH6F0418~0419、0474~0477,定员 512 人;6 列于 2017 年 9 月投运,编号为 CRH6F0430~0435,4 个卫生间(位于 1、4、6、8 车),定员 480 人,有电茶炉;1 列样车,编号为 CRH6F0479]和 2 列(编号为 CRH6A0650 和 4504,样车改造),8 辆编组,4 节动车加 4 节拖车(4M4T),定员均为 549 人,车辆全长 201.4m,宽 3300mm,高 3860mm,设计速度 160km/h。

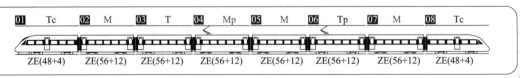

图 2-66　CRH6F 型动车组编组定员示意图(定员 512 人)

(二) CRH6F-A 型动车组

CRH6F-A 是我国首款 4 辆编组的速度为 160km/h 的城际动车组,它的诞生标志着我国城际动车组已形成谱系化。4 辆编组能够有效降低采购成本,使更多城市迈入市域铁路时代。

CRH6F-A 型动车组数量共 32 列,全部由中车青岛四方机车车辆股份有限公司制造。批次和投入运营时间如下。

3 列于 2018 年 3 月投运,编号为 CRH6F-A0440~0442。

1 列于 2018 年 4 月投运,编号为 CRH6F-A0443。

6 列于 2019 年 1 月投运,编号为 CRH6F-A0445~0450。

9 列于 2019 年 7 月投运,编号为 CRH6F-A0461~0467、0491 和 0498。

3 列于 2019 年 12 月投运,编号为 CRH6F-A0468~0470。

3 列于 2020 年 9 月投运,编号为 CRH6F-A0471~0473。

6 列于 2020 年 9 月投运,编号为 CRH6F-A0491~0496。

1 列于 2021 年 8 月投运,编号为 CRH6F-A0499。

CRH6F-A 型动车组均为 4 辆编组,2 节动车加 2 节拖车(2M2T),定员均为 240 人(见图 2-67),无电茶炉,只有一个卫生间(位于 3 车),设计速度 160km/h。

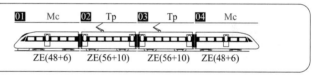

图 2-67　CRH6F-A 型动车组编组定员示意图(定员 240 人)

拓展知识 2-6

CRH6 型动车组的优点

1. 更安全

CRH6 型动车组以"以旅客为导向"为设计理念,为确保车辆快启快停,在动力系统上做出了改进。与其他相同速度级别的主流动车组相比,CRH6 型动车组的加速时间小于 170s,加速时间和距离分别减少了 25% 和 22%。其中,CRH6A 型动车组在速度为 200km/h 时的紧急制动距离小于 1400m,紧急制动时间和制动距离比同速度级别的主流动车组分别减少了 17% 和 22%。为了安全需要,CRH6 型动车组的关键承载部件结构可靠,防火等级符合国际标准。

2. 更便捷

速度为 200km/h 的 CRH6A 型动车组最高运行速

度达 200km/h，可在"大站停"的模式下运行。CRH6F 型动车组最高运行速度为 160km/h，可在"站站停"模式下运行。它是理想的大容量通勤工具，它的载客量近 1500 人，是相同速度等级、相同构造的主流动车组的两倍。它能够频繁地和迅速地启停，保证了旅客安全、便捷上下车。

3. 更舒适

CRH6 型动车组的旅客人均面积是目前在运营地铁的两倍，保障了旅客的乘车舒适性。CRH6 型动车组绝大部分车型的座椅采用"2＋2"座椅布置，靠背可调，局部设茶桌，端部设可翻转座椅，靠通道座椅旁设有扶手，方便无座旅客站立。

4. 更绿色

CRH6 型动车组采用了超薄大型中空铝合金焊接车体和其他轻量化设计，人均耗能比同级别列车降低 44%，采用大开度门窗和大容量高效率空调系统，每百千米耗电量仅为 0.95kWh，在节能环保、安全性、可靠性、舒适性等方面有卓越表现。

三、CRH6S 型动车组

CRH6S 型动车组是市域铁路动车组（见图 2-68），目前投入至温州市域铁路 S1 线的运营。CRH6S 车型定员载客量达 765 人（包括座席及站席，按每平方米站立 4 人计算），超员载客量达 1322 人，采用地铁式座椅，列车在 5 号车厢设无障碍乘坐空间，不设卫生间。

图 2-68　CRH6S 型动车组

拓展知识 2-7

CRH6 型动车组技术参数

CRH6 型动车组技术参数如表 2-2 所示。

CRH6 型动车组技术参数　　　　　　　　表 2-2

列车编组	CRH6A/CRH6F：4M4T CRH6A-A/CRH6F-A/CRH6S：2M2T
编组长度	CRH6A：201.4m CRH6F：201.4m CRH6S：94.4m

续上表

车辆长度	CRH6A:201.4m CRH6F:201.4m CRH6S:94.4m
车体宽度	3300mm
车体高度	3860mm
轴重	17t
轴距	2500mm
轨距	1435mm
轮径	860mm
车体材质	铝合金
运行速度	CRH6A/CRH6A-A:200km/h CRH6F/CRH6F-A:160km/h CRH6S:140km/h
试验速度	CRH6A/CRH6A-A:220km/h CRH6F/CRH6F-A:176km/h GRH6S:160km/h
启动加速度	CRH6A/CRH6A-A:≥2.34km/h/s CRH6F/CRH6F-A:≥2.88km/h/s CRH6S:≥2.88km/h/s
常用减速度	CRH6A/CRH6A-A:≥3.24km/h/s(正常) CRH6F/CRH6F-A:≥3.6km/h/s(正常) CRH6S:≥3.6km/h/s
紧急减速度	CRH6A/CRH6A-A:≥4.03km/h/s(紧急) CRH6F/CRH6F-A:≥4.32km/h/s(紧急) CRH6S:≥4.32km/h/s
供电制式	交流25kV(50Hz),接触网取电
传动方式	交-直-交流电
牵引电机	CRH6F:中车株洲电力机车有限公司制开放式内扇形三相诱导电动机 YQ-190 型 CRH6S:中车株洲电力机车有限公司制开放式内扇形三相诱导电动机 YQ-275 型
电机功率	CRH6A/CRH6A-A:345kW CRH6F/CRH6F-A:322kW CRH6S:275kW
牵引功率	CRH6A/CRH6A-A:5520kW CRH6F/CRH6F-A:5152kW CRH6S:2200kW

> **任务展示**

(1)查阅相关资料,讨论 CRH6 型动车组的发展历程。
(2)查阅相关资料,调研 CRH6 型动车组在我国哪些城市之间开行。
(3)展示任务书,并进行讨论。

> **任务评价**

任务 2.6 熟悉 CRH6 型动车组

班级		姓名		日期	
项目		评价内容		分值	得分
师评	知识能力考核	掌握 CRH6 型动车组的车型类型		10	
		掌握 CRH6 型动车组的各车型编组形式		10	
		能正确画出 CRH6A 动车组的编组示意图		10	
	职业素养考核	出勤情况	出勤( ) 缺课( )	5	
		任务书完成情况		10	
		任务书展示态度积极,口齿清楚,仪态得体		10	
		作业		10	
自评	自我反思(自填)			—	—
	任务书完成情况	完整(5分)	自主(5分)	10	
	是否展示汇报	是(5分)	否(0分)	5	
互评	任务书完成情况	能够积极参与讨论,完成任务书		10	
	展示汇报	能够在组内积极进行任务展示		10	
		总分		100	

> **头脑风暴**

(1)画出 CRH6A 型动车组的编组示意图。
(2)画出 CRH6A-A 型动车组的编组示意图。
(3)CRH6 型动车组有哪些技术优点?

任务2.7 掌握CRH380型动车组车型

任务2.1　走进和谐号动车组
任务2.2　了解CRH1型动车组
任务2.3　了解CRH2型动车组
任务2.4　了解CRH3型动车组
任务2.5　熟悉CRH5型动车组
任务2.6　熟悉CRH6型动车组
任务2.7　掌握CRH380型动车组车型
任务2.8　掌握动车组车内设备设施的配置方法

【任务发布】

我国拥有自主知识产权的CRH380型系列高速动车组是国家科技支撑计划"中国高速列车关键技术研究及装备研制"项目的标志性成果。CRH380型动车组有哪些主要类型？它们的编组形式是否相同？它们具有怎样的技术特点？让我们带着这些疑问走进任务。

【任务要求】

(1)查阅相关资料，讨论CRH380型动车组的发展历程。

(2)查阅相关资料，调研CRH380型动车组在我国哪些线路上运行或运行过。

(3)通过学习任务信息，完成任务书。

【任务目标】

(1)掌握CRH380型动车组的车型类型。

(2)掌握CRH380型动车组的各车型编组形式。

(3)能够正确画出CRH380A型动车组的编组示意图。

(4)具有自主学习、归纳总结的能力，树立职业发展目标。

【任务书】

任务2.7　掌握CRH380型动车组车型			
班级		姓名		日期	
课前思考	(1)调研CRH380型动车组主要类型 (2)简述各车型的定员和编组方式(动力配置) (3)简述各车型的车厢类型、客室布置及车辆外形尺寸			
车型	定员	动力配置	车厢类型	长宽高
CRH380A				
CRH380AL				
CRH380BG				
CRH380BL				
CRH380CL				
CRH380D				

CRH380 型系列动车组是在 CRH1～CRH5 型系列电力动车组基础上自主研发的 CRH 系列高速动车组,也是"中国高速列车自主创新联合行动计划"的重点项目,最高运行速度达 380km/h。全部车型由中国中车集团有限公司自主设计研发,具有完全自主知识产权。

一、CRH380A 型动车组

CRH380A 型动车组分为 CRH380A 型、CRH380A 统型及 CRH380A(港铁)3 种。

(一) CRH380A 型动车组

CRH380A 型动车组(见图 2-69)又称 CHR2-380 型高速动车组,列车采用新型噪声吸收和阻隔技术材料,在速度为 350km/h 的情况下,车厢内噪声保持 67～69dB,约等于 CRH2A 型动车组以 250km/h 的速度运行时的噪声大小,且低阻力新头型的使用减少超过 5% 的气动噪声。

图 2-69　CRH380A 型动车组

由于列车牵引动力、结构质量、减噪水平的提高,车辆重量相应增加,但轴重仍维持在 15t 的水平。当 CRH380A 型动车组维持 380km/h 的运行速度时,平均每位旅客的每百千米的耗电量小于 5.2kWh。它采用高效率再生制动,再生能量回馈电网效率达到 90%。

列车实现了动车组系统集成、头型、高速转向架、铝合金车体、减振降噪等十大关键技术的创新突破,是我国高铁标志性技术装备,被誉为我国高端装备制造业自主创新典范。

CRH380A 型短编组列车采用 6 节动车加 2 节拖车(6M2T)共 8 辆的编组方式,数量共 40 列,车辆全长 203m,宽 3380mm,高 3700mm,于 2010 年 9 月投运,设计速度 380km/h,定员 480 人(见图 2-70),编号为 CRH380A-2501～2540。

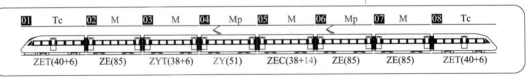

图 2-70　CRH380A 型动车组编组定员示意图(定员 480 人,机动 14 人)

拓展知识 2-8

CRH380A 型动车组头型设计历程

中车青岛四方机车车辆股份有限公司共设计了 20

种列车新头型方案,经过气动阻力、气动升力、侧向力、隧道效应等大量的空气动力学的仿真计算,并通过三维流场数值仿真分析和多目标优化,进行了17项、75次仿真计算,最终确定了5种备选头型。接下来,他们又针对备选方案制作了1:8模型,分别进行了19个角度、8种风速的风洞气动力学试验和3种风速、4种编组的风洞噪声试验,对择优选出的方案进行了样车试制,完成了22项试验验证,经大量的比对、计算、试验之后,最终确定了新一代高速列车的头型方案。实际运行时,新头型的阻力系数小于0.13,尾车升力系数小于0.08。

(二)CRH380A 统型动车组

CRH38A 统型动车组是2013年新购置的动车组中,根据中国国家铁路集团有限公司的要求,考虑运营经验和旅客乘坐需求,在各型动车组技术平台上,针对列车的车型、定员、旅客服务设施、司机操作设施、列车的主要性能进行统筹设计的车型。

CRH380A 统型动车组数量共279列,列车采用6节动车加2节拖车(6M2T)共8辆的编组方式,车辆全长203m,宽3380mm,高3700mm,于2014年1月投运,设计速度380km/h。其中1列定员480人,编号为CRH380A-2796;其余278列定员为556人,编号为CRH380A-2641~2740、2741~2830、2835~2839、2845~2848、2840~2844、2849~2912、2921~2925、2931~2935。

CRH380A 统型动车组开发代号 E27,与之前的CRH380A 型动车组相比有以下不同。

(1)CRH380A 统型动车组每节车厢两端和过道上部都安装有摄像头,不仅能为旅客寻找遗失物品、记录突发情况等提供依据,还能为机械师分析动车组故障提供方便。

(2)CRH380A 统型动车组对每组4号车厢的无障碍卫生间进行了改造,隔出一半的空间作为高铁行包存储箱,既不影响无障碍卫生间的顺畅通行,又能提高动车组的利用率。

(3)CRH380A 统型动车组新增的撒砂装置能自动检测轮轨面的黏着系数,从而向轨道撒砂,增加轮与踏面和钢轨间的摩擦力,提高动车组的制动可靠性。

(4)将司机室前窗安装结构由压板安装改为整体框架安装,使司机室前窗的维修更加便利,实现快速更换的要求。

(5)新增餐车厨房冷藏箱,为工作人员提供冷藏储备。

CRH380A 统型动车组设有带商务座的一等座车1辆、

带商务座的二等座车1辆、二等座车5辆和带酒吧的二等座车1辆,其中一等座采用"2+2"方式布置,二等座为"2+3"方式布置,商务座为"1+2"方式布置。列车商务座定员10人,一等座定员28人,二等座定员518人,全列定员556人(见图2-71)。

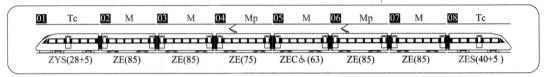

图 2-71　CRH380A 统型动车组编组定员示意图(定员 556 人)

(三)CRH380A(港铁)型动车组

CRH380A(港铁)型动车组在 CRH380A 型动车组原有的安全性、可靠性、经济性、舒适性的基础上,进一步提升了动车组的防碰撞、防火及电磁兼容等性能。CRH380(港铁)型动车组数量共9列,采用8辆编组,6节动车加2节拖车(6M2T),车辆全长403m,宽3380mm,高3700mm,定员579人(见图2-72),设计速度350km/h,编号为CRH380A-0251~0259。列车运行广深港高铁段,列车设一等座和二等座,无餐车和商务座,车厢内提供Wi-Fi和电源插座。该车技术参数与CRH380A统型动车组基本相同,可与之重联运行。

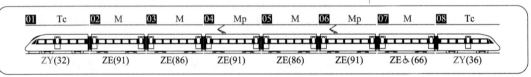

图 2-72　CRH380A(港铁)型动车组编组定员示意图(定员 579 人)

二、CRH380AL 型动车组

CRH380AL 型动车组分为一阶段、二阶段及三阶段。

(一)CRH380AL 型动车组(一阶段)

CRH380AL型动车组(一阶段)数量共30列,编组形式为14节动车加2节拖车(14M2T),定员1028人(见图2-73),车辆全长203m,宽3380mm,高3700mm,设计速度380km/h,于2011年6月投运,编号为CRH380AL-2541~2570。CRH380AL发展历程如下。

(1)2010年10月底,首列长编组CRH380A-6041L在中车青岛四方机车车辆股份有限公司的厂房下线。

(2)2010年11月08日,CRH380A-6041L被运送至北京环行铁道安装试验设备,并进行初步试验。

(3)2010年11月20日,CRH380A-6041L前往京沪高速铁路先导试验段(枣庄至蚌埠)开始进行正式线路联调联试和综合试验,并在26日首次进行速度380km/h的高速试验。

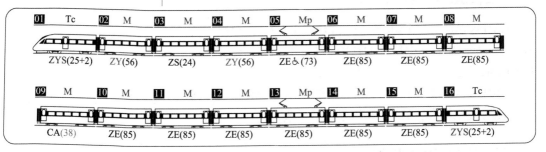

图 2-73　CRH380AL 型动车组(一阶段)编组定员示意图(定员1028人,机动38人)

(4)2010年12月03日,CRH380A-6041L在京沪高铁进行冲高速试验,当日上午10时35分在徐州东站举行了"和谐号CRH380A新一代高速列车上线仪式"。上午11时6分,列车从枣庄西站出发。11时28分,列车在宿州东站附近达到486.1km/h的最高运行速度;11时39分,列车到达蚌埠南站,34min运行了220km,全程平均速度达388km/h。这是继9月28日CRH380A型动车组在沪杭客运专线试运行创下速度纪录416.6km/h之后,再次刷新"正常营运编组列车最高试验速度"纪录。

(5)2011年06月30日,CRH380AL正式投入京沪高铁运营。

(二) CRH380AL 型动车组(二阶段)

CRH380AL型动车组(二阶段)数量共70列,编组形式为14节动车加2节拖车(14M2T),定员1061人(见图2-74),设计速度380km/h,编号为CRH380AL-2571~2640。

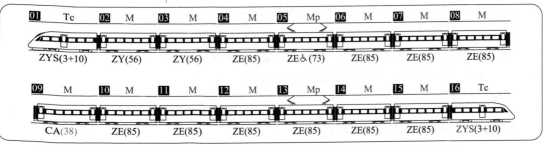

图 2-74　CRH380AL 型动车组(二阶段)编组定员示意图(定员1061人,机动38人)

CRH380AL型动车组(二阶段)进行了统型化改进,统一了操作界面,优化了旅客体验。

CRH380AL型动车组(二阶段)采用新的座席配置,将商务座设置于1车和16车,4车也由一等座车改为二等座车,商务座定员 26 人、一等座定员 112 人、二等座定员 923 人，全列定员 1061 人。

(三) CRH380AL 型动车组(三阶段)

CRH380AL 型动车组(三阶段)数量共 13 列，编组形式为 14 节动车加 2 节拖车(14M2T)，定员 1061 人，设计速度 380km/h，编号为 CRH380AL-2913～2920、2926～2930。

CRH380AL 型动车组(三阶段)与 CRH380AL 型动车组(二阶段)差距不大，只是细节部分做了一些优化。

三、CRH380B 型动车组

(一) CRH380BG 型动车组

CRH380BG 型动车组是由中车唐山机车车辆有限公司和中车长春轨道客车股份有限公司在 CRH3C 型动车组的基础上，通过自主创新，研制出的抗高寒型动车组。CRH380BG 型动车组由中车长春轨道客车股份有限公司制造，共 66 列，编组形式为 4 节动车加 4 节拖车(4M4T)，设计速度 380km/h，定员 551 人(见图 2-75)，车辆全长 200.67m，宽 3257mm，高 3890mm，于 2012 年 10 月投运，编号为 CRH380BG-5546～5600、5626～5636。

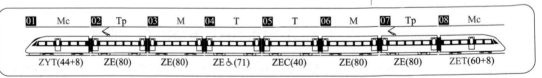

图 2-75　CRH380BG 型动车组编组定员示意图(定员 551 人)

CRH380BG 型动车组考虑到哈大高铁等高寒地区动车组运行的要求，对车体材料、结构做出诸多创新改动，大大提高了防寒、防冰雪的性能。相较于 CRH3C 型动车组，CRH380BG 型动车组外观仅有几处细节差别，车头车钩整流罩处未见车钩导向杆伸出、车灯内侧并无栅格，其余外观及涂装与 CRH3C 型动车组一致。

(二) CRH380BG 统型动车组

CRH380BG 统型动车组，是根据运行经验和旅客乘坐需求，在 CRH380BG 型动车组技术平台上，对列车的车型、定员、旅客服务设施、司机操作设施、列车的主要性能统一设计得来的车型。CRH380 BG 统型动车组由中车长春轨道客车股份有限公司制造，共 91 列，编组形式为 4 节动车加 4 节拖车(4M4T)，设计速度 380km/h,定员 556 人(见图 2-76),于 2013 年 12 月投运,编号为 CRH380G-5684～5729、5762～5786、5803～5822。

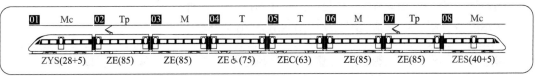

图 2-76　CRH380BG 统型动车组编组定员示意图(定员 556 人)

CRH380BG 统型动车组与 CRH380BG 型动车组有以下区别。

(1)CRH380BG 统型动车组总长度由 200.67m 增加到了 202.95m,车内空间更大,设有带商务座的一等座车 1 辆、带商务座的二等座车 1 辆、二等座车 5 辆和带酒吧的二等座车 1 辆,其中一等座采用"2+2"方式布置,二等座为"2+3"方式布置,商务座为"1+2"方式布置。列车商务座定员 10 人,一等座定员 28 人,二等座定员 518 人,全列定员 556 人。

(2)CRH380BG 统型动车组与非统型最显著的差距是车门与 SLED 显示屏的位置,非统型车门全部靠近车厢连接处,而 CRH380BG 统型动车组的 LED 显示屏将车门和车厢连接处分开。

(三) CRH380B 型动车组

CRH380B 统型动车组数量为 353 列,定员 556 人(见图 2-77),设计速度 380km/h,编组形式为 4 节动车加 4 节拖车(4M4T),于 2014 年投运。其中 198 列由中车唐山机车车辆有限公司制造,编号为 CRH380B-3571～3731、3738～3774;155 列由中车长春轨道客车股份有限公司制造,编号范围为 CRH380B-5637～5683、5730～5761、5787～5802、5829～5888。CRH380B 型动车组的设备与 CRH380A 统型动车组相同。

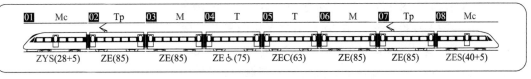

图 2-77　CRH380B 型动车组编组定员示意图(定员 556 人)

(四) CRH380BL 型动车组

CRH380BL 型动车组分为一阶段、二阶段、三阶段。
CRH380BL 型动车组(一阶段)共 82 列,编组形式为 8 节动车加 8 节拖车(8M8T),设计速度 380km/h,定员 1005 人

（见图2-78），车辆全长399.27m，宽3257mm，高3850mm，于2011年1月投运。其中42列由中车唐山机车车辆有限公司制造，编号为CRH380BL-3501～3542；另外40列由中车长春轨道客车股份有限公司制造，编号为CRH380L-5501～5540。

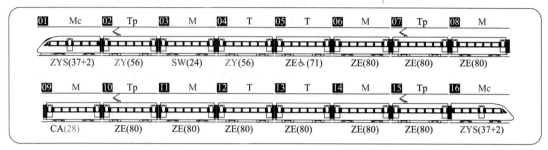

图2-78　CRH380BL型动车组（一阶段）编组定员示意图（定员1005人，机动28人）

CRH380BL型动车组（二阶段）共33列，编组形式为8节动车加8节拖车（8M8T），设计速度380km/h，定员1005人（见图2-79），于2013年12月投运。其中28列由中车唐山机车车辆有限公司制造，编号为CRH380L-3543～3570；另外5列由中车长春轨道客车股份有限公司制造，编号为CRH380BL-5541～5545。

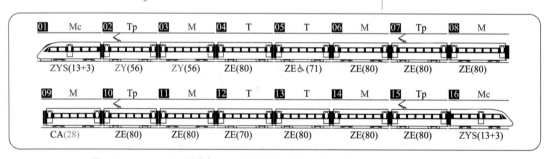

图2-79　CRH380BL型动车组（二阶段）编组定员示意图（定员1005人，机动28人）

CRH380BL型动车组（二阶段）进行了通化改进，统一了操作界面，优化了旅客体验。

CRH380BL型动车组（三阶段）共36列，编组形式为8节动车加8节拖车（8M8T），设计速度380km/h，定员1005人，于2015年12月投运。其中20列由中车唐山机车车辆有限公司制造，编号为CRH380L-3732～3737、3775～3788；另外16列由中车长春轨道客车股份有限公司制造，编号为CRH380BL-5823～5828、5889～5898。

CRH380BL型动车组（三阶段）与CRH380BL型动车组（二阶段）差别不大，外观基本无区别，是细节部分做了一些优化。与CRH380BL型动车组（二阶段）相比，其内部第5车增加行包柜、卫生间外形改为方形；单双数靠窗规则有变；除9车、16车外，各车厢第1排均靠近1车方向，但各车厢位向

(即 ABCDF 顺序)不变;部分车厢一位端两侧均设小窗;一等座座椅套颜色改为灰色;每排座位下方均设有电源插座。

拓展知识 2-9

CRH380B 型动车组的特点

1. 流线头型,阻力更低

圆润的海豚型车头,外形流畅优美,能够有效减小高速运行时的空气阻力,优化后的车头气动阻力降低了近 10%。

2. −40℃安全可靠

中车长春轨道客车股份有限公司的高寒高铁攻关团队将 CRH380B 型高寒动车组的适应最低气温锁定在 −40℃,为确保 CRH380B 型高寒动车组在 −40 ~ 40℃天气状况下都能正常行驶,整车完工后,工作人员除了在线路上进行各项性能的试验,还在隆冬时段长吉线进行了低温运行采暖试验,在齐齐哈尔低温试验站成功完成低至 −40℃的环境静止低温采暖试验,这些都进一步验证了高寒动车组的低温运行性能的可靠性。

3. 车厢内始终温暖如春

在 CRH380B 型高寒动车组中,中车长春轨道客车股份有限公司借鉴国际上的先进标准,并结合我国人体适应温度的特征以及我国人均散热低于西方人的特点,确定了高寒动车组的热工设计参数并将车厢温度设为人体最佳适应温度 22℃。

4. 车厢内噪声比飞机小

中车长春轨道客车股份有限公司已攻克了 350km/h 速度等级高速列车车外辐射噪声和司机室、观光区噪声超标的共性技术难题,使得高寒动车组以 350km/h 的速度运行时,车外辐射噪声降低了 2dB,司机室、观光区噪声分别降低了 3dB,达到国内动车组中的最低噪声水平,远远低于飞机的辐射噪声和舱内噪声,让旅客乘坐起来更加舒适。

5. 冷凝水清除及时

在电气系统上,列车进行了冷凝水防护结构优化,在车体、设备舱采取排冷凝水措施,车体外采用高标准防护等级电气零部件;在制动系统上,列车对管路系统进行了冷凝水处理,使得冷凝水能及时排掉。

四、CRH380CL 型动车组

CRH380CL 型动车组共 25 列，由中车唐山机车车辆有限公司制造，编组形式为 8 节动车加 8 节拖车(8M8T)，车辆全长 203m，宽 3380mm，高 3700mm，设计速度 380km/h，于 2013 年 4 月投运。其中 1 列(样车)定员 1029 人，编号为 CRH380CL-5601；另外 24 列定员 1015 人，编号为 CRH380CL-5602 ~ 5625。

1. CRH380CL-5601 与后续量产的 24 列的区别

在头型方面，5601 并无后续 24 列量产型车头增加的银色装饰板，车侧车窗范围的黑色涂装是分体式，而并非后续列车的一体式。在座席方面，CRH380CL-5601 的 3 车亦为商务车，定员 1029 人也不同于后续 24 列的 1015 人。

2. 技术特点

CRH380CL 型动车组在运营速度、牵引功率、可靠性、系统冗余等技术指标以及全生命周期费用等经济性指标方面达到世界领先水平。它通过减少运行阻力和提高牵引传动效率等手段全面降低能耗，采用新头型，且基于日立技术的永济牵引系统，动车组牵引功率最高可达 19200kW，持续运行速度为 350km/h，最高运行速度达 380km/h。它通过对外部噪声、振动传递、电磁辐射等的系统控制，实现人、车与环境之间的和谐。

CRH380CL 型新一代高速动车组依据新一代动车组的顶层技术指标及技术条件要求，结合京津和武广高铁的试验数据及运营经验，借鉴 CH380BL 动车组的成熟技术创新成果，自主创新研制，具有以下创新点。

(1)优化了转向架悬挂参数，提高了列车的横向稳定性、运行安全性和平稳性，提高了乘坐舒适度；优化了列车制动系统，提升了基础制动系统的能力，保证了列车运行安全性；优化了列车整体气动外形，其中包括前端流线型车头、车端连接外风挡、车顶与车下导流罩，降低了列车高速运行时的阻力；优化了铝合金车体，进一步提高了列车承载可靠性。

(2)根据京沪高速客运专线的运行需求，优化了列车的总体布置和旅客界面，融入了中国元素，合理配置了车种，充分利用了车内的乘坐空间，整合列车服务设施与资源；采用了新型牵引系统和与之相匹配的列车制动系统，动力更加强劲；按牵引制动系统的控制信息传输需求，开发了全新的列车网络系统;采用了细长比更大的流线型铝合金车头,进一步降低了列车运行阻力;车体材料采用高强度中空大型材断面的铝合金车体,采用 CW400/CW40D 型无摇枕空气弹簧转向架,再生制动加直通式电空制动,初速度 350km/h 时紧急制动距离小于 6500m。

五、CRH380D(统)型动车组

(一) CRH380D(统)型动车组

图 2-80　CRH380D 型动车组

CRH380D 系列动车组(见图 2-80)是由青岛四方庞巴迪铁路运输设备有限公司基于庞巴迪 ZEFIRO380 型研发生产的动车组。CRH380D 型动车组共 10 列,编组形式为 4 节动车加 4 节拖车(4M4T),车辆全长 215.3m,宽 3368mm,高 4160mm,设计速度 380km/h,于 2014 年 4 月投运,定员 558 人(见图 2-81),编号为 CRH380D-1501～1510。

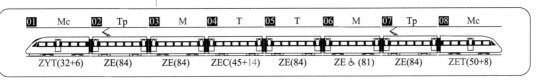

图 2-81　CRH380D 型动车组编组定员示意图(定员 558 人,机动 14 人)

(二) CRH380D 统型动车组

CRH380D 统型动车组数量共 75 列,由青岛四方庞巴迪铁路运输设备有限公司制造,编组形式为 4 节动车加 4 节拖车(4M4T),设计速度 380km/h,于 2015 年 2 月投运,定员 556 人(见图 2-82),编号为 CRH380D-1511～1585。

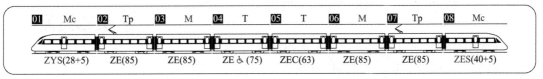

图 2-82　CRH380D 统型动车组编组定员示意图(定员 556 人)

【笔记区】

任务展示

(1) 查阅相关资料,讨论 CRH380 型动车组的发展历程。

(2) 查阅相关资料,调研 CRH380 型动车组在我国哪些线路上运行或运行过。

(3) 展示任务书,并进行讨论。

任务评价

任务 2.7　掌握 CRH380 型动车组车型

项目		评价内容		分值	得分
班级		姓名		日期	
师评	知识能力考核	掌握 CRH380 型动车组的车型类型		10	
		掌握 CRH380 型动车组的各车型编组形式		10	
		能正确画出 CRH380A 动车组的编组示意图		10	
	职业素养考核	出勤情况	出勤(　) 缺课(　)	5	
		任务书完成情况		10	
		任务书展示态度积极、口齿清楚、仪态得体		10	
		作业		10	
自评	自我反思(自填)			—	—
	任务书完成情况	完整(5 分)	自主(5 分)	10	
	是否展示汇报	是(5 分)	否(0 分)	5	
互评	任务书完成情况	能够积极参与讨论,完成任务书		10	
	展示汇报	能够在组内积极进行任务展示		10	
总分				100	

头脑风暴

(1) CRH380A 和 CRH380A 统型动车组有哪些不同?

(2) 简述 CRH380AL 型动车组的发展历程。

(3) CRH380CL 型动车组有哪些技术特点?

(4) 画出 CRH380D 型动车组的编组示意图。

任务2.1　走进和谐号动车组
任务2.2　了解CRH1型动车组
任务2.3　了解CRH2型动车组
任务2.4　了解CRH3型动车组
任务2.5　熟悉CRH5型动车组
任务2.6　熟悉CRH6型动车组
任务2.7　掌握CRH380型动车组车型
任务2.8　掌握动车组车内设备设施的配置方法

任务2.8　掌握动车组车内设备设施的配置方法

【任务发布】

当旅客乘坐动车组出行,坐在宽敞的车厢里时,车内设备设施对旅客的乘车体验有很大影响。你们是否思考过车内有哪些设备设施?它们是如何布置的?它们有什么作用?让我们带着这些疑问走进任务。

【任务要求】

(1)通过学习任务信息,完成任务书。

(2)收集动车组内相关设备的位置照片。

(3)描述动车组不同座椅的尺寸和布局。

【任务目标】

(1)掌握动车组车辆内主要设备配置。

(2)掌握内部门的操作方法。

(3)掌握动车组的安全应急设备配置。

(4)培养团队协作能力、执行力和解决问题的能力。

【任务书】

任务2.8　掌握动车组车内设备设施的配置方法			
班级		姓名	日期
课前思考	作答区		
动车组车内一般有哪些设备			
司机室隔门应如何打开和关闭			
动车组的安全应急设备有哪些			

项目2　和谐号动车组列车设备设施

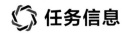

一、动车组的主要设备配置

根据型号不同,动车组的设备配置会有一些差异,但大体上具有一致性,下面以 CRH380A、CRH2、CRH380D 型动车组为例进行说明(见表 2-3 ~ 表 2-5)。

CRH380A 型动车组各车辆主要设备配置　　　　表 2-3

车号	代号	车内主要设备	备注
1	T1	商务座、二等座、坐式便器卫生间、盥洗室、电开水炉	端车
2	M1	二等座、坐式便器卫生间、蹲式便器卫生间、盥洗室、备品柜、大件行李存放处	二等座车
3	M2	VIP 包间、一等座、坐式便器卫生间、蹲式便器卫生间、盥洗室、备品柜、大件行李存放处、电开水炉	一等座车
4	M3	一等座、无障碍卫生间、蹲式便器卫生间、盥洗室、行李柜、大件行李存放处、电开水炉	一等座车
5	M4	二等座、酒吧餐饮区、坐式便器卫生间、小便间、盥洗室、乘务员室、机械师室、备品洁具柜、储藏柜	餐车合造车
6	M5	二等座、坐式便器卫生间、蹲式便器卫生间、盥洗室、备品柜、大件行李存放处、电开水炉	二等座车
7	M6	二等座、坐式便器卫生间、蹲式便器卫生间、盥洗室、备品柜、大件行李存放处、电开水炉	二等座车
8	T2	商务座、二等座、坐式便器卫生间、盥洗室、电开水炉	端车

CRH2 型动车组各车辆主要设备配置　　　　表 2-4

车号	代号	定员	车内主要设备	备注
1	T1c	55	司机室、二等座、坐式便器卫生间、小便间、盥洗室	端车
2	M2	100	二等座、大件行李存放处、电开水炉	二等座车
3	M1	85	二等座、坐式便器卫生间、小便间、盥洗室、备品柜、大件行李存放处	二等座车
4	T2	100	二等座、大件行李存放处、电开水炉	二等座车
5	T1k	55	二等座、酒吧餐饮区、坐式便器卫生间、小便间、盥洗室、电开水炉	餐车合造车
6	M2	100	二等座、大件行李存放处、电开水炉	二等座车
7	M1s	51	一等座、坐式便器卫生间、无障碍卫生间、小便间、盥洗室、备品柜、大件行李存放处、乘务员室、多功能室、储藏室	一等座车
8	T2c	64	司机室、二等座、电开水炉	端车

CRH380D 型动车组各车辆主要设备配置　　　　表 2-5

车号	EC01	TC02	IC03	FC04	BC05	IC06	TC07	EC08
车型	商务座/一等座混合车	二等座车	二等座车	二等座车	餐车合造车	二等座车	二等座车	商务座/二等座混合车
定员	28+5	85	85	75	63	85	85	40+5
外车门	2	4	4	2	0	4	4	2
卫生间（便器）	坐	坐、蹲	坐、蹲	无障碍坐、蹲	无	坐、蹲	坐、蹲	坐
盥洗室	0	1	1	0	0	1	1	0
开水炉	1	1	1	1	1	1	1	1
大件行李存放处	1	1	1	1	0	1	1	1
乘务员室	0	0	0	0	1	0	0	0
乘务员专座	1	0	0	1	1	0	0	1
机械师室	0	0	0	0	1	0	0	0
垃圾小车存放处	0	0	1	0	0	1	0	0
洁具柜	0	1	0	0	0	0	1	0
工具柜	1	0	0	0	1	0	0	1
备品柜	3	0	0	0	1	1	0	3
洁具池	0	0	0	1	0	0	0	0
商务车服务台	1	0	0	0	0	0	0	0

二、动车组的内部门和外部门

（一）内部门

内部门由内端门和小间门组成。

1. 内端门

内端门（见图 2-83）为电动式的自动门，通过顶板内光电开关的检测来自动进行开关操作。

内端门有普通宽度和可通行轮椅的大宽度两种类型，下面以普通宽度内端门为例进行介绍。内端门门板主结构为玻璃，3 面铝型材包边。人或物体通过时，门两侧的光电开关将检测信号传递给门控系统，从而实现自动开门。自动开关门有故障时（如停电），用手也能够轻松地进行开闭。

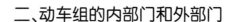

图 2-83　内端门

门在关闭过程中如遇到障碍物,会再次自动打开,然后再关闭。如果障碍物依然存在,这一过程将重复,3 次试图关门失败之后,门将保持打开,并给出故障提示。30s 后,门将再次关闭,如障碍物消失,故障提示将消失,门恢复正常运行,如果仍遇到障碍物,则重复以上过程。当门运动至最后约 25mm 内的位置时,无障碍检测功能。

门在开门过程中如遇到障碍物,将自动停在受阻位置数秒然后重新关闭,并再次打开,3 次试图开门而没有达到全开后,会给出故障提示。当门运动至最后约 25mm 内的位置时,无障碍检测功能。

内端门的操作方式分为手动和电动操作,由"手动/电动"切换开关完成切换。

(1)手动操作。将"手动/电动"切换开关拨到 OFF(关)位置时,电控系统输入电源断开,此时门处于手动操作状态。

(2)电动操作。将"手动/电动"切换开关拨到 ON(开)位置时,电控系统通电,门将以低速进行第一次关门操作,初始化系统参数,初始化完成后,进入电动操作状态。

在门没有机械锁闭、"手动/电动"切换开关拨到 ON 位置、门电控系统有电时,门处于自动状态。红外传感器探测到有物体时,将发出开门信号,通知电子门控单元,它接收到开门信号后,控制电机开门。

门开到位后,红外传感器未探测到有物体时,延时 4s 后(0~10s 可调)自动关门。在关闭途中遇到障碍,门会自动返回,4s 后再次自动关闭。

2. 小间门

小间门有乘务员室拉门、机械师室拉门、厨房拉门、卫生间拉门和司机室隔门等。

(1)乘务员室拉门、机械师室拉门均为手动拉门,门板上设有乳白色聚碳酸酯玻璃窗和换气用的通风板。乘务员室拉门设专用锁,室内带内手动锁闭功能。机械师室拉门设专用锁,与司机室隔门采用同一把钥匙。

(2)厨房拉门为手动转轴门,门板上设有乳白色聚碳酸酯玻璃窗和换气用的通风板,厨房拉门内侧带把手,厨房拉门外侧设置通用锁。

(3)卫生间拉门不设窗户,设置了换气用的通风板。同时设置了门把手和在内侧锁闭的暗锁。无障碍卫生间的门加宽,通过按钮开关进行开闭。

(4)司机室隔门为手动转轴门,设于司机室与观光区之间,向观光区侧打开,该门为不透明玻璃门。司机室隔门设专用锁,该锁与机械师室采用同一把钥匙,钥匙编号 D002（CRH380A 型动车组通用）。司机室隔门的打开和关闭按以下操作。

①在司机室侧:用手握住把手,沿顺时针方向转动把手,此时门锁打开,向外推门,司机室隔门打开。

②在观光区侧:用一只手握住把手,用另一只手拿钥匙沿逆时针转动锁芯,直到转不动为止,此时门锁打开,向内拉门,司机室隔门打开。

③在司机室侧:用手握住把手向内拉门,当门碰到门框时,门关闭。

④在观光区侧:用手握住把手向外推门,当门碰到门框时,门关闭。

(二) 外端门

外端门包括侧拉门和外端拉门。

1. 侧拉门

动车组侧拉门装置通过设置在司机室及乘务员室的开关集中控制。关闭侧拉门之后,各个车厢侧面外部的显示灯会熄灭,司机室操纵台的关门显示灯会亮起,司机在确认了显示灯状态之后方可发车。头车靠司机室的侧拉门和靠近餐车的侧拉门为可单控侧拉门,可根据需要选择单控还是集控。各侧拉门能用钥匙从车内部锁闭,其中可单控侧拉门可从外部开启、锁闭(采用专用钥匙),以实现动车组在存放线时对全列车门的开启、锁闭操作。

侧拉门在构造上力求简单,门板和车体外表面存在 35mm 的高度差。侧拉门门口部分与地板为同一平面,导轨安装在门袋内。关门时,压紧装置将门板向车外方向压紧,保证气密性,在构造上还具有防冻动能。

侧拉门的有效宽度设定为 720mm 和 1010mm 两种规格。此外,门的驱动机构为带有缓冲机构的直动式气缸,气缸的构造及动作速度都充分考虑了防夹需求。侧拉门具有障碍物检测功能,车门关闭时如检测到障碍物,则车门返回打开状态,防止夹伤旅客或夹坏物品。

侧拉门能检测到的最小障碍物的尺寸为 30mm×60mm。侧拉门压紧装置为气压旋转杆式压紧装置,通过锁紧气缸来压紧。列车运行速度达到 30km/h 以上时,压紧装置会启动,使门和车体紧密贴近,以保持列车气密性。列车运行时,侧拉门不能打开,但是在紧急情况下,可通过操作车内门罩板上部的气阀,强行排空气缸里的空气,然后手动开门。

2. 外端拉门

外端拉门（见图 2-84）是装在两辆车之间的贯通口上为防火而设置的不锈钢制的手动拉门，在 1~7 号车的二位端各设有一个外端门。为了在全开、全关时依然能够保持外端门的良好工作状态，还设置了压紧装置。在正常情况下，外端拉门藏于外端墙的内部，是不使用的，通过弹性定位装置保持固定状态。需要使用时，先把手动拉手从门板内取出，然后用力拉动拉手，便可把门拉出。把拉手放回到门板内部，才能进行关门操作，门关到位后，弹性定位装置把门板顶紧在外端墙上，起到隔断两辆车的作用。

图 2-84　外端拉门

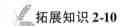

拓展知识 2-10

司机操作开门步骤

（1）按司机室操纵台开关门按钮。

（2）旋转列车员钥匙到"合"位。

（3）按下开门开关（车侧灯亮灯、车门打开、旅客上下车）。

（4）确认已无旅客上下车后，按下关门开关。

（5）确认车侧灯已熄灭。

（6）旋转列车员钥匙到"断"位。

（7）拔出列车员钥匙。

三、动车组客室座椅

动车组一等座车设宽幅软座座椅（按"2+2"方式布置），二等座车设软座座椅（按"2+3"方式布置），部分型号动车组设置了 VIP 座椅。

1. VIP 座椅

VIP 座椅（见图 2-85）根据人体工程学原理进行设计，具备坐躺功能，坐、躺可任意切换。软垫采用高档真皮蒙面，具备宽敞、舒适的座位空间。座椅带有宽大的罩壳，具备一定的私密空间，受外界影响小，同时配有电视、小桌板、电源插座、阅读灯等配套设备，满足旅客休息、娱乐、就餐及办公等需求，为旅客提供一个温馨、舒适的乘坐环境。

2. 一等座椅

一等座椅（见图 2-86）间距为 1100mm，按"2+2"方式布置（见图 2-87），过道宽度为 600mm。座椅的设计充分考虑了轻量化，一等座椅靠背的角度可从 8°~30°自由调节和锁定。脚踏为背面弹动、双停止位置、转动翻出方式，适合不同旅客使用。端部座椅的脚踏和书报袋安装在客室端部墙壁上。座椅侧扶手设有内置式的可折叠小桌板，中间扶手设置了耳机插孔。

图 2-85　VIP 座椅

图 2-86　一等座椅

3. 二等座椅

二等座椅间距为 1000mm，按"2+3"方式布置，过道宽度为 570mm（见图 2-88）。座椅靠背带倾斜装置，二等座椅中双人座椅靠背的角度可从 0°~24.5°自由调节和锁定；3人座椅两侧靠背的角度可从 0°~24.5°自由调节和锁定，中间靠背的角度可从 -5°~24.5°自由调节和锁定。座椅采用绒头化纤面料，为了防止坐垫和靠背的间隙中插入垃圾，还设有座椅罩。车内部的餐车座椅布局和无障碍车专用车位如图 2-89 和图 2-90 所示。

图 2-87　一等座椅布局

图 2-88　二等座椅布局

四、照明设备

动车组大部分区域使用 LED 照明。照明系统作为铁路车辆更"人性化"服务的最直接体现之一，不仅承担着节能环

项目 2　和谐号动车组列车设备设施 ｜ 143

保的重任,也承担着维护人机界面安全的重任,这体现出我国铁路应用高科技产品的水平。

在客室和乘务员室天花板、行李架和功能面板上设有荧光灯,在过道和卫生间外部区域天花板上设有紧凑型荧光灯,在卫生间、风挡过道和乘务员室外部区域天花板上设有聚光灯,在旅客区域外门上方设有聚光灯,旅客座椅上方设有阅读灯。

图 2-89　餐车座椅布局

列车照明可通过列车网络系统集中控制,其他辅助照明控制开关主要有门立柱开关、司机室及乘务员室电灯开关、厨房和餐厅区照明开关。门立柱照明控制开关设置在 1 号、5 号和 0 号车,司机室及乘务员室电灯开关设置在司机室及乘务员室,厨房和餐厅区照明开关设置在厨房,阅读灯开关安装在行李架上。

图 2-90　无障碍车专用车位

在电池充电失效时,由蓄电池系统供电进行紧急照明。采用紧急照明时,餐厅区域及客室照明可被单独控制。

五、卫生设备

动车组型号不同,卫生设备安装位置也有所差异,下面以 CRH380A 型动车组为例进行说明。

CRH380A 型动车组在 1 号、8 号车均设有一个坐式卫生间和一个盥洗室(见图 2-91 和图 2-92)。2 号、3 号、6 号、7 号车均设有一个坐式卫生间和一个蹲式卫生间,每个卫生间内设有一个按压式洗手阀,2 号、3 号、4 号、6 号、7 号车各设有一个盥洗室,供旅客盥洗使用。4 号车设有一个无障碍卫生间(见图 2-93)和一个蹲式卫生间。卫生系统采用真空集便系统收集来自便器的污物,盥洗用废水通过水封排至车外。

图 2-91　坐式卫生间

1. 坐式卫生间

二位侧坐式卫生间门为拉门,该门使用从内侧能够锁上的结构(外侧为暗锁,能从外面打开实施救援)。坐式卫生间一般男女共用,采用真空保持式便器。坐式卫生间安装了大理石台面、按压延时洗手装置、便器冲洗按钮、紧急呼叫按钮、坐垫盒、扶手、镜子、便纸支架等。为减轻臭味,坐便器为真空保持式。无障碍卫生间的拉门为按钮式的自动门,带婴儿护理台的卫生间(见图 2-94)内安装了坐便器、婴儿尿布床、可折叠扶手等。

图 2-92　盥洗室

2. 蹲式卫生间

蹲式卫生间门采用内侧能够锁上的结构(外侧为暗锁,

图 2-93　无障碍卫生间

图 2-94　带婴儿护理台的卫生间

能从外面打开实施救援)。蹲式卫生间内安装了真空保持式蹲便器,便盆为不锈钢制品,外表面抛光处理。

为减轻臭味,蹲便器为真空保持式,设置了瓣阀防止污物箱内的臭气回流。

六、安全应急备品

1. 应急梯子、过渡板

图 2-95　应急梯子

应急梯子(见图 2-95)是在列车运行中无法停靠站台的情况下,方便旅客从车辆移动到地面的应急备品。过渡板(见图 2-96)是在列车无法移动时,旅客从车辆换乘至反向列车时使用的应急备品,使用过渡板前必须安装扶手。

图 2-96　过渡板

2. 火灾报警按钮、紧急报警按钮

每节车厢的内端检查门上设置有火灾报警按钮和紧急报警按钮(见图 2-97),卫生间也同样设有紧急呼叫设施(见图 2-98)。按下按钮后,在蜂鸣器报警的同时,司机室和列车员室的显示器上也会显示报警画面。

图 2-97　紧急报警按钮

3. 防火隔断门

图 2-98　卫生间紧急呼叫设施

防火隔断门(见图 2-99)采用具备防火性能的不锈钢材质制作,发生火灾时,能够阻止或延缓火势蔓延,阻燃时间一般为 30min。在发生意外火灾时,车厢防火系统自动启动,乘务员应拽出隐藏在车辆连接处两侧的防火隔断门,关紧并使用车钥匙加锁。保证火势在 15min 内不会蔓延到相邻车厢并疏散旅客,同时保证列车在发生火灾的 10min 内仍可以 80km/h 的速度驶离难以救援的桥、隧区段,从而最大限度地保障旅客的生命财产安全。

图 2-99　防火隔断门

拓展知识 2-11

防火隔断门的位置

CRH3 型动车组配备的防火隔断门共 7 个，分别位于 3 号、5 号、6 号车，均在车厢二位端，2 号、7 号车一、二位端各 1 个。

CRH5 型动车组配备的防火隔断门共 14 个，分别位于 1 号、8 号车，均在车厢二位端，2 号～7 号车一、二位端各 1 个。

CRH380A 型动车组配备的防火隔断门共 8 个，分别位于 2 号～8 号车，一位端各有 1 个，4 号车两端各有 1 个。

CRH380AL 型动车组配备的防火隔断门共 16 个，分别位于 2 号～16 号车，一位端各有 1 个，8 号车的一、二位端各有 1 个。

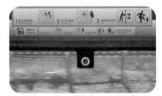

图 2-100　紧急逃生窗

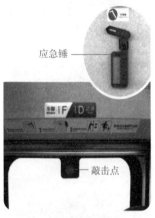

图 2-101　紧急破窗锤

4. 紧急破窗锤

每节车厢中有 4 个紧急逃生窗（有红点的玻璃窗）（见图 2-100），在旁边配备了紧急破窗锤（见图 2-101）。当意外发生时，旅客握住紧急破窗锤的把手，敲击紧急逃生窗红色圆圈提示位置破窗，就可以很快疏散。

每车配置了 4 个安全锤，共计 32 个。

5. 车门紧急开关拉手

车门紧急开关拉手（见图 2-102）是机械式开关动车组单一车门的开关设备。通常情况下，动车组车门一般由司机统一开启和关闭，但遇到特殊情况时，如列车紧急停车，这时需要开门通风或疏散旅客，可以由列车工作人员操作车门紧急开关拉手，开启列车车门。

车门紧急开关拉手以红色涂装，并注明了"非紧急情况下请勿操作"字样。

图 2-102　车门紧急开关拉手

6. 紧急制动阀

每节车厢两端墙壁有两个紧急制动阀（见图 2-103），监控室增加一个。使用时，按照指示图先上提后下压，取下防护罩，向下拉动手柄 5～10cm，提示司机制动，司机在 3～5s 决定是否停车，使用后用三角钥匙复位。车内若发生紧急情况，可拉动紧急制动手把，实施紧急制动，司机和乘务员室显示屏会立刻显示报警信息。

7. 安全防护网

动车组列车为防止车门故障无法关闭，专门配备了安全

图 2-103　紧急制动阀

图 2-104　安全防护网

防护网(见图 2-104)。遇到有列车运行或停留且车门悬挂防护网时,旅客应待在车厢内,不要靠近车门,以防跌落。

安全防护网分别放在 1~8 车的备品柜内,每组车体 8 个。安装时,应根据实际情况决定安装数量,由机械师发给客运人员进行安装,安装在非会车一侧。安装完毕,由机械师负责检查安装状态,客运人员负责防护。列车调度员视情况向沿途各站及司机下达开放部分车门运行的命令,开放车门运行时限速 60km/h,通过高站台时限速 40km/h。

8. 灭火器

动车组车厢一般配置干粉灭火器(2kg)和水基型灭火器(2L)(见图 2-105)。

(1)干粉灭火器。

使用干粉灭火器时,取下灭火器,拔掉保险销,将喷嘴对准火源根部(带软管的灭火器要紧握软管喷嘴),压下压把,快速推进,直至将火扑灭。

干粉灭火器由于充装干粉灭火剂不同,适用场所也不同。碳酸氢钠和碳酸氢钾干粉灭火器适用于扑救易燃液体、可燃气体的初期火灾。磷酸铵盐干粉灭火器除可扑救上述物质的初期火灾外,还可扑救固体物质的初期火灾。总之,干粉灭火器适用于扑救石油、石油产品、油漆、有机溶剂和一般电气设备等火灾。

图 2-105　动车组灭火器配置

(2)水基型灭火器。

水基型灭火器可扑灭 A 类(可燃固体)、B 类(可燃液体)、C 类(可燃气体)及电器火灾,保质期 3 年。该灭火器具有抗 36kV 电压的特点,是现阶段比较适合铁路电气化区段的新型灭火器。其使用方法与干粉灭火器相同,扑灭电器火灾时,灭火距离不少于 1m。灭火后处理现场时,必须切断电源。

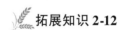

拓展知识 2-12

部分动车组灭火器配置

CRH2 型动车组灭火器分为干粉和水基型两种,每节车厢每种各两个,共 4 个。每个司机室各有 1 个 5kg 二氧化碳或 5kgABC 干粉灭火器,固定放置在便于取用的位置。7 号车乘务室有 1 个 2kg 干粉灭火器。每组列车灭火器共有 35 个。

CRH3 型动车组灭火器分为干粉和水基型两种,每节车厢每种各两个,共 4 个。其中两端车厢(1 号、8 号车)两个在司机室,每组列车灭火器共有 32 个,位置在每节车厢两端。

CRH5 型动车组灭火器分为干粉和水基型两种,每节车厢每种各两个,共 4 个。每组列车灭火器共有 32 个,位置在两端车厢(1 号、8 号车),其中两个在司机室,其他位置均在一位端处并排两个,另一端卫生间风挡处每侧一个。

CRH380A 型动车组配备的灭火器分为干粉和水基两种,每节车厢每种各两个,共 4 个。两端司机室各 1 个(干粉),餐吧车厨房 2 个(水基型),每车 4 个(干粉、水基型各 2 个)。每组列车共有 36 个。

CRH380AL 型动车组配备的灭火器分为干粉和水基型两种,每节车厢每种各两个,共 4 个。两端司机室各 1 个(干粉),餐吧车厨房 2 个(水基型),每车 4 个(干粉、水基型各 2 个)。每组列车共有 68 个。

拓展知识 2-13

CRH380BL 型动车组配备的安全用品

CRH380BL 型动车组配备的安全用品如表 2-6 所示。

CRH380BL 型动车组配备的安全用品　　　　表 2-6

设备	数量	安放位置
紧急过渡车钩	1 套	地板下区域(1 等车 FC04,SC13)
紧急过渡车钩工具包	1 套	地板下区域(1 等车 FC04,SC13)
止轮器	2 套	地板下区域(1 等车 FC04,SC13)
紧急疏散踏板	2 套	餐车 BC09
手提干粉灭火器(2kg/个)	14 个	每个车厢都按照我国标准设 2 个干粉灭火器和 2 个水基型灭火器
手提干粉灭火器(4kg/个)	2 个	
手提水基型灭火器(2L/个)	14 个	
手提水基型灭火器(4L/个)	2 个	
应急锤	42 个	每一个紧急出口窗
紧急梯	1 个	餐车 BC09
救援梯(绳梯)	2 套	司机室内的座椅箱
在箱中的信号旗(红色/绿色)	1 套	乘务员室
手提信号灯(红/绿/白)	1 套	乘务员室

七、电茶炉

动车组车厢均配置电茶炉(见图 2-106),电茶炉参数如表 2-7 所示。

电茶炉参数　　　　表 2-7

项目	TCL-12	WSD-5020AT3
额定电压	三相 AC 400V/50Hz	三相 AC 440V/60Hz
加热功率	4.5kW	4.8kW

图 2-106　电茶炉

图 2-107　行李架

图 2-108　大件行李存放处

续上表

项目	TCL-12	WSD-5020AT3
产水量（进水温度≥18℃时）	≥40L/h	≥40L/h
开水储水量	≥18L	≥18L
出水温度	≥95℃	≥95℃
工作温度	5~45℃	4~45℃
工作湿度	≤95%	≤95%
最高海拔	1500m	1500m

八、行李架和大件行李存放处

动车组每节车厢均配备了行李架及大件行李存放处（见图 2-107 和图 2-108）。

拓展知识 2-14

动车组行李携带规定

旅客携带品由自己负责看管。旅客需妥善放置携带品，不得影响公共空间使用和安全。每人免费携带品的重量和规格是：儿童 10kg，外交人员 35kg，其他旅客 20kg。每件物品外部尺寸长、宽、高之和不超过 160cm，杆状物品不超过 200cm；但乘坐动车组列车均不超过 130cm；每件重量不超过 20kg。平衡车、滑行器等轮式代步工具须使用硬质包装物妥善包装。依靠辅助器具才能行动的老、幼、病、残、孕等特殊重点旅客旅行时代步的折叠式轮椅，以及随行婴儿使用的折叠婴儿车，可免费携带并不计入上述范围。

（摘自中国铁路 12306 网站）

九、餐车设备

餐车位于每组动车中部，餐车一般分为厨房区、酒吧服务区、酒吧外储藏区，设有餐桌（坐式、立式）、椅子、吧台、陈列柜、咖啡机、微波炉、冷藏箱、储藏柜、电磁炉、水槽、垃圾箱、售货车，其中售货车配有防撞条和制动装置。

电磁炉包括炉体，当锅底离开电磁炉超过 50mm 时，电磁炉自动关闭电源。冰箱包括两个立式冰箱，一个安装在吧台内，另一个安装在吧台外。

(1)展示任务书,并进行讨论。
(2)收集动车组内相关设备的位置照片。
(3)描述动车组不同座椅的尺寸和布局。

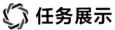
任务展示

任务2.8 掌握动车组车内设备设施的配置方法

项目		评价内容	分值	得分
班级		姓名 日期		
师评	知识能力考核	掌握动车组车辆内主要设备配置方法	10	
		掌握内部门的操作方法	10	
		掌握动车组的安全应急设备相关知识	10	
	职业素养考核	出勤情况 出勤( ) 缺课( )	5	
		任务书完成情况	10	
		任务书展示态度积极,口齿清楚,仪态得体	10	
		作业	10	
自评	自我反思(自填)		—	—
	任务书完成情况	完整(5分) 自主(5分)	10	
	是否展示汇报	是(5分) 否(0分)	5	
互评	任务书完成情况	能够积极参与讨论,完成任务书	10	
	展示汇报	能够在组内积极进行任务展示	10	
		总分	100	

任务评价

头脑风暴

(1)动车组 VIP 座是如何布置的?有什么功能特点?
(2)动车组一等座是如何布置的?有什么功能特点?
(3)动车组二等座是如何布置的?有什么功能特点?
(4)动车组防火隔断门有什么作用?
(5)动车组灭火器有哪些类型?各自有什么特点?

思政课堂 中国高铁在创新之路上闪耀光芒

我国自主创新的一个成功范例就是高铁,从无到有,从引进、消化、吸收再创新到自主创新,中国高铁现在已经领跑世界,要总结经验,继续努力,争取在"十四五"期间有更大发展。我们应时刻牢记,创新始终是一个国家、一个民族发展的重要力量,也始终是推动人类社会进步的重要力量。我们应坚持以科技创新驱动引领高质量发展,努力向"跻身创新型国家前列"目标迈进。

中国高铁展现出中国科技创新体制机制的优势。党的十八大提出实施创新驱动发展战略,强调科技创新是提高社会生产力和综合国力的战略支撑,必须摆在国家发展全局的核心位置。党的十九届五中全会明确提出坚持创新在我国现代化建设全局中的核心地位,表明以习近平同志为核心的党中央对创新驱动发展战略的高度重视。中国高铁发挥"集中力量办大事"的制度优势,团结一心,制造与研发团队握指成拳,开放互通,博采众长,真正实现了市场资源、科研资源利用效率的最大化。依托体制机制,加快提升自主创新能力,从引进、消化、吸收再创新到自主创新,如今我国的高铁技术领跑世界,彰显着我国科技创新体制机制的优势。

中国高铁展现出铁路人强大的自主创新能力。高速铁路的建设是一个复杂的系统工程,其创新更是一个布满荆棘、充满艰难险阻的过程。2004年,我国决定通过技术引进发展高铁,但是在国际市场中,核心技术很难用钱买到,高铁技术也是如此。为此,我国先引进先进技术,再安排科研人员、技术人员从技术设计到制造工艺进行学习,开阔技术人员的思路和眼界,在从"依样画葫芦"到引领世界高铁发展的征途中,技术人员用不屈不挠的意志、变不可能为可能的勇气,努力学习技术并积极向未知领域出发。速度达350km/h的复兴号从2012年开始研制到2017年投入使用,前后历时仅5年;完全自主知识产权的复兴号中国标准动车组已经装备超过560组;高铁软件和操作系统也做到了自主可控。在追赶到领跑这条漫长而艰辛的路上,无数科学家、工程师一路开拓求索、筚路蓝缕,不知道走过了多少艰辛历程,付出了多少心血汗水,熬过多少不眠之夜,才有了今天的伟大成就,彰显了我们强大的自主创新能力。

中国高铁展现出了令人骄傲的自主创新成果。截至"十三五"末,中国高铁运营里程达 3.79 万 km,在短短数十年时间里,中国从没有一寸高速铁路,发展到拥有世界上运营里程最多的高速铁路。从和谐号动车组到完全自主知识产权的复兴号动车组,从"四纵四横"到"八纵八横",不断发展的高铁技术、不断扩大的高铁版图,给民众带来了越来越便利的出行体验。中国高铁在创新之路上用举世瞩目的成就,印证着中国铁路事业的蓬勃发展与时代的进步,闪亮着耀眼的光芒。

(资料来源:新华网,引文有改动)

请思考:

我国高铁的自主创新为什么能够成功?有哪些值得我们学习和借鉴的精神?

【笔记区】

任务 3.1 走进复兴号动车组

任务 3.2 掌握复兴号 CR400AF 系列动车组车型

任务 3.3 掌握复兴号 CR400BF 系列动车组编组形式

任务 3.4 了解复兴号 CR300 系列动车组

任务 3.5 了解复兴号 CR200J 系列动车组

任务 3.6 熟悉复兴号动车组列车设备设施

任务 3.7 熟悉复兴号智能动车组设备设施

任务 3.8 掌握复兴号动车组列车应急安全设备设施的使用方法

项目 3 复兴号动车组列车设备设施

【课前预习】

【项目描述】

复兴号中国标准动车组是指中国标准体系占主导地位的动车组,它具有鲜明的中国特征,已实现高速动车组技术全面自主化,动车组整体性能及车体、转向架、牵引、制动、网络等关键系统技术已达到国际先进水平。本项目主要介绍复兴号动车组的基本构造、车型、编组、形式、复兴号动车组列车设备设施、复兴号智能动车组设备设施,以及复兴号动车组列车应急设备设施等知识。通过本项目的学习,学生能掌握使用复兴号动车组列车设备设施的基本技能。

对于复兴号动车组列车设备设施,要求重点掌握以下内容。

(1) 复兴号动车组的主要构成及发展历程。

(2) 复兴号动车组的主要型号分类。

(3) 复兴号动车组的主要设备设施。

【建议学时】

任务序号	任务内容	建议学时
3.1	走进复兴号动车组	4
3.2	掌握复兴号 CR400AF 系列动车组车型	2
3.3	掌握复兴号 CR400BF 系列动车组编组形式	2
3.4	了解复兴号 CR300 系列动车组	2
3.5	了解复兴号 CR200J 系列动车组	2
3.6	熟悉复兴号动车组列车设备设施	2
3.7	熟悉复兴号智能动车组设备设施	2
3.8	掌握复兴号动车组列车应急安全设备设施的使用方法	2
合计		18

任务3.1 走进复兴号动车组

【任务发布】

大部分同学都应该听说过复兴号,然而,复兴号与和谐号有什么区别?复兴号动车组有哪些主要类型?它们具有哪些与和谐号不同的技术特点呢?让我们带着这些疑问走进任务。

【任务要求】

(1)查阅相关资料,了解复兴号动车组的研究背景。

(2)查阅相关资料,调研复兴号动车组在我国哪些线路上运行。

(3)通过学习任务信息,完成任务书。

【任务目标】

(1)掌握 CR 系列动车组的发展历程。

(2)归纳复兴号动车组的主要组成部分。

(3)归纳复兴号动车组的车辆特征。

(4)掌握复兴号动车组编号和车辆的车种,以及车辆号的编号规则。

(5)了解中国速度背后的智慧,领略科技创新的力量,对比国内外高速列车技术的发展过程,激发爱国情怀。

任务3.1 走进复兴号动车组
任务3.2 掌握复兴号 CR400AF 系列动车组车型
任务3.3 掌握复兴号 CR400BF 系列动车组编组形式
任务3.4 了解复兴号 CR300 系列动车组
任务3.5 了解复兴号 CR200J 系列动车组
任务3.6 熟悉复兴号动车组列车设备设施
任务3.7 熟悉复兴号智能动车组设备设施
任务3.8 掌握复兴号动车组列车应急安全设备设施的使用方法

【任务书】

任务3.1 走进复兴号动车组

班级		姓名		日期	
课前思考	归纳复兴号动车组主要组成				
组成部件	功能		组成		特点
转向架					
牵引系统					
辅助系统					
供风及制动系统					
网络控制系统					
烟火报警系统					
旅客信息系统					

任务信息

复兴号中国标准动车组列车是为了适应中国高速铁路运营环境和条件，满足复杂多样、长距离、长时间、连续高速运行等需求，打造适合中国国情、路情（持续高速运行、长距离、开行密度较高、载客量较大、高寒、多雪、高原风沙、沿海湿热以及雾霾、柳絮等条件）的高速动车组。

中国标准动车组的设计研制遵循安全可靠、系列化、经济性、节能环保等原则，在方便运用、环保、节能、降低全生命周期成本、进一步提高安全冗余等方面加大了创新力度，具有创新性、安全性、智能化、"人性化"、经济性等特点。中国标准动车组采用 CR（中国铁路）代号，3 种速度等级分别为 CR400、CR300、CR200，持续速度分别为 350km/h、250km/h、160km/h。

一、复兴号动车组背景

中国标准动车组是由中国国家铁路集团有限公司主导，中国铁道科学研究院技术牵头，中国中车股份有限公司及相关企业设计制造，各高校及科研单位技术支持，按运营需求制定中国标准，自主正向研发的标准化动车组平台。

2004 年 4 月，中华人民共和国国务院召开会议，专题研究铁路机车车辆装备有关问题，提出了"引进先进技术、联合设计生产、打造中国品牌"的基本原则，确立了引进少量原装、部分国内散件组装和大批量国内生产的项目运作模式。因此，2004 年至 2007 年，原铁道部采取"引进、消化吸收、再创新"的策略，分别引进了庞巴迪、川崎、西门子、阿尔斯通等多个巨头的产品和技术，主要形成了 4 个产品系列和技术平台。

但是，多种不同技术标准的动车组技术标准相差甚远，无论是操作、维护还是载客数量都千差万别，不同系列的车型无法重联运行，热备、救援设备不通用，司机、机务、维修人员培训重复及车站设施重复建设。由于技术标准不统一，不同技术源头形成的产品各不相同，不能通用互换，每个平台需依赖自己的产品供应链，大量配件为独家供货，价格居高不下，造成维护备件储备大，占用资金多，对铁路的经营效益产生较大影响。各型动车组修程、修制不统一，维修内容、方式和检修设备有很大不同，配件种类繁杂，增加了维修的难度和成本。

研制中国标准动车组的主要目的有以下 3 点。

第一，针对我国的运用需求，推出适合我国国情、路情的高速动车组设计制造平台，从而实现全面自主化。

第二，建立统一的技术标准体系，实现动车组在服务功能、运用维护上的统一,提高效率,降低成本。

第三,以自主化、系列化和简统化为目标,打造中国标准动车组品牌,助力中国高铁"走出去"。

二、复兴号动车组的主要组成

复兴号动车组由车体、设备舱、转向架、牵引系统、辅助系统、供风及制动系统、网络控制系统、烟火报警系统、旅客信息系统、车内环境控制系统、给水及卫生系统、车内设施、驾驶设施、列车运行控制车载设备和其他装置系统组成,下面就主要的部分展开介绍。

(一)转向架

转向架是动车组的基本组成部件之一,是动车组的走行部。CR400BF型动车组为8辆编组,每辆车有2个转向架,分为动力转向架和拖车转向架。转向架固定轴距为2500mm,最大轴重为17t,车轮直径为920mm和850mm。CR400BF型转向架如图3-1所示。

图3-1　CR400BF型转向架

(二)牵引系统

CR400BF型牵引系统由两个牵引单元组成(见图3-2)。两个牵引单元采用对称式设计,每个牵引单元由两节动车和两节拖车构成,主要设备包括牵引变压器、牵引变流器、牵引电机、受电弓,以及牵引部件所需要的冷却单元。

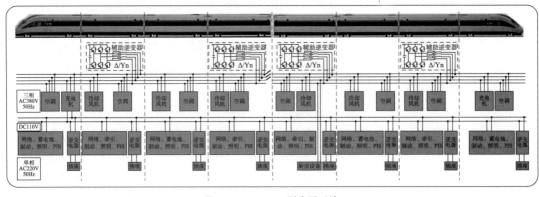

图3-2　CR400BF型牵引系统

(三)辅助系统

CR400BF型辅助系统从牵引系统的直流环节取电,由辅助变流器提供三相AC380V电压,充电机及蓄电池提供DC110V电压,全部通过列车母线实现并网供电,主要由辅助变流器、充电机、蓄电池等部分组成(见图3-3)。

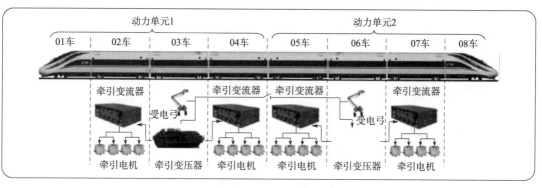

图 3-3　CR400BF 型辅助系统

（四）供风及制动系统

CR400BF 型供风及制动系统如图 3-4 所示。

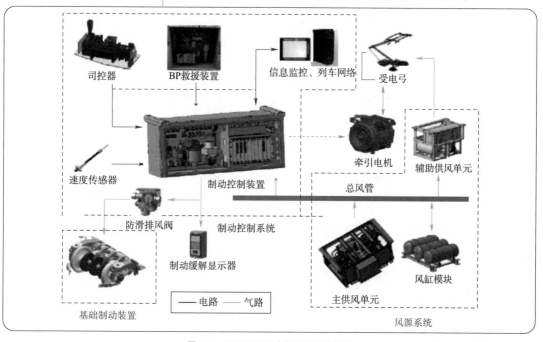

图 3-4　CR400BF 型供风及制动系统

（五）网络控制系统

网络控制系统主要实现整车的控制、监视、诊断及测试，从而保证列车安全可靠地运行，并为司机和机械师提供故障处理指南，为检修维护提供数据支持。网络控制系统在采用列车级 WTB 总线及车辆级 MVB 总线的两级 TCN 网络基础上同时布设以太网，用于传输状态数据和故障数据。

（六）烟火报警系统

烟火报警系统由烟火主机及烟火探头等组成。烟火主机和中央控制单元之间通过 MVB 总线进行通信，客室、司机室、电气柜、厨房、卫生间及其他重点防火区域设置烟火探头，各烟火探头与本车厢烟火主机通过 CAN 总线进行通信。

（七）旅客信息系统

旅客信息系统如图 3-5 所示。

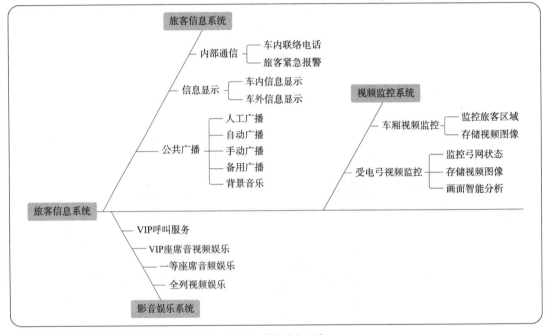

图 3-5　旅客信息系统

旅客信息系统设置千兆以太网总线和 UIC568 音频总线，实现旅客信息系统、影音娱乐系统、视频监控系统集成设计；实现公共广播、公共视频、内部通信、信息显示、音频服务、监控旅客区域、监控弓网状态、画面智能分析。

三、复兴号车辆特征

（一）自主研发

复兴号关键系统软件均为我国自主研发，我国拥有完全自主知识产权。在 254 项重要标准中，中国标准占 84%。通过复兴号的研制，中国铁路系统掌握了车体、转向架、牵引、制动、网络等关键核心技术，构建了我国高速铁路装备成套试验验证体系，搭建了具有完全自主知识产权的中国高速动车组技术创新平台，为中国高速列车技术的创新提供了强大支撑。

(二)使用寿命更长

复兴号在降低全生命周期成本、进一步提高安全冗余等方面加大了创新力度。为适应我国地域广阔、温差±40℃、长距离、高强度等运行需求,复兴号进行了60万km运行考核,比欧洲标准还多了20万km。其设计寿命达到了30年,而和谐号是20年。

(三)车型更好

复兴号采用全新低阻力流线型头型和车体平顺化设计,车型看起来更优雅,跑起来也更节能。复兴号把受电弓和空调系统下沉到了车顶下的风道系统中,使列车不仅看起来更美观,行驶阻力也明显降低,列车在350km/h速度下运行,人均百千米能耗下降17%。

(四)容量更大

从外形看,复兴号更好看了,登车后,旅客还会惊异于其内部空间更大,因为列车高度从3700mm增高到了4050mm。虽然断面增加,空间增大,但按速度350km/h试验运行,列车运行阻力、人均百公里能耗和车内噪声还明显下降了,而且座位间距更宽敞。

(五)舒适度更高

复兴号空调系统充分考虑减小车外压力波的影响,通过隧道或会车时减小旅客耳部不适感。列车设有多种照明控制模式,可根据旅客需求提供不同的光线环境。更值得一提的是,车厢内实现了Wi-Fi网络全覆盖。

(六)安全性更高

复兴号设置智能化感知系统,建立强大的安全监测系统,全车部署了2500余个监测点,比以往监测点最多的车型还多出约500个,能够对走行部状态、轴承温度、冷却系统温度、制动系统状态、客室环境进行全方位实时监测。它可以采集各种车辆状态信息1500余项,为全方位、多维度故障诊断和维修提供支持。此外,列车出现异常时,可自动报警或预警,并能根据安全策略自动采取限速或停车措施。在车头部和车厢连接处,还增设碰撞吸能装置,在低速运行中出现意外碰撞时,可通过装置变形,提高列车的被动防护能力。

图 3-6 所示为 CR400AF 型中国标准动车组。图 3-7 所示为 CR400BF 型中国标准动车组。复兴号中国标准动车组列车高度为 4050mm，宽度为 336mm，二等座椅间距为 1020mm，一等座椅间距为 1160mm。与其他动车组列车相比，其车内空间更大，座位空间更宽敞。相比 CRH380B 型动车组列车的 556 人定员，复兴号动车组列车定员增加了 20 人，为 576 人。

图 3-6　CR400AF 型中国标准动车组

在复兴号中国标准动车组列车研制之前，各种型号的高速动车组列车技术指标、座席分布各不相同。当某款动车组临时更改车型，或者在运行过程中发生故障，启用热备动车组接续后续交路时，往往出现席位不匹配的情况，旅客不得不临时调整车厢号和席位号，这给高速铁路客运组织带来比较大的影响。使用复兴号中国标准动车组后，席位统一，更换车型时，组织旅客调整席位的概率大大降低。

图 3-7　CR400BF 型中国标准动车组

四、CR 系列动车组的编号

动车组技术配置代码以大写英文字母表示，用以区分同型号的不同编组、不同定员、不同车种、不同运行环境适应性和综合检测用途等不同技术配置。CR 系列动车组是以速度目标值命名的，其编号构成如图 3-8 所示。

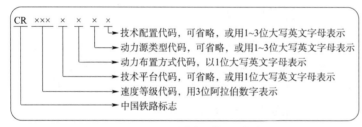

图 3-8　CR 系列动车组的编号构成

（一）速度等级代码

速度目标值以动车组设计的最高运行速度目标值的 3 位阿拉伯数字表示。

400：设计最高运行速度目标值为 400km/h。
300：设计最高运行速度目标值为 300km/h。
200：设计最高运行速度目标值为 200km/h。

（二）技术平台代码

A：中车青岛四方机车车辆股份有限公司申请定型的动力分散动车组。

B：中车长春轨道客车股份有限公司申请定型的动力分散动车组。

（三）动力布置方式代码

F：动力分散型动车组。
J：动力集中型电力动车组。

（四）动力源类型代码

N：内燃型。
S：内燃、电力分置式双源制。
H：内燃、电力集成式双源制。

（五）技术配置代码

A：动力分散动车组的16辆编组。
B：动力分散动车组的17辆编组。
C：京张、京雄智能动车组。
G：高寒配置（动力分散）或高原配置（动力集中）。
J：综合检测动车组。
Z：智能配置。

五、CR 系列动车组中车辆的车种及车辆号编号规则

CR 系列动车组车辆编号由车种代码、技术序列代码、制造序列代码和编组顺位代码组成。车种代码以两位或3位大写拉丁字母表示；技术序列代码和制造序列代码同动车组；编组顺位代码以两位阿拉伯数字表示，由 1 位头车至 2 位头车的代码为 01、02、03……00，如图 3-9 所示。

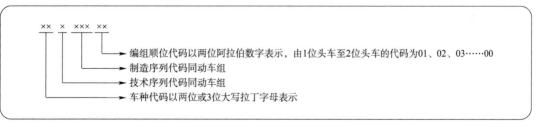

图 3-9　CR 系列动车组车辆编号

车辆的车种代码是车种名称的汉语拼音缩写。动车组中车辆的车种代码、车种名称及车种名称的英文如表 3-1 所示。

动车组中车辆的车种代码、车种名称及车种名称的英文　　表 3-1

序号	车种代码	车种名称	车种名称的英文
1	ZY	一等座车	First Class Coach
2	ZE	二等座车	Second Class Coach
3	CA	餐车	Dining Coach
4	SW	商务座车	Business Coach
5	ZEC	二等座车/餐车	Second Class/Dining Coach
6	ZYS	一等/商务座车	First Class/Business Coach
7	ZES	二等/商务座车	Second Class/Business Coach
8	ZYT	一等/特等座车	First Class/Premier Coach
9	ZET	二等/特等座车	Second Class/Premier Coach
10	JC	检测车	Detection Car
11	WR	软卧车	Soft Sleeper Coach
12	WY	硬卧车/一等卧车	Hard Sleeper Coach/First Sleeper Coach
13	WE	二等卧车	Second Sleeper Coach

以下为示例：ZYS264201，其中 ZYS 为车种代码，指一等/商务座车，2642 为动车组车组号，01 为编组顺位代码。

【笔记区】

任务展示

(1) 查阅相关资料,讨论复兴号与和谐号动车组的技术特征。

(2) 展示任务书,并进行讨论。

任务评价

任务3.1 走进复兴号动车组

项目		评价内容		分值	得分
班级		姓名		日期	
师评	知识能力考核	掌握复兴号动车组背景		10	
		掌握复兴号动车组的车辆特征		10	
		掌握复兴号动车组车辆号编号规则		10	
	职业素养考核	出勤情况	出勤( ) 缺课( )	5	
		任务书完成情况		10	
		任务书展示态度积极,口齿清楚,仪态得体		10	
		作业		10	
自评	自我反思(自填)			—	—
	任务书完成情况	完整(5分)	自主(5分)	10	
	是否展示汇报	是(5分)	否(0分)	5	
互评	任务书完成情况	能够积极参与讨论,完成任务书		10	
	展示汇报	能够在组内积极进行任务展示		10	
总分				100	

头脑风暴

(1) 什么是中国标准动车组?

(2) 复兴号动车组的基本特征是什么?

(3) 复兴号动车组的技术特点有哪些?

(4) 复兴号动车组车辆号的编号规则是什么?

任务3.2 掌握复兴号CR400AF系列动车组车型

任务3.1 走进复兴号动车组
任务3.2 掌握复兴号 CR400AF 系列动车组车型
任务3.3 掌握复兴号 CR400BF 系列动车组编组形式
任务3.4 了解复兴号 CR300 系列动车组
任务3.5 了解复兴号 CR200J 系列动车组
任务3.6 熟悉复兴号动车组列车设备设施
任务3.7 熟悉复兴号智能动车组设备设施
任务3.8 掌握复兴号动车组列车应急安全设备设施的使用方法

【任务发布】

为解决我国动车组技术引进后带来的自主化、简统化及运用适应性问题,按照国家创新驱动发展战略,2013年起,我国研制了CR400系列动车组。其中,CR400AF系列动车组是极具代表性的复兴号动车组之一。CR400AF系列复兴号动车组有哪些车型类型?它具有怎样的技术特点?让我们带着这些疑问走进任务。

【任务要求】

(1)查阅相关资料,讨论CR400AF系列动车组的发展历程。

(2)查阅相关资料,调研CR400AF系列动车组在我国哪些线路上运行。

(3)通过学习任务信息,完成任务书。

【任务目标】

(1)掌握CR400AF系列动车组的车型类型。

(2)掌握CR400AF系列动车组的各车型编组形式。

(3)能够正确画出CR400AF-A、CR400AF-B、CR400AF-C型动车组的编组示意图。

(4)了解我国复兴号动车组的发展历程,坚定爱国心、强国志、报国情。

【任务书】

任务3.2 掌握复兴号 CR400AF 系列动车组车型

班级		姓名		日期	
课前思考	(1)归纳 CR400AF 系列动车组主要类型 (2)总结各车型的定员和编组方式(动力配置) (3)整理各车型的车厢类型、客室布置及车辆外形尺寸				
车型	定员	动力配置	车厢类型		长宽高
CR400AF-A					
CR400AF-B					
CR400AF-C					
CR400AF-G					

任务信息

图3-10 CR400AF系列动车组

CR400AF系列动车组为最高运营速度达350km/h的动力分散式电动车组,如图3-10所示。目前,此系列在中国350km/h速度等级客运专线(如京沪客运专线)上运行,并能在200km/h速度等级及以上的客运专线上以200km/h的速度正常运行。CR400AF系列动车组采用全新低阻力流线型头型和车体平顺化设计,车型线条看起来更优雅。

CR400AF系列动车组全列8辆编组,4节动车加4节拖车(4M4T),车辆类型包括一等/商务座车、二等/商务座车、二等座车(一辆设有残疾人设施、一辆为餐座合造车)。8辆编组全列定员576,如图3-11和图3-12所示,其中商务座10席、一等座28席、二等座538席。

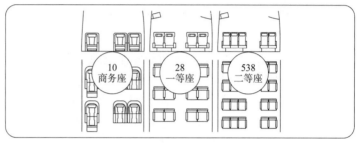

图3-11 CR400AF座席及数量示意图

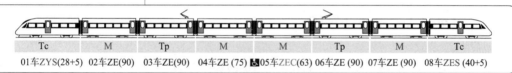

图3-12 CR400AF编组定员示意图(定员576人)

一、CR400AF-A型动车组

CR400AF-A型动车组采用8节动车加8节拖车(8M8T)配置,总长度超过415m,定员1193人,如图3-13所示,可满足速度350km/h的运营要求。16辆编组复兴号在1号车设有单独的商务座车车厢,全部为商务座布局,可为商务座旅客提供更舒适的乘车体验。

2017年11月10日,中国国家铁路集团有限公司发布公告,将采购16辆长编组复兴号动车组,首批50列。

2018年3月26日,青岛四方庞巴迪铁路运输设备有限公司生产的CR400AF-A-1002型动车组到达中国铁道科学研究院进行测试。

2018年4月2日,中车青岛四方机车车辆股份有限公司生产的CR400AF-A-2065型动车组到达中国铁道科学研究院进行测试。

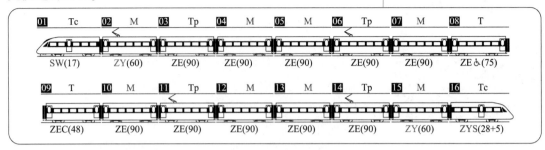

图 3-13　CR400AF-A 编组定员示意图（定员 1193 人）

2018 年 4 月 18 日,青岛四方庞巴迪铁路运输设备有限公司生产的 CR400AF-A-1002 型动车组开始在京沈高铁辽宁段展开试验并参加联调联试。

2018 年 4 月 22 日,中车青岛四方机车车辆股份有限公司生产的 CR400AF-A-2065 型动车组开始在京沈高铁辽宁段展开试验并参加联调联试。

2018 年 6 月起,中车青岛四方机车车辆股份有限公司生产的 CR400AF-A 型动车组逐步在京沪高铁上线运营。

2018 年 11 月起,青岛四方庞巴迪铁路运输设备有限公司生产的 CR400AF-A 型动车组（编号 1001～1005）逐步在中国铁路广州局集团有限公司上线运营。

二、CR400AF-B 型动车组

CR400AF-B 型动车组长 439.8m,在原有 16 辆长编组复兴号的基础上再增加一节车厢,使全列扩编至 17 辆编组。CR400AF-B 型动车组增加了一节拖车,位于原长编组 15 车和 00 车（头车）之间,编为 16 车。动力配置变为 8 节动车加 9 节拖车（8M9T）。由于增加了一节,列车长度比原长编组增加了 25.65m,总长达到了 439.8m。

座位布局方面,原 15 车的一等座席改成二等座席,新增加的 16 车设置为一等座席,全车增加了一节二等座车,定员比原长编组增加了 90 人,载客量达到 1283 人,如图 3-14 所示。

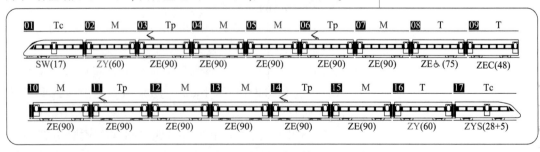

图 3-14　CR400AF-B 编组定员示意图（定员 1283 人）

三、CR400AF-C 型智能动车组

随着技术的不断发展,自动驾驶技术已具备投入商业运行的条件。CR400AF 系列动车组诞生已有 5 年,亟待推出一款全新设计的动车组。

搭载更先进控制平台和全新外观设计的 CR400AF 系列智能动车组应运而生。目前,CR400AF 系列智能动车组共有 CR400AF-C、CR400AF-Z、CR400AF-BZ 共 3 种车型。CR400AF-C 型动车组是在 CR400AF 系列动车组的基础上,为京雄城际铁路设计的新一代 8 辆编组的高速动车组,与 CR400AF 系列动车组一样采用 4 节动车加 4 节拖车(4M4T)的编组方式,采用全新的外观设计,智能化自动驾驶。

2020 年 2 月,CR400AF-C 型智能动车组首次曝光,并于同年 3 月整车下线进入调试阶段。

2020 年 4 月 15 日,CR400AF-C-0209 型动车组抵达环铁进行测试。

2020 年 5 月,CR400AF-C-0209 型动车组参加商合杭高铁(合湖段)联调联试并进行型式试验。

2020 年 9 月,司机登乘采用新式商务布局的 CR400AF-C-0210 型动车组。

2020 年 11 月 12 日,CR400AF-C-2214(0210 更名)与 CR400AF-C-0209 型动车组投入京雄城际铁路大兴机场至雄安段联调联试。

除了加装司机室门之外,2214(0210)与 0209 的头型和涂装都有些许的区别,2214(0210)司机室顶部侧面有两个窗,0209 有一个窗,它们的飘带涂装也有显著差异。

CR400AF-C-0209 型动车组试验完毕后,返厂更换了车头部分,增加了司机室门并更名为 CR400AF。

2021 年 6 月 25 日起,CR400AF-C-2214 型动车组在京雄城际铁路运营。CR400AF-C 型智能动车组列车编组定员 578 人,如图 3-15 所示。

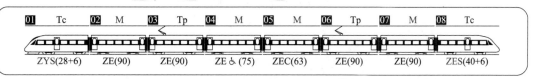

图 3-15 CR400AF-C 型智能动车组编组定员示意图(定员 578 人)

四、CR400AF-G 型高寒型高速动车组

CR400AF-G 型高寒型高速动车组是我国为东北、华北和西北冬季高寒地区专门研发的复兴号 CR400AF 系列衍生型号,如图 3-16 所示。

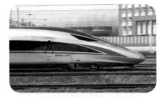

图 3-16　CR400AF-G 高寒型高速动车组

CR400AF-G 型高寒型高速动车组可在 -40℃ 高寒条件下正常运行,具有抗风、沙、雨、雪、雾、紫外线等恶劣天气的能力。该型号动车组的布局与复兴号 CR400AF 系列动车组基本型布局一致,定员 576 人。

CR400AF-G 型高寒型高速动车组列车在车体结构、供风制动、供排水管路、车内结构及设施等多方面进行了优化改进。车下设备舱上边梁与底架边梁间、设备舱骨架间、动车组转向架等位置选用了能抗低温的铬钼合金螺栓、螺母。列车即便是在极寒天气下运行,螺栓、螺母也不会出现脆断情况。车下设备舱裙板与骨架底板、骨架间,底板与底板间活门四周,以及头罩开闭机构等位置采用硅橡胶作为密封胶条材料,可以更好地防雪冰。另外,还针对高寒环境增加了夹钳防冻结功能。通过选用抗低温部件材料、优化润滑脂等手段,对列车制动控制装置进行了优化改进,保证了列车在低温情况下具备良好的制动性能,列车上水管路由铜管优化为不易冻损的不锈钢管,管路外包裹上了防寒棉,配备辅助加热装置,供排水、排污管路伴热分区控制,避免了转向架附近区域、低温薄弱点产生冻结。司机室前舱、配电盘、车上线槽等容易产生冷凝水的区域采用具有优异的隔热及疏水性能涂料喷涂,喷涂后涂层表面有许多蜂窝状孔隙,让冷凝水可以储存在孔隙中,避免冷凝水滴落,确保配电安全。列车采用低阻力流线型设计,平顺化门窗结构,全包外风挡,车顶高压设备、空调、天线等,采用沉入式安装结构,使整车气动性能优良,降低了列车运行能耗。列车受电弓区域采用 6 层复合隔声减振结构,这样的设计是为了减少声音的传递和辐射,降低列车内噪声。该型号列车增加了司机室登乘门,乘务人员不再通过旅客乘降车门进入司机室,在乘务员室和机械师室设置了电加热设备,改善了乘务人员的工作环境。

【笔记区】

任务展示

(1) 查阅相关资料,讨论 CR400AF 系列动车组的发展历程。

(2) 查阅相关资料,调研 CR400AF 系列动车组在我国哪些线路上运行。

(3) 展示任务书,并进行讨论。

任务评价

任务3.2 掌握复兴号 CR400AF 系列动车组车型

班级		姓名		日期	
项目		评价内容		分值	得分
师评	知识能力考核	掌握 CR400AF 系列动车组的车型类型		10	
		掌握 CR400AF 系列动车组的各车型编组形式		10	
		能正确画出 CR400AF-A 型动车组的编组示意图		10	
	职业素养考核	出勤情况	出勤( ) 缺课( )	5	
		任务书完成情况		10	
		任务书展示态度积极,口齿清楚,仪态得体		10	
		作业		10	
自评	自我反思(自填)			—	—
	任务书完成情况	完整(5分)	自主(5分)	10	
	是否展示汇报	是(5分)	否(0分)	5	
互评	任务书完成情况	能够积极参与讨论,完成任务书		10	
	展示汇报	能够在组内积极进行任务展示		10	
	总分			100	

头脑风暴

(1) 简述 CR400AF-A 型动车组的发展历程及其技术特点。

(2) 画出 CR400AF-A 型动车组的编组示意图。

任务 3.3　掌握复兴号CR400BF系列动车组编组形式

【任务发布】

"金凤凰"是复兴号系列中最典型的配色,"车灯如凤眼,腰线似凤羽",这就是CR400BF系列"金凤凰"绰号的来历。"金凤凰"配色复兴号是复兴号电力动车组CR400BF系列动车组里的一款,是由中车唐山机车车辆有限公司和中车长春轨道客车股份有限公司研制的动车组。CR400BF系列动车组的编组形式是否相同?它们又有哪些子型号?子型号具有怎样的技术特点?让我们带着这些疑问走进任务。

【任务要求】

(1) 查阅相关资料,讨论CR400BF系列动车组的发展历程。

(2) 查阅相关资料,调研CR400BF系列动车组在我国哪些线路上运行。

(3) 通过学习任务信息,完成任务书。

【任务目标】

(1) 掌握CR400BF系列动车组的车型类型。

(2) 掌握CR400BF系列动车组的各车型编组形式。

(3) 能够正确画出CR400BF-A、CR400BF-B、CR400BF-C型动车组的编组示意图。

(4) 铁路事业的快速发展得益于社会主义制度优势,坚定信心,走中国特色社会主义道路,走中国铁路振兴之路。

【任务书】

任务3.3　掌握复兴号CR400BF系列动车组编组形式

班级		姓名		日期	
课前思考	(1) 归纳CR400BF系列动车组主要类型 (2) 整理各车型的定员和编组方式(动力配置) (3) 整理各车型的车厢类型、客室布置及车辆外形尺寸				
车型	定员	动力配置	车厢类型	长宽高	
CR400BF-A					
CR400BF-B					
CR400BF-C					
CR400BF-G					

任务3.1　走进复兴号动车组

任务3.2　掌握复兴号CR400AF系列动车组车型

任务3.3　掌握复兴号CR400BF系列动车组编组形式

任务3.4　了解复兴号CR300系列动车组

任务3.5　了解复兴号CR200J系列动车组

任务3.6　熟悉复兴号动车组列车设备设施

任务3.7　熟悉复兴号智能动车组设备设施

任务3.8　掌握复兴号动车组列车应急安全设备设施的使用方法

任务信息

复兴号 CR400BF 系列动车组列车高度为 4050mm，宽度为 3360mm，二等座椅间距为 1020mm，一等座椅间距为 1160mm，与其他动车组列车相比车内空间更大，座位空间更宽敞。

一、CR400BF 系列动车组

CR400BF 系列动车组头部玻璃凸，侧面比较平缓，车身底色纯白，头部用金色色带勾勒。全列 8 辆编组，分别为 1 辆商务一等合造车，6 辆二等座车（1 辆设有残疾人设施、1 辆为餐座合造车），全列定员 576 人，其中商务座 10 席、一等座 28 席、二等座 538 席，如图 3-17 所示。

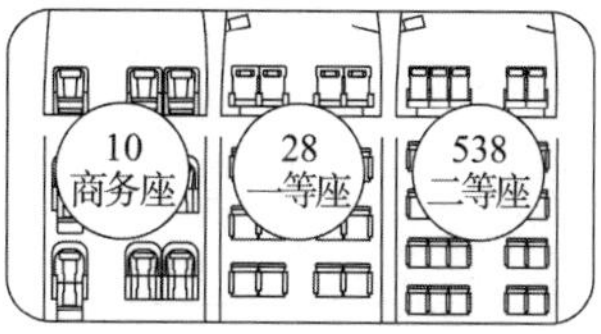

图 3-17　CR400BF 型动车组

二、CR400BF-A 型动车组

2017 年 11 月 10 日，中国国家铁路集团有限公司发布公告，采购 16 辆长编组复兴号动车组，首批 50 列。CR400BF-A 型动车组采用 8 节动车加 8 节拖车（8M8T）配置，总长度超过 415m，定员 1193 人，如图 3-18 所示，可满足速度 350km/h 的运营要求。2018 年 2 月 5 日，CR400BF-A 型动车组下线。2018 年 3 月 24 日，CR400BF-A-3024 型动车组启程前往沈阳。2018 年 3 月 26 日，CR400BF-A-3024 型动车组开始在中国铁路沈阳局集团有限公司管内进行试验。

2018 年 6 月起，CR400BF-A 型动车组逐步在京沪高铁上线运营。CR400BF-A 型动车组照明系统可对车厢内的色温进行变换，灯光可在冷光与暖光之间平滑调节，为旅客打造更加舒适的车厢氛围。一等座的充电口位于扶手的前方，二等座的充电口位于坐垫下方。充电口不仅有两孔和三孔插座，还增加了 USB 接口。

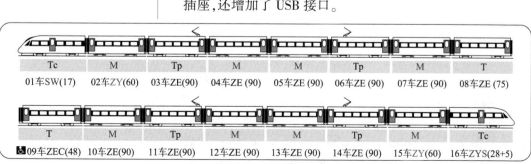

图 3-18　CR400BF-A 型动车组编组定员示意图（定员 1193 人）

三、CR400BF-B 型动车组

CR400BF-B 型动车组是在 CR400BF-A 型动车组的基础上设计生产的 17 辆编组的超长版复兴号高速动车组,车身长 439.8m。座位布局方面,原 15 车的一等座席改成二等座席,新增加的 16 车设置为一等座席,定员比 CR400BF-A 型动车组增加了 90 人,载客量为 1283 人,如图 3-19 所示。CR400BF-B 型动车组于 2019 年投入京沪高铁运营,主要在京沪及周边线路 G1、G3、G4、G8、G10、G12、G14、G15、G16、G17、G19、G23、G28、G29、G104、G141、G2573、G2590、G7176/7、G7176/5、G7199 等运行。

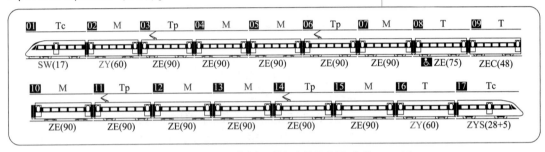

图 3-19　CR400BF-B 型动车组编组定员示意图(定员 1283 人)

四、CR400BF-C 型动车组

CR400BF-C 型动车组是 CR400BF 系列动车组的第 3 款衍生车,最高运营速度为 350km/h,编组形式为 4 节动车加 4 节拖车(4M4T),列车总长 211.3m,车体材质为铝合金。CR400BF-C 型动车组是在 CR400BF 系列动车组的基础上,为京张高速铁路及 2022 年北京冬奥会设计的新一代 8 辆编组的耐高寒、抗风沙的高速动车组,采用全新的外观型设计,智能化自动驾驶。

2020 年 9 月 15 日,首组增加独立的司机室门的 CR400BF-C 头车亮相。

2020 年 11 月 12 日,CR400BF-C-5162 型动车组抵京并参与京雄城际铁路河北段联调联试,该车增加了独立的司机室门,便于司机乘降,也提高了商务座旅客的私密性。

2021 年 1 月 19 日,CR400BF-C-5162 型动车组正式换装冬奥会涂装并亮相。

CR400BF-C-5162 型动车组专为 2022 年北京冬奥会打造,与其他 5144、5145 相比,列车商务座采用 CR400BF-Z 同款,并采用全新一等座的设计。在冬奥会期间,8 车二等座区域改造为直播间,支持 5G 视频直播。

图 3-20　停靠在崇礼站的 G9981 次列车

2022 年 1 月 6 日，CR400BF-C-5162 型动车组投入运营，开行北京北/清河至冬奥会太子城、崇礼赛区。图 3-20 所示为停靠在崇礼站的 G9981 次列车。

五、CR400BF-G 型动车组

CR400BF-G 型动车组是在 CR400BF 型动车组的基础上经过技术改进后研发的衍生车，车体裙板的密封结构和保温功能的性能更好，耐高寒，抗风沙，可运行于东北、西北等自然气候条件恶劣区域，主要运营范围为京哈、沈大、京张、张呼、大张等线路，以及京沪少量车次。

2018 年，由中车长春轨道客车股份有限公司生产制造 30 列，编号为 CR400BF-G-5113～5142。

2019 年，由中车长春轨道客车股份有限公司生产制造 5 列，编号为 CR400BF-G-5146～5150。

2020 年 9 月，由中车长春轨道客车股份有限公司生产制造 32 列，编号为 CR400BF-G-5163～5184、5214～5223；同年 11 月，由中车长春轨道客车股份有限公司生产制造 27 列。

2020 年，由中车唐山机车车辆有限公司生产制造 9 列，编号为 CR400BF-G-3108～3116。图 3-21 所示为 CR400BF-G-3108～3116 型动车组编组定员示意图（定员 576 人）。

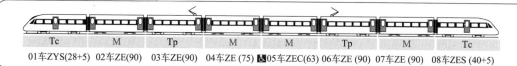

图 3-21　CR400BF-G-3108～3116 型动车组编组定员示意图（定员 576 人）

从 CR400BF-G-5163 开始的新一批 CR400BF-G 型动车组增加了独立的司机室门，便于司机乘降，也提高了商务座旅客的私密性。

2021 年 8 月 15 日 7 时 50 分，牡佳高铁联调联试现场首组 CR400BF-G 型复兴号高寒动车组从牡丹江站缓缓驶出，这是复兴号高寒动车组首次参与牡佳高铁联调联试，也是复兴号高寒动车组首次在中国最东端的高寒高铁线路试跑，如图 3-22 所示。

图 3-22　CR400BF-G 型复兴号高寒动车组在牡佳高铁上试跑

任务展示

(1) 查阅相关资料,讨论 CR400BF 系列动车组的发展历程。

(2) 查阅相关资料,调研 CR400BF 系列动车组在我国哪些线路上运行。

(3) 展示任务书,并进行讨论。

任务评价

任务 3.3　掌握复兴号 CR400BF 系列动车组编组形式

项目		评价内容		分值	得分
班级		姓名		日期	
师评	知识能力考核	掌握 CR400BF 型动车组的车型类型		10	
		掌握 CR400BF 型动车组的各车型编组形式		10	
		能正确画出 CR400BF-A 动车组的编组示意图		10	
	职业素养考核	出勤情况	出勤(　) 缺课(　)	5	
		任务书完成情况		10	
		任务书展示态度积极、口齿清楚、仪态得体		10	
		作业		10	
自评	自我反思(自填)			—	—
	任务书完成情况	完整(5分)	自主(5分)	10	
	是否展示汇报	是(5分)	否(0分)	5	
互评	任务书完成情况	能够积极参与讨论,完成任务书		10	
	展示汇报	能够在组内积极进行任务展示		10	
		总分		100	

头脑风暴

(1) 简述 CR400BF 系列动车组的发展历程。

(2) 画出 CR400BF-A 型动车组的编组示意图。

(3) CR400BF-G 型动车组有哪些技术特点?

任务3.4 了解复兴号CR300系列动车组

【任务发布】

CR300系列复兴号动车组(250km/h级)是自CR400系列(350km/h级)、CR200J系列(160km/h级)之后,复兴号动车组的第3个级别。CR300系列复兴号动车组有哪些车型类型?它们的编组形式是否相同?它们具有怎样的技术特点?让我们带着这些疑问走进任务。

【任务要求】

(1)查阅相关资料,讨论CR300系列动车组的发展历程。

(2)查阅相关资料,调研CR300系列动车组在我国哪些线路上运行。

(3)通过学习任务信息,完成任务书。

【任务目标】

(1)掌握CR300系列动车组的车型类型。

(2)掌握CR300系列动车组的各车型编组形式。

(3)能够正确画出CR300AF、CR300BF型动车组的编组示意图。

(4)通过对CR300型动车组的了解,感受我国铁路系统的文化底蕴。

【任务书】

任务3.1 走进复兴号动车组
任务3.2 掌握复兴号CR400AF系列动车组车型
任务3.3 掌握复兴号CR400BF系列动车组编组形式
任务3.4 了解复兴号CR300系列动车组
任务3.5 了解复兴号CR200J系列动车组
任务3.6 熟悉复兴号动车组列车设备设施
任务3.7 熟悉复兴号智能动车组设备设施
任务3.8 掌握复兴号动车组列车应急安全设备设施的使用方法

任务3.4 了解复兴号CR300系列动车组

班级		姓名		日期	
课前思考	(1)归纳CR300系列动车组主要类型 (2)整理各车型的定员和编组方式(动力配置) (3)整理各车型的车厢类型、客室布置及车辆外形尺寸				
车型	定员	动力配置	车厢类型	长宽高	
CR300AF					
CR300BF					

一、CR300AF 型动车组

CR300AF 型动车组由中车青岛四方机车车辆股份有限公司研制,列车为 8 辆编组,4 节动车加 4 节拖车(4M4T),长 209m,标定速度 250km/h,2、4、5、7 车为带牵引电机的动车,1、3、6、8 车为不带动力的拖车(头车控制车无动力),动力单元呈中心对称。

车头造型延续了 CR400AF 和 CRH2G 的部分设计思路,采用气动鸭翼的轮廓。涂装方面沿用了速度 350km/h 级别动车的银色底色加红色飘带的配色,贯穿全车的红色飘带上扬,另一条飘带则贴合气动外形的轮廓而设。

CR300AF 型动车组的座位分布与速度 250km/h 级别相同,定员 613 人,如图 3-23 所示。

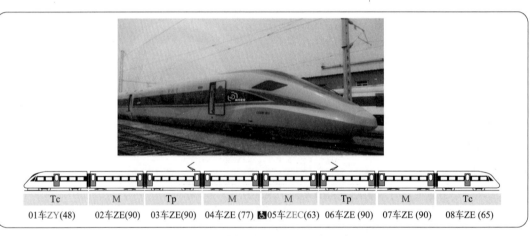

图 3-23　CR300AF 型动车组及编组定员示意图(定员 613 人)

二、CR300BF 型动车组

CR300BF 型动车组是中国标准动车组系列化产品之一,设计最高运行速度 250km/h,列车总长 208.95m,车体最大宽度 3.36m,车辆最大高度 4.05m,列车总重 431.3t,车体材质为铝合金。涂装延续复兴号动车组"金凤凰"的设计理念,两条金色飘带贯穿全车。车体采用结构隔声和减振设计,能有效降低列车行驶时的车内噪声和外部噪声。列车主、被动结合压力保护系统,通过高压新风系统调整列车内部压力,列车通过隧道时,旅客的耳膜不适感将得到明显消除。每节车厢内设置了4个温度传感器,智能空调系统让车内温度更适宜。行李架过道边缘增加250个座位显示器,方便旅客查找核对本人座席。

CR300BF型动车组全列采用8辆编组,定员613人,如图3-24所示,其中一等座48个席位,二等座565个席位。车内二等二人座椅宽度为991mm,二等3人座椅宽度1480mm,一等座椅宽度为1190mm,乘坐舒适感更佳。

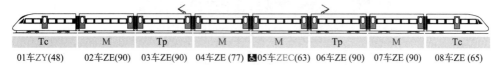

图3-24 **CR300BF型动车组及编组定员示意图**(定员613人)

二等3人座椅的两个坐垫之间设置2个插座,每个插座面板集成1个3孔、1个两孔、1个USB口电源,旅客使用电子设备更加方便。垃圾箱分为可回收垃圾箱和不可回收垃圾箱,更加注重环保。

车厢内的半球摄像机、通道区域的全景摄像机可对车厢内区域进行实时监控。电茶炉采用先进的电磁式加热方式,并具备安全童锁功能,可防止儿童烫伤。车内增加车载无线系统,每节车厢两端增加两个Wi-Fi天线,为旅客上网提供便利。

【笔记区】

任务展示

(1) 查阅相关资料,讨论 CR300 系列动车组的发展历程。

(2) 查阅相关资料,调研 CR300 系列动车组在我国哪些线路上运行。

(3) 展示任务书,并进行讨论。

任务评价

任务3.4 了解复兴号 CR300 系列动车组

班级		姓名		日期	
项目		评价内容		分值	得分
师评	知识能力考核	掌握 CR300 系列动车组的车型类型		10	
		掌握 CR300 系列动车组的各车型编组形式		10	
		能正确画出 CR300AF 型动车组的编组示意图		10	
	职业素养考核	出勤情况	出勤( ) 缺课( )	5	
		任务书完成情况		10	
		任务书展示态度积极、口齿清楚,仪态得体		10	
		作业		10	
自评	自我反思(自填)			—	—
	任务书完成情况	完整(5分)	自主(5分)	10	
	是否展示汇报	是(5分)	否(0分)	5	
互评	任务书完成情况	能够积极参与讨论,完成任务书		10	
	展示汇报	能够在组内积极进行任务展示		10	
		总分		100	

头脑风暴

(1) 研制复兴号 CR300 系列动车组的意义是什么?

(2) CR300 系列动车组与其他车型相比有哪些不同的技术特点?

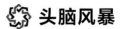

任务3.5 了解复兴号CR200J系列动车组

任务3.1 走进复兴号动车组
任务3.2 掌握复兴号CR400AF系列动车组车型
任务3.3 掌握复兴号CR400BF系列动车组编组形式
任务3.4 了解复兴号CR300系列动车组
任务3.5 了解复兴号CR200J系列动车组
任务3.6 熟悉复兴号动车组列车设备设施
任务3.7 熟悉复兴号智能动车组设备设施
任务3.8 掌握复兴号动车组列车应急安全设备设施的使用方法

【任务发布】

为进一步提高既有线路列车的运营效益,提高运输效率,中国国家铁路集团有限公司组织相关单位进行技术研讨,按照"机辆一体化"的思路,研发速度160km/h动车组。2022年12月23日8时40分,CR200J复兴号动车组准点从成都南站发出,驶往攀枝花南站,这是新型CR200J复兴号动车组首次上线亮相。在"速度担当"CR400系列动车组技术已经成熟情况下,为什么要研发CR200系列动车组呢?它与速度等级互相匹配的普速25T型列车相比又有哪些技术升级呢?让我们带着这些疑问走进任务。

【任务要求】

(1)查阅相关资料,讨论CR200J系列动车组的发展历程。

(2)查阅相关资料,调研CR200J系列动车组在我国哪些线路上运行。

(3)通过学习任务信息,完成任务书。

【任务目标】

(1)掌握CR200J系列动车组的车型类型。

(2)掌握CR200J系列动车组的各车型编组形式。

(3)能够正确画出CR200J型短编组、CR200J型长编组动车组的编组示意图。

(4)领略中国速度与中国温度的风采,激发爱国主义情怀。

【任务书】

<table>
<tr><td colspan="5">任务3.5 了解复兴号CR200J系列动车组</td></tr>
<tr><td>班级</td><td colspan="2">姓名</td><td colspan="2">日期</td></tr>
<tr><td>课前思考</td><td colspan="4">(1)归纳CR200J系列动车组主要类型
(2)整理各车型的定员和编组方式(动力配置)
(3)整理各车型的车厢类型、客室布置及车辆外形尺寸</td></tr>
<tr><td>车型</td><td>定员</td><td>动力配置</td><td>车厢类型</td><td>长宽高</td></tr>
<tr><td>CR200J型短编组</td><td></td><td></td><td></td><td></td></tr>
<tr><td>CR200J型长编组</td><td></td><td></td><td></td><td></td></tr>
</table>

任务信息

复兴号 CR200J 动力集中型动车组是一款基于成熟的 25T 型列车及 HXD1G/HXD3G 机车技术研发的动力集中动车组,旨在提高既有铁路运输服务品质,满足人们越来越高的出行要求,实现既有电气化铁路中普速列车更新换代的目的,颠覆传统客车概念,在保留大运量的同时运用新结构、新材料对列车内饰等旅客界面进行动车化创新,如提升隔音隔热及减振性能等,按高速动车组标准增加"人性化"设计,提高广大旅客旅行的舒适度。

我国的铁路网络庞大,动力集中型动车组不仅可以提高运行效率,更关键的是可以促使我国机车、车辆统型化、标准化建设。既有机车车辆也包括和谐号动车组,其种类繁多,操作界面不同,配件不同,甚至连修程都不同,无论是运营保障、修理维护、人员培训还是票务管理都是非常烦琐,极大地增加了成本。

作为中国标准动车组的一种,复兴号 CR200J 系列动车组实现了关键系统标准化、模块化、系列化,增加了安全回路和冗余设计,不同供应商配件可以实现对等替换,不同厂商生产的动车、拖车通信标准和接口相同,可以互联互通,可相互重联运行,且机车与控制车、拖车可相互交换。该车型基于成熟技术平台,在车厢内饰和结构设计等方面均符合中国动车组标准,其设计理念参考了高速动车组的成熟经验,优化了气动外形以及内部设施,相较于传统机车,操作更加便捷,旅客乘坐更加舒适,运输效率更高,还可以有效利用现有检修维护资源,节约成本。

CR200J 短编组全列编组 9 辆,一端为动车,另一端为控制车,可重联运行。长编组两端为动车,列车无须换挂即可折返行驶,采用相对固定编组和双端头车设计,可双向运营,大幅减少调车和折返时间,提高了线路及枢纽的运行效率,车站到发能力和咽喉通过能力分别提高 80% 和 100%,有力地提升了铁路运输组织效率,解决了部分车站能力趋于饱和的问题,可以使部分既有线路大量增开短途城际车次。

另外,CR200J 系列动车组也作为可变编组动车组家族的一员,可根据实际需求对编组进行调整(出厂前),可挂载 1~2 节动车、4~18 节拖车,座席也可以根据实际需求进行定制。

一、CR200J 型短编组

（一）发展历程

2017 年 4 月 27 日，由中车唐山机车车辆有限公司生产的首列样车（4001 拖车组）正式下线。

2017 年 6 月至 7 月，由中车南京浦镇车辆有限公司生产的 4002 拖车组由配属中国铁路上海局集团有限公司的东风 11 型内燃机车以甲种运送方式，送往北京环行铁路进行测试。

2017 年 8 月 17 日，两列动车组在北京环行铁路进行首次动态测试。2017 年 12 月 17 日至 2018 年 1 月 4 日，部分动车组暂时存放于中国铁路成都局集团有限公司，先后在成渝铁路、兰渝铁路及当时尚未启用的渝贵铁路进行动态测试。

2018 年初，"1001 动车 + 4001 车组"及"3001 动车 + 4002 车组"存放于中国铁路乌鲁木齐局集团有限公司乌鲁木齐动车所，并于兰新高铁进行动态测试。2018 年 3 月底，"3001 动车 + 4002 车组"再次前往兰渝铁路，于兰州至四川广元区间进行动态测试，并存放于兰州西动车所，直至同年 8 月 5 日结束。

2018 年 8 月，"1004 动车 + 4003 车组"及"1005 动车 + 4004 车组"前往滨洲铁路及哈佳铁路进行动态测试，这是速度 160km/h 动力集中型动车组首次进入东北地区。

2018 年 9 月 10 日，一列由 10 辆唐山制拖车（700101 ~ 700110）、8 辆浦镇制拖车（700201 ~ 700208）、株机制动车及大连制动车组成的推拉式列车编组由北京环铁以甲种运送方式，调往成都进行测试，并由配属北京机务段的和谐 3D 型电力机车第 0077 号机车担当本务机车。

2018 年 11 月 4 日，调整后的配色（绿）亮相，样车相继改色。

2018 年 11 月 28 日，动力集中型列车（后简称动集）获得由国家铁路局颁发的型号合格证和制造许可证，取得批量生产条件和商业运营资格。

CR200J 型短编组列车先后于 2018 年 11 月 30 日、2019 年 6 月 6 日两次进行招标，分别招标 10 组（含样车 2 组）、92 组（含样车 2 组）。

首批招标的 10 组列车自 2019 年 1 月 5 日起，率先投入兰渝线（兰州/兰州西—重庆北）、中川线（兰州/兰州西—中川机场）、昆玉河线（昆明—蒙自）等线路运营。

第二批列车于 2019 年下半年在宁启线、长白线、沪昆线

(昆明—宣威)、成昆线(昆明—攀枝花)、玉河线(昆明—河口北)等线路运营,并在兰渝等线路增加班次,后续增加大临线(大理—保山)。

(二)技术特点

CR200J 型短编组动集为单端推拉式,最大轴重 19.5t,CR200J 型短编组机车额定功率 5600kW,最大瞬时功率 6400kW,最大编组为 1 动 8 拖,可重联运行。列车在 1 号车厢设有受电弓及附属装置,受电弓工作高度最低 5.048m、最高 6.956m。

整列编组由 1 节带司机室的 KZ25T 型客车、7 节不带司机室的 25TA/25TB 型客车和 1 辆复兴 1 型动集(FXD1-J)或复兴 3 型动集(FXD3-J)组成。动力机车可在编组最前进行牵引运行,也可在编组尾端进行推行运行,类似中国铁路在 20 世纪 90 年代末、21 世纪初的"中华之星""蓝箭"等推挽式电力动车组的做法。短编组动集设计为可重联运行,由于短编组动车司机室端车钩为 15 号托梁钩,控制车司机室一端为密接式自动车钩,故重连时仅可以控-控重连,不可以动-控重连或动-动重连。列车编组除控制车为一等座车外,其余均为二等座车(含一节二等座/餐车合造车)。CR200J 型短编组动车组定员 720 人,如图 3-25 所示。

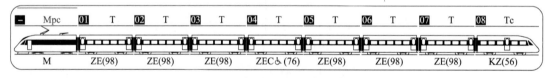

图 3-25　CR200J 型短编组定员示意图(定员 720 人)

二、CR200J 型长编组

长编组动集为双端牵引的电力动车组,最大编组为 2 动 18 拖,整列编组由 18 节拖车组成的拖车组与 2 节首尾相对的 FXD1-J 或 FXD3-J 型动车组成。动车分列编组的前后两端进行推挽运行,类似于 DJJ2 型电力动车组"中华之星"及 NDJ3 型内燃动车组"和谐长城号"的做法。

与短编组动集不同,长编组动集不设带有司机室的拖车,由于编组长度已接近站台允许设计长度,故不允许重联运行。可根据运输的需要,在出厂前进行混合编组,如单独的餐车、一/二等座车、一/二等卧铺车乃至行李车均可编入编组运行,这意味着该型车本质上仍是基于普速机辆模式的深度改进产品。

此外,长编组的 CR200J 型动集可根据客流、开行时间等因素,自由变化列车的编组长短(范围为 9 节至 18 节),但变化编组长短的作业必须在生产厂完成,且必须录入中国国家铁路集团有限公司的数据库后方可上线运营。这种列车编组的管理方式与复兴号和谐号动车组的管理方式基本保持一致。2019 款对于诸多细节进行了改进,与 2018 款的主要差别是餐车的座位排布,2018 款为面对面,2019 款为顺向排列。另外,插座的位置等诸多细节也有不同,2018 款插座位于侧壁,2019 款插座位于座椅底部。2019 年 1 月 5 日起,CR200J 型长编组投入京沪线(北京—上海南京杭州)运营,替代原普速列车及京沪动卧。2019 年末,CR200J 型长编组逐步投入京九线等线路运营。CR200J 型长编组动车组定员 918 人,如图 3-26 所示。

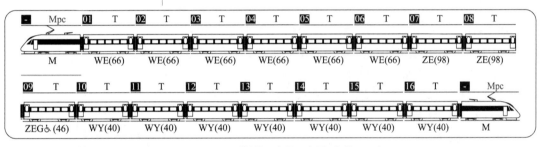

图 3-26　CR200J 型长编组定员示意图(定员 918 人)

三、CR200J 型(2.0 版)动车组

(一)发展历程

CR200J 型(2.0 版)初期生产了 3 组试验车,包括"株洲 + 浦镇"CR200J-2201(FXD1-J0201)、"大连 + 唐山"CR200J-1201(FXD3-J0201)、"大同 + 四方"CR200J-4201(FXD3-J8201),其中 CR200J-2201(FXD1-J0201)和 CR200J-1201(FXD3-J0201)先后参加通沪铁路联调联试,并前往陕西进行测试。

2021 年 3 月 7 日,由中车唐山机车车辆有限公司和中车南京浦镇车辆有限公司制造的长编组卧铺拖车抵达北京进行测试,但长编组尚无配套的动车,因此暂与短编组动力车 FXD1-J0201、FXD3-J0201 共同测试。

2021 年 6 月 25 日,该型号衍生出的首款高原双源动力集中动车组 CR200JS-G 已开始在拉林铁路、拉日铁路投入运营。

2021 年 8 月 24 日,首次大批量招标共 62 组,2021 年 09 月 17 日发布中标结果,其中"株洲 + 浦镇"24 组,"大同 + 四方/长客"6 组,"大连+唐山"32 组。

按照新的命名规则,短编组将根据动车厂家分为 CR200J1、CR200J2 和 CR200J3。

(二)交付与配属

2021 年 11 月 2 日,CR200J1-2049(FXD1-J0203)/2050(FXD1-J0204)交付中国铁路太原局集团有限公司。

2021 年 11 月 12 日,2049/2050 投入太原至吕梁至柳林运营(归还之前从昆明借用的 2 组)。

2021 年 11 月中下旬,多组列车相继交付中国铁路昆明局集团有限公司。

2021 年 12 月 3 日,中老铁路(玉磨铁路)开通。

(三)技术特点

CR200J(2.0 版)全新一代动集于 2020 年 3 月 20 日首次曝光,主要有短编组、长编组、混合动力高原型以及海外版(老挝)。与上一代相比,全新一代动集有诸多改进。CR200J-3 型复兴号动车组如图 3-27 所示,CR200J-L 型复兴号动车组如图 3-28 所示。

图 3-27 CR200J-3 型复兴号动车组行驶在中老铁路上

新一代动集的车体断面为鼓形,车体宽度由 3105mm 加宽至 3360mm,座席宽度也大幅度加宽,车厢宽度和座席与 CR300 和 CR400 系列相同,高度也提升到了 4436mm,车辆间距缩短到 800mm,风挡改为对波橄榄型双层折棚风挡,提高车体气密性,拖车空调机组从原有的一车两台改为一台。

图 3-28 CR200J-L 型复兴号动车组

另外,在安全性和舒适性等方面,新一代动集也有多项改进,拖车控制网络由 LonWorks 网改为以太网,网络控制系统提升互联互通和互控功能,动车、拖车、控制车故障报警信息互通,形成统一的列车监测信息网。通信、重联连接器采用矩形连接器,所有连接器插接采用螺栓固定方式,DC600V 使用两个矩形连接器,正负极分开。车门由电控气动改为电控电动塞拉门,取消低站台停靠功能,取消站台补偿器。

新一代动集的座位数及布局保持不变,旅客使用的充电插座由座席下部改为与 CR300 和 CR400 系列相同的位置,即二等座插座位于座椅接缝处下方,一等座位于中央扶手。CR200J 型(2.0 版)短编组定员 720 人,如图 3-29 所示。

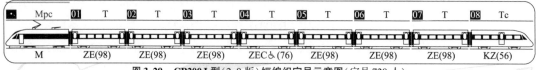

图 3-29 CR200J 型(2.0 版)短编组定员示意图(定员 720 人)

任务展示

(1) 查阅相关资料,讨论 CR200J 系列动车组的发展历程。

(2) 查阅相关资料,调研 CR200J 系列动车组在我国哪些线路上运行。

(3) 展示任务书,并进行讨论。

任务评价

任务 3.5　了解复兴号 CR200J 系列动车组

班级		姓名		日期	
项目		评价内容		分值	得分
师评	知识能力考核	掌握 CR200J 系列动车组车型		10	
		掌握 CR200J 系列动车组的各车型编组形式		10	
		能正确画出 CR200J 型短编组定员的示意图		10	
	职业素养考核	出勤情况	出勤(　)　缺课(　)	5	
		任务书完成情况		10	
		任务书展示态度积极,口齿清楚,仪态得体		10	
		作业		10	
自评	自我反思(自填)			—	—
	任务书完成情况	完整(5 分)	自主(5 分)	10	
	是否展示汇报	是(5 分)	否(0 分)	5	
互评	任务书完成情况	能够积极参与讨论,完成任务书		10	
	展示汇报	能够在组内积极进行任务展示		10	
总分				100	

头脑风暴

(1) 复兴号 CR200J 的 J 表示什么含义?

(2) 复兴号 CR200J 系列动车组主要车型有几种?

(3) 与其他车型相比,CR200J 系列动车组有哪些不同的技术特点?

任务3.6　熟悉复兴号动车组列车设备设施

【任务发布】

复兴号中国标准动车组列车内设备设施的设计更加"人性化",熟练掌握车内设备设施的布置及使用方法是高速铁路乘务人员为旅客提供良好服务的基本保障,是动车组列车乘务岗位职工及管理人员必须掌握的技能。

【任务要求】

(1) 查阅相关资料,讨论 CR400 系列动车组的基础设备有哪些升级。

(2) 查阅相关资料,讨论复兴号动车组列车车厢设备如何使用。

(3) 通过学习任务信息,完成任务书。

【任务目标】

(1) 掌握 CR400 系列动车组的基础设备相关知识。

(2) 掌握 CR400 系列动车组车厢设备的使用方法。

(3) 能够熟练掌握 CR400AF、CR400BF 型动车组设备的摆放位置和使用方法。

(4) 充分激发行业自豪感,坚定职业自信心,坚持岗位自律性,努力成为"新时代最美铁路人"。

任务3.1　走进复兴号动车组

任务3.2　掌握复兴号 CR400AF 系列动车组车型

任务3.3　掌握复兴号 CR400BF 系列动车组编组形式

任务3.4　了解复兴号 CR300 系列动车组

任务3.5　了解复兴号 CR200J 系列动车组

任务3.6　熟悉复兴号动车组列车设备设施

任务3.7　熟悉复兴号智能动车组设备设施

任务3.8　掌握复兴号动车组列车应急安全设备设施的使用方法

【任务书】

任务3.6　熟悉复兴号动车组列车设备设施

班级		姓名		日期	
课前思考	作答区					
简述复兴号动车组服务设施					
简述 CR400AF 车厢布置					
简述 CR400BF 车厢布置					
简述 CR400AF 服务设施					
简述 CR400BF 服务设施					

任务信息

一、CR400AF 型动车组设备设施

1.基础设备

CR400AF 型动车组全列 8 辆编组,4 动 4 拖,车辆类型包括一等/商务座车、二等/商务座车、二等座车(1 辆设有残疾人设施、1 辆为餐座合造车)。8 辆编组全列定员共 576 席(其中商务座 10 席、一等座 28 席、二等座 538 席),CR400AF 型动车组定员配置如表 3-2 所示。

CR400AF 型动车组定员配置　　表 3-2

车号	1	2	3	4	5	6	7	8
等级	商务/一等	二等	二等	二等	二等/餐车	二等	二等	商务/二等
定员/人	5/28	90	90	75	63	90	90	5/40

2.车厢布置

(1)商务座车。

①观光区。

1 号车及 8 号车端部靠近司机室部位各设置 1 个观光区。观光区主要设置了 6 个观光区边柜、3 个单人 VIP 座椅、1 个双人 VIP 座椅。观光区边柜互相对称,边柜设书报网兜,可放置报纸杂志。观光区的两排商务座椅为可旋转座椅,提升商务座旅客乘车的舒适度和满意度。

②商务座椅。

CR400 型复兴号合理利用动车组客室空间,充分考虑旅客的乘坐需求,对舒适性、便捷性、私密性、经济性等方面进行系统优化设计,综合提升复兴号动车组客室的整体性能,商务座椅(见图 3-30)能让旅客获得舒适的座椅体验。

图 3-30　商务座椅

商务座椅的餐板安装在私密罩右边扶手上,餐板可收纳、折叠,左边扶手添置储物槽。操作面板在私密罩右边内侧,商务座椅电源(见图 3-31)位于私密罩右前端盖板上方,即插即用。

(2)一等车客室。

①一等车座椅。

一等车客室设"2 + 2"宽幅软座座椅(见图 3-32),座椅间距设为 1160mm,座椅均采用可旋转 180°的结构,旅客总是可以面对车辆行进方向乘坐。座椅靠背可由个人手动控制,可 8°~30°任意角度调节和锁定,保证靠背的倾斜不会干

图 3-31　商务座椅电源

扰到后面的活动空间。各座椅都设有供旅客使用的小桌。

座椅靠背带倾斜装置,座椅面料为绒头毛线,颜色咖啡色。另外,为了防止从坐垫和靠背的间隙往底座内掉落杂物,还设有座椅罩。

②客室主要设施。

客室主要设施包括一等两人座椅、行李架。侧窗窗台设有放置饮料瓶的台面,侧墙设有衣帽钩、广播系统用扬声器、烟感、温度传感器等设施。车厢内两端内端墙设置信息显示器、车号显示器、禁烟标记、卫生间有无人显示灯、紧急警报开关及内端门用光电传感器。车顶设 LED 照明灯带,应急灯安装在 2 位角、3 位角及客室中部。

图 3-32　一等车座椅

(3)二等车客室。

①二等车座椅。

2~8 号车客室为二等车客室,4 号车为带残疾人区域的二等车客室。二等车客室设"2+3"软座座椅(见图3-33)。座椅间距为1020mm,座椅均采用可旋转180°的结构,旅客总是可以面对车辆行进方向乘坐。座椅靠背可由个人手动控制,可 0°~24.5°任意角度轻松调节和锁定,而且保证靠背的倾斜不会干扰到后面的活动空间。座椅靠背带倾斜装置。座椅面料为绒头毛线,颜色咖啡色。为了防止从坐垫和靠背的间隙往底座内掉落杂物,还设有座椅罩。

图 3-33　二等车座椅

②客室主要设施。

客室主要设施包括二等二人座椅、二等 3 人座椅、行李架。各座椅都设有供旅客使用的小桌,且侧窗窗台设有放置饮料瓶的台面。侧墙设有衣帽钩、广播系统用扬声器、烟感、温度传感器等设施。车厢内两端内端墙设置信息显示器、车号显示器、禁烟标记、卫生间有无人显示灯、紧急警报开关及内端门用光电传感器,端墙设置了小茶桌。车顶设 LED 照明灯带,应急灯安装在 2 位角、3 位角及客室中部。

(4)二等座车/餐车合造车。

CR400AF 型动车组餐车(见图3-34)在 5 号车厢内,设有雅致的吧台,有多种食物、饮品供旅客选择,餐车不另设座位。

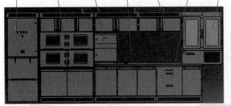

图 3-34　餐车示意图

CR400AF 型动车组餐车按要求设置功能及设备,采用"冷热链为主,常温链补充"的供餐模式,配置成熟产品的厨房设备。餐饮区域按供应快餐设置,满足用餐高峰 1.5h 内 50% 定员用餐的需求。CR400AF 型动车组餐车厨房内主要设备设施如表 3-3 所示。

表 3-3 CR400AF 型动车组餐车厨房内主要设备设施

序号	设备设施	配置数量	备注
1	微波炉	4	松下-NE1756 商用微波炉,功率 2.78kW
2	冷藏箱	1	容积 740L,功率 0.86kW,可放置 4 个(550mm×400mm×450mm)储物箱
3	冷藏展示柜	1	容积 150L,功率不大于 1kW
4	保温箱	1	容积大于 350L,功率 1.8kW,可放置 550mm×400mm×450mm 储物箱
5	电开水炉	1	功率 4.5kW,每小时产水量不小于 40L
6	消毒柜	1	有效容积 100L(595mm×500mm×638mm),功率 1.2kW
7	手推车	2	尺寸为 300mm×970mm×630mm
8	洗池	单洗	—
9	备用插座	3	咖啡机用插座功率不大于 1.4kW,收银机用功率不大于 0.5kW,备用插座功率 0.5kW

(5)乘务员室。

乘务员室内设置办公桌和旋转座椅,办公桌设置有 4 个抽屉,最下层抽屉用于存放急救箱(见图 3-35)。办公桌下空处用于存放保险柜,上部设有供乘务员操作的紧急制动拉闸、电气设备柜。控制柜内设旅客信息操作屏、娱乐信息操作屏等。

(6)机械师室。

机械师室(见图 3-36)内设置办公桌和旋转座椅、联络电话等。办公桌设置有 4 个抽屉,上部设有供机械师操作的电气设备柜,包括视频监控显示屏、网络系统。

3. 服务设施

(1)照明系统。

CR400AF 型动车组设有多种照明控制模式,可根据旅客需求提供不同的光线环境。车厢灯光会根据户外情况自动调节。走廊顶部灯光的亮度高低、光线冷暖均可自由调节。商务座的座位旁多了一个筒灯调节开关,旅客可根据自己的需求调节灯光亮度、色温。

图 3-35 急救箱

图 3-36 机械师室

项目 3 复兴号动车组列车设备设施 | 189

1车顶灯为环形顶灯(见图3-37),3车、5车为圆形顶灯,LED灯融合行李架设计,使旅客在旅途过程中感受到灯效带来的舒适与温暖。

(2)摄像监控设备设施。

全列共32个监控摄像头,每节车的车门通过台设1台全景网络摄像机,客室内部设置2台半球网络摄像机,分别位于客室端部或距端部1/3处。1车、8车观光区各有1个摄像头,餐车有1个摄像头。摄像监控设备将实时画面传输至机械师室监控屏。

图3-37 环形顶灯

图3-38 行李架

(3)行李架及大件行李存放处。

行李架(见图3-38)的宽度为445mm,高度为1700mm。行李架部件主要由前后型材、托架、隔板、回风口型材以及下挡板组成,下挡板内部集成座位显示灯、扬声器、烟雾感应器、紧急控制按钮等。

每个车辆端部均设置大件行李存放处(见图3-39),大件行李存放处为开敞式结构,分为上下两层,中部设置了铝框架隔板,用于放置大件行李。

(4)席位指示灯。

席位指示灯(见图3-40)安装在行李架座位号PC板背面,为座位号提供背光源,座位号码牌采用电子屏。席位指示灯可在列车开出后接收来自客票发售和预订系统的席位占用信息。红灯表示该席位已经售出,黄灯表示该席位下一站售出,绿灯表示席位空闲。这样的设计大大方便了列车乘务员查验车票。

图3-39 大件行李存放处

图3-40 席位指示灯

(5)残疾人专用区域。

①轮椅固定带。

4车厢大件行李存放处专门设置了残疾人专用区,设置了轮椅固定带(见图3-41),提升了残疾人乘车旅行安全系数。

②残疾人卫生间。

残疾人卫生间(见图3-42)位于4车厢两端,其内设置了婴儿护理台、SOS按钮等设备设施。婴儿护理台为嵌入式可折叠婴儿护理台(见图3-43),SOS按钮为按压式结构,用于紧急情况下旅客报警。按下按钮时,会触发卫生间门外侧顶部蜂鸣器,同时将报警信息传送到司机室和机械师室的显示器上,司乘人员可针对实际情况采取相应措施。

图3-41 轮椅固定带

图3-42 残疾人卫生间

(6)垃圾箱。

全列共设置28个垃圾箱,其中大垃圾箱8个,洗面盆下7个,卫生间垃圾箱12个,餐车后厨设置1个。单个垃圾箱容积不小于40L，分别放置于每车端部以及首尾车的服务台下方，垃圾箱室内配置臭氧产生器，利用臭氧的强氧化作用对垃圾进行消毒及消除异味。

（7）电茶炉。

电茶炉（见图3-44）提供饮用热水。电茶炉由电源、加热、缺水指示灯、绿色出水按钮、红色解锁按钮、置杯格组成。使用时需按下红色解锁按钮3s左右，待电茶炉解锁后按压绿色出水开关按至底部（防止烫伤）。缺水时显示灯亮起，表示水箱内缺水。

图3-43　婴儿护理台

图3-44　电茶炉

二、CR400BF型动车组设备设施

CR400BF型动车组速度达350km/h，采取8辆编组，由2个"二动二拖"的牵引动力单元组成"4动4拖"（4M4T）的结构，列车轮周牵引功率为10140kW。

（一）编组及技术参数

CR400BF型动车组由TC01（一等座28个+商务座5个）、M02（二等座85个）、TP03（二等座85个）、MH04（二等座75个）、MB05（二等座63个）、TP06（二等座85个）、M07（二等座85个）、TC08（二等座40个+商务座5个）组成，编组情况如图3-45所示。

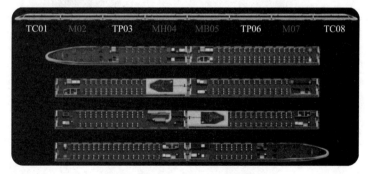

图3-45　CR400BF型动车组编组情况

CR400BF型动车组的技术参数如表3-4所示。

CR400BF型动车组的技术参数　　表3-4

主要技术	参数	主要技术	参数
最高运行速度	350km/h	地板面距轨面高度	1260mm
最高试验速度	385km/h	受电弓落弓时高度	<4500mm
定员	556人	轴重	≤170kN
编组形式	4M4T	转向架中心距	17800mm
长度	<210m	转向架轴距	2500mm

续上表

主要技术	参数	主要技术	参数
中间车体长度	25000mm	轮周牵引功率	10140kW
车辆间距	650mm	0~200km/h 平均加速度	<0.4m/s²
车体宽度	3360mm	350km/h 剩余加速度	<0.05m/s²
车辆高度	4050mm	—	—

(二) 司机室设备设施

CR400BF 型动车组司机室为单人驾驶模式,司机操纵台设置在中央位置,是列车的主要操作设备。

司机室包括司机操纵台、司机台左右柜、司机室脚踏、司机室和外部照明、司机室风窗玻璃、司机室墙顶板、司机室面板、司机室后墙、司机室遮阳帘、火警检测装置等设备。

1. 司机操纵台

司机操纵台主要包括仪表盘功能区和台面功能区。仪表盘功能区主要有各系统显示屏和仪表盘;台面功能区主要分为司控器、左操作区、左侧制动按钮区、中央操作区和右操作区。司机操纵台整体布置如图 3-46 所示。

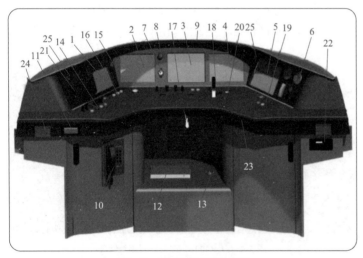

图 3-46 司机操纵台整体布置

1-CIR 显示器及话筒;2-TCMS 显示器 1;3-ATP 显示器 1;4-TCMS 显示器 2;5-ATP显示器 2;6-仪表区;7-EOAS 拾音器;8-紧急制动按钮;9-阅读灯;10-PIS 话筒;11-CIR 打印机;12-DSD 脚踏开关;13-风笛开关;14-左操作区(门控);15-紧急断电开关;16-左操作区(制动按钮);17-中央操作区;18-主控手柄;19-右操作区;20-操纵模式选择开关;21-7 寸显示器横屏(预留);22-EOAS 数据转储装置;23-空调开关区;24-空调格栅;25-EOAS 前置摄像头

左操作区和左侧制动按钮区如图 3-47 所示。

中央操作区如图 3-48 所示。

图 3-47 左操作区和左侧制动按钮区

图 3-48 中央操作区

右操作区如图3-49所示,仪表区如图3-50所示。

2. 司机台左柜

司机台左柜如图3-51所示。

3. 司机台右柜

司机台右柜主要有转储装置、220V电源插座、第二操作区和故障面板等,如图3-52和图3-53所示。

4. 司机室脚踏

司机室脚踏包括司机DSD脚踏开关和风笛开关,如图3-54所示。

5. 司机室和外部照明

司机室照明采用顶板6组射灯,在司机室外车顶中部设前照灯1组,车头左侧和右侧各设前照灯与标志灯组合1组和装饰灯1个。

6. 司机室风窗玻璃

司机室风窗玻璃由多层玻璃和有机材料复合而成,外层玻璃进行化学钢化处理。为保证风窗玻璃受到冲击或出现破裂时具有足够的可见性,各层玻璃均不进行物理钢化处理,具有抗冲击、防飞溅、抗砾石、隔声、隔热等功能,内置电加热装置,防霜、防冻。在最低环境温度下,也能满足动车组运行的瞭望要求,眩光不影响司机操作。

7. 司机室墙顶板

司机室墙顶板符合车体流线型车头造型,主体材料采用4mm玻璃钢制造,外露面喷涂亚光漆。

8. 司机室面板

司机室面板结构紧凑,均布于司机台及左右柜上,采用硬质尼龙搭扣、销钉、压紧锁、快锁紧固件等结构,牢固可靠,能快速拆装。

9. 司机室后墙

司机室后墙主体采用雾化玻璃,门框采用铝型材镀铬,整体效果高档、时尚,具有强烈的科技感。

10. 司机室遮阳帘

司机室遮阳帘置于司机室墙顶板内,外部仅露下部型材,遮阳帘由单一电机驱动,保证帘布运动的同步性,避免咬帘、卡滞等现象。

11. 火警检测装置

司机室顶板安装烟火报警探头,当检测到烟雾时,本车

图3-49　右操作区

图3-50　仪表区

图3-51　司机台左柜

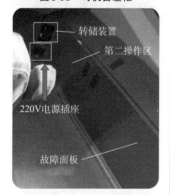

图3-52　司机台右柜

图3-53　第二操作区

火灾报警主机向 CCU 发送火灾报警信号,同时司机室、机械师室的显示屏发出声光报警。

(三) 基础设施

CR400BF 型动车组全列 8 辆编组,分别为 1 辆商务一等合造车,1 辆商务二等合造车,6 辆二等座车(1 辆设有残疾人设施、1 辆为餐座合造车),定员 576 人(其中商务座 10 席,一等座 28 席,二等座 538 席,见图 3-55)。

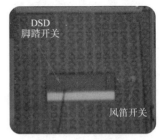

图 3-54 司机室脚踏

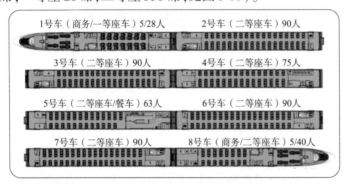

图 3-55 CR400BF 型动车组编组定员示意图(定员 576 人)

(四) 车厢布置

1. 车门布置

全车共设 26 个侧门,其中头尾车和餐车设置 2 个侧门,其他中间车设置 4 个侧门,设置 18 个内端门和 14 个外端门(见图 3-56)。

图 3-56 车门布置

2. 商务座车

列车商务座定员 10 人,车头、车尾各设 5 个座位。舱内宽敞明亮,色调温馨,采用航空头等舱级座椅,商务座可以 180°平躺(见图 3-57)。

图 3-57 商务座车

3. 一等车客室

一等座位于 1 号车商务座区的后方。一等座采用"2+2"方式布置,一等座的插头位于扶手下(见图 3-58)。

4. 二等车客室

二等座为"2+3"方式布置,全列二等座定员 538 人,二等座的充电插座,位于坐垫下方(见图 3-59)。

图 3-58 一等车客室

(五) 服务设施

1. 给水卫生系统

给水卫生系统为旅客和乘务人员提供饮水、洗漱、卫生

图 3-59 二等车客室

等服务功能,是动车组不可或缺的重要组成部分。

给水卫生系统主要包括净水箱、净水管路、卫生间模块、洗面间模块、集便系统、排污管路、污物箱、电开水炉、排水管路等。

全列设置 6 个容量 400L 的净水箱、2 个 300L 的净水箱、5 个蹲式卫生间模、7 个座式卫生间模块、7 个洗面间模块、1 个拖布池、5 容量 600L 的污物箱、3 容量 400L 的污物箱、真空集便系统、排污管路缠伴热线并包裹防寒材料、7 个电开水炉。

普通卫生间采用手动拉门,拉门滑道结构。门内部采用手动锁闭,外部使用统型 4 角 RIC 钥匙锁闭。

2. 旅客信息系统

旅客信息系统由旅客信息显示、列车内部通信和广播通告、旅客音视频娱乐系统、车载无线系统、座位信息显示等部分组成。设置千兆以太网总线和 UIC568 音频总线,实现旅客信息系统、影音娱乐系统、视频监控系统集成设计。实现功能包括公共广播、公共视频、内部通信、信息显示、音频服务、监控旅客区域、监控弓网状态、画面智能分析。

旅客信息系统主要设备明细及布置如表 3-5 所示。

3. 车厢视频监控系统

车厢视频监控系统的主要硬件包括网络摄像机、车厢视频监控服务器、连接电缆。主要功能包括监视车厢内公共区域、对采集的视频信息进行实时存储、使用外接授权终端设备进行单车厢预览、查询、回放及下载。

旅客信息系统主要设备明细及布置 表 3-5

序号	名称	车型								合计	安装位置
		1	2	3	4	5	6	7	8		
1	旅客信息系统控制器					1				1	PIS 柜
2	车厢控制器	1	1	1	1	1	1	1	1	8	PIS 柜
3	旅客信息系统操作屏					1				1	乘务员室
4	Ⅰ型车内联络电话	1				2			1	4	司机台、乘务室、机械师室
5	Ⅱ型车内联络电话		1	1	1		1	1		5	车厢内
6	旅客紧急对讲单元(主控器)	3	2	2	2	2	2	2	3	18	客室行李架侧墙处
7	旅客紧急报对讲单元(对讲面板)	3	2	2	2	2	2	2	3	18	客室旅客紧急制动手柄处
8	内部Ⅰ型扬声器	4	14	14	12	10	14	14	6	88	车厢内
9	内部Ⅱ型扬声器	10	7	7	7	9	7	7	10	64	车厢内
10	车外信息显示器	2	4	4	4	2	4	4	2	26	车厢两侧车门附近

续上表

序号	名称	车型 1	2	3	4	5	6	7	8	合计	安装位置
11	车内信息显示器	3	2	2	2	2	2	2	3	18	车厢内端部两端圆头内
12	GSM/GPS 天线	0	0	0	0	1	0	0	0	1	车顶
13	FM 天线	0	0	0	0	1	0	0	0	1	车顶
14	影音娱乐系统控制器	0	0	0	0	1	0	0	0	1	PIS 柜
15	影音娱乐系统操作屏	0	0	0	0	1	0	0	0	1	乘务员室
16	音频分配单元	1	0	0	0	0	0	0	0	1	PIS 柜
17	间壁电视	6	4	4	3	3	4	4	6	34	车厢前后间壁
18	吊顶电视	1	2	2	2	1	2	2	1	13	车厢内天花板下
19	左座椅数字音频娱乐单元（AEU MMI LEFT）	14	0	0	0	0	0	0	0	14	一等座椅扶手区域
20	右座椅数字音频娱乐单元（AEU MMI RIGHT）	14	0	0	0	0	0	0	0	14	一等座椅扶手区域
21	VEU 显示器	5	0	0	0	0	0	0	5	10	VIP 座椅扶手区域
22	VEU 控制盒	5	0	0	0	0	0	0	5	10	VIP 座椅
23	VEU 接线盒	4	0	0	0	0	0	0	4	8	VIP 座椅
24	服务呼叫显示器	1	0	0	0	0	0	0	1	2	VIP 观光区
25	无线网络控制器	0	0	0	0	1	0	0	0	1	PIS 柜
26	车载无线服务器	0	0	0	0	1	0	0	0	1	PIS 柜
27	座位信息显示器	14	34	34	30	25	34	34	16	221	行李架过道边缘

CR400BF 型动车组列车服务设施如表 3-6 所示。

CR400BF 型动车组列车服务设施　　　　表 3-6

序号	设施	1 车	2 车	3 车	4 车	5 车	6 车	7 车	8 车
1	座椅	28+5	85	85	75	63	85	85	40+5
2	卫生间	坐	蹲、坐	蹲、坐	残坐、蹲		蹲、坐	蹲、坐	坐
3	洗面间	1	1	1	1	—	1	1	1
4	开水炉	1	1	1	1	1	1	1	1
5	商务车服务台	1	—						
6	备品柜	3	—	1	1	—	6		3
7	乘务员专座	1			1	1			1
8	储藏柜	2				1			2
9	垃圾小车存放	—		1			1		—
10	垃圾箱	2	2	2	2	2	2	2	2
11	洁具箱	—	1	1	1			1	
12	大件行李柜	2	1	1	1	1	1	1	2

任务展示

(1)查阅相关资料,讨论 CR400AF 型动车组的发展历程。

(2)查阅相关资料,调研 CR400AF 型动车组在我国哪些线路上运行。

(3)展示任务书,并进行讨论。

任务评价

任务 3.6 熟悉复兴号动车组列车设备设施

班级		姓名		日期	
项目		评价内容		分值	得分
师评	知识能力考核	掌握复兴号动车组车辆内主要设备的配置方法		10	
		掌握复兴号动车组车厢的布置		10	
		掌握复兴号动车组的服务设备设施的使用方法		10	
	职业素养考核	出勤情况	出勤( ) 缺课( )	5	
		任务书完成情况		10	
		任务书展示态度积极,口齿清楚,仪态得体		10	
		作业		10	
自评	自我反思(自填)			—	—
	任务书完成情况	完整(5分)	自主(5分)	10	
	是否展示汇报	是(5分)	否(0分)	5	
互评	任务书完成情况	能够积极参与讨论,完成任务书		10	
	展示汇报	能够在组内积极进行任务展示		10	
		总分		100	

头脑风暴

(1)CR400AF 型动车组 VIP 座是如何布置的?有什么功能特点?

(2)CR400AF 型动车组一等座是如何布置的?有什么功能特点?

(3)CR400AF 型动车组二等座是如何布置的?有什么功能特点?

(4)CR400BF 型动车组 VIP 座是如何布置的?有什么功能特点?

(5)CR400BF 型动车组一等座是如何布置的?有什么功能特点?

(6)CR400BF 型动车组二等座是如何布置的?有什么功能特点?

(7)简述 CR400BF 型动车组旅客信息系统的组成。

任务 3.7 熟悉复兴号智能动车组设备设施

【任务发布】

2019 年 12 月,具有完全自主知识产权的复兴号智能动车组率先在京张高铁投用。根据京张高铁复兴号智能动车组两年多来运营服务积累的经验和旅客的意见和建议,全新的复兴号智能动车组相关设备功能和服务进行了再次优化。我们是否思考过复兴号智能动车组有哪些不同的类型?复兴号智能动车组的关键技术有哪些?它们的编组形式是否与其他动车组一致?让我们带着这些疑问走进任务。

【任务要求】

(1) 查阅相关资料,讨论复兴号智能动车组列车有哪些关键技术。

(2) 查阅相关资料,讨论复兴号智能动车组列车有哪些智能设备设施。

(3) 通过学习任务信息,完成任务书。

【任务目标】

(1) 掌握复兴号智能动车组列车关键技术特点。

(2) 掌握复兴号智能动车组列车车厢布置。

(3) 能够简述复兴号智能动车组列车"人性化"设施。

(4) 了解智能高铁的中国力量,增强民族自豪感。

任务 3.1　走进复兴号动车组
任务 3.2　掌握复兴号 CR400AF 系列动车组车型
任务 3.3　掌握复兴号 CR400BF 系列动车组编组形式
任务 3.4　了解复兴号 CR300 系列动车组
任务 3.5　了解复兴号 CR200J 系列动车组
任务 3.6　熟悉复兴号动车组列车设备设施
任务 3.7　熟悉复兴号智能动车组设备设施
任务 3.8　掌握复兴号动车组列车应急安全设备与设施的使用方法

【任务书】

任务 3.7　熟悉复兴号智能动车组设备设施

班级		姓名		日期	
课前思考	作答区				
复兴号智能动车组列车关键技术特点有哪些					
复兴号智能动车组列车与其他复兴号动车组座位等级有何区别					
复兴号智能动车组列车智能设备设施有哪些					

任务信息

随着自动驾驶技术逐渐成熟，它已具备投入商业运行的条件，为了在2022年北京冬奥会中展现中国高铁的风采，由我国自主研制的具有完全自主知识产权的复兴号智能动车组诞生，智能复兴号搭载更先进控制平台，采用全新外观设计，有CR400AF和CR400BF两个型号产品。

CR400AF-C型动车组是在CR400AF基础上，为京雄城际铁路设计的新一代8辆编组的高速动车组，采用全新的外观设计，智能化自动驾驶。CR400AF-C型智能动车组最高运营速度可达350km/h，编组形式为4动4拖（4M4T）。列车总长211.3m，车体材质为铝合金。复兴号智能动车组的牵引能力大大增强，可适应30‰的坡道行车和停放，同时具备-40℃高寒环境下的运行能力。2020年2月，CR400AF-C型智能动车组首次曝光。2021年1月19日，CR400BF-C-5162型动车组正式换装冬奥涂装并亮相。图3-60所示是为北京冬奥会量身定制的"瑞雪迎春"智能型复兴号高速动车组。2021年6月25日起，CR400AF-C-2214型动车组在京雄城际铁路运营，并逐步扩大开行范围，覆盖18个省级行政区。2022年1月6日上午，北京冬奥版复兴号智能动车组在北京清河站正式上线。

图3-60 "瑞雪迎春"智能型复兴号高速动车组

一、复兴号智能动车组关键技术特点

复兴号智能动车组与北斗导航系统相连，具备车站自动发车、区间自动运行、运行时间依计划自动调整、到达车站自动精确停车、车门自动控制等功能。

（一）智能化

复兴号智能动车组利用智能传感技术、物联网、天线雷达、AI识别技术、二维码等多维度现代电子监测感知手段，进一步加深对动车组自身状态、环境状态、运行数据等不同层次、维度的状态监测，增加了列车自感知的广度和精度；通过对大数据的融合集成、存储管理、挖掘处理，同时利用智能化技术的"定制化、集成化、流程化、一体化"（四化），进一步优化控制策略，实现动车组自动驾驶、故障导向安全、突发及灾害应对、车辆运营秩序调度等业务过程中自诊断、自决策的可控性与可管理性；利用工业以太网、车地数据传输、图像识别、语音识别、信息显示、大数据、移动应用、身份验证、智能环境调节、多元化信息服务、在线支付等技术，实现动车组运行过程的可观测、可表达和可理解,提高系统的自适应性;利用多网融合、导航及定位、高速大容量数据传输等技术,实现车-车、车-地及车与其他交通方式的互联互通,实现自动及协同运行。

1. 智能行车

智能行车主要体现在复兴号智能动车组可实现自动启动、运行、停车、开门和站台门自动联动,列车司机可以在司机室内监控自动驾驶系统的运行情况,一旦有故障发生,可以立即进行人工介入,从而确保整个列车的运行安全。

智能行车实现了速度为350km/h时有人值守自动驾驶,采用"CTCS-3+ATO"技术,将停车精度控制在0.5m以内,自动速度控制功能精度在2km/h以内,从而减轻司机40%的压力,大幅提高运行效率。列车通过车载传感器、雷达、天线等设备对环境信息(地理位置、线路信息等)和车辆状态进行采集与处理,并与动车组技术融合,在满足安全性、稳定性和舒适性的前提下进行算法预设,结合线路限速要求等进行决策判断,实现车站自动发车、区间自动运行、车站自动停车、车门自动打开、车门与站台门联动控制。

复兴号智能动车组自动驾驶操纵台如图3-61所示。

图3-61 复兴号智能动车组自动驾驶操纵台

2. 智能服务

在智能服务方面,复兴号智能动车组主要从以下3个方面进行了智能化提升。

(1)智能环境调节。

利用智能环境感知调节技术,从温度调节、灯光智能调节、人体工程学、车内噪声控制、压力波调节、变色车窗、资源配置优化等方面实现旅客视觉、听觉、嗅觉、触觉等方面感官舒适度的提升。

(2)智能信息推送。

智能动车组实现了电视分屏显示,电子地图和旅游信息、行车信息(到站、离站、途中)直观推送,支持LCD外显、座位号提示、车-地视频、语音信息回传等业务,提高了信息服务的精准度及效率。

电视分屏显示如图3-62所示,LCD外显如图3-63所示。

图3-62 电视分屏显示

(3)智能便民服务。

复兴号智能动车组通过智能点餐、Wi-Fi增值业务服务,为用户拓展乘车体验空间。

图3-63 LCD外显

3. 智能运维

在智能运维方面,整车传感器数量增加10%,监控点多达 2718 个，可以实时监控列车重要零部件的状态，并进行故障预警预测、关键故障精确定位、检修策略建议，综合自感知数据，结合动车组主机企业、运用部门、零部件供应商之间实现研发数据、试验数据、运维数据、检修数据、履历数据的交互与共享。列车利用大数据技术、监测及分析技术、大容量车-地传输技术等，为用户提供关键零部件的健康评估、故障状态预警预测、关键故障精确定位、检修建议策略高效推送、备品备件库存智能建议及更换提醒、主机厂、零部件供应商之间实现大数据共享、列车健康状态及全面监控，提高车辆安全性和检修效率、降低维修成本，满足动车组全生命周期管理需求，实现列车服役性能由阈值管理向状态管理的提升，在提升安全的同时，又优化了运营成本。智能运维监控系统如图 3-64 所示。

图 3-64　智能运维监控系统

（二）安全可靠

列车在走行部增加了 160 个振动、温度复合传感器，实现轴承、齿轮箱、牵引电机等零部件失效模式的精确判断，保证行车安全。车内采用视频组网设计，有助于工作人员实时、准确地掌握车厢内的旅客动态、环境状态，全面提高车内反恐、防暴能力，同时实现火灾与视频联动，进一步确保旅客行车安全实现多监测系统集成，综合处理诊断，统一存储、显示、发送，完成从单部件、单车级安全监测到多系统、整车级、交互监测的提升。动车和拖车的转向架还新增了传感器。动车转向架如图 3-65 所示。

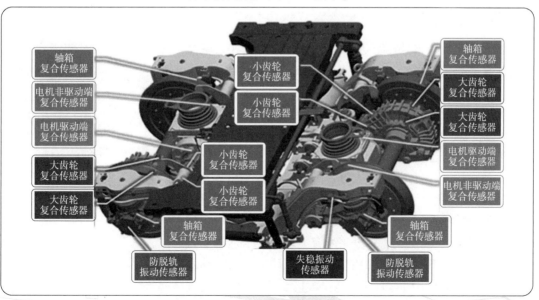

图 3-65　动车转向架

(三) 节能环保

为了减少阻力和能量消耗,全车采用了轻量化设计方案。以车头的形状设计为例,设计团队采用了仿生学原理,先后制定了42套方案,利用风洞试验,逐个对车头形状进行仿真分析,通过不断反复验证,最后选定鹰隼造型,通过低阻力流线型车头设计及空气动力学优化减小气动阻力,能耗相应降低5%;通过轻量化设计,能耗相应降低2%,整车综合节能约7%;化工品、零部件选用环保材料,内装材料可回收率达75%,其中可降解材料占比50%以上;通过优化结构、提升密封性能,车内外噪声总体指标降低1~2dB;采用灰水再利用技术,节约净水消耗,节水率超过10%,减少污染排放。这些措施让列车的综合能耗能降低10%以上,换算下来,一年时间,这趟列车大约可节省电力180万kWh,这也充分体现了北京冬奥会"绿色奥运"的办赛理念。

(四) 适应性强

列车采用了经长期验证的CRH380BG型动车组成熟的高寒技术,适应-40℃高寒运行环境,牵引、制动系统性能提升30%。支持坡道启动和安全停放,满足山区环境运用需求。新增动力电池系统,在高压发生供电故障时,能够以30km/h速度走行20km,具备在京张高铁任何一个区间发生供电故障时,应急走行至就近车站的能力。

二、车厢布置

新型奥运版复兴号智能动车组(见图3-66)依托京张高铁智能复兴号运营经验和先进技术,为北京冬奥会量身定制,具有"智能、绿色、人文"的重要特点。该动车组编组8辆,为4动4拖(4M4T)动力分散式动车组,定员586人(见图3-67),设商务、一等、二等、媒体车厢。外观采用"瑞雪迎春"涂装方案,以冰雪蓝为基调,配以飘舞的白色飘带,体现整体的动感状态,整体颜色中点缀若隐若现的雪花和运动元素,彰显冬奥主题。

图3-66 奥运版复兴号智能动车组

在保持标准配置复兴号智能动车组智能服务、智能运维等功能的基础上,新型奥运版复兴号智能动车组增加智能行车功能,首次实现速度350km/h自动驾驶,具备车站自动发车、区间自动运行、到站自动停车、车门自动控制等先进功能。

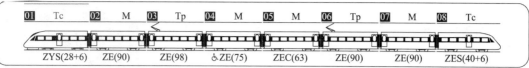

图 3-67　奥运版复兴号智能动车组编组定员示意图（定员 586 人）

1. 商务座

1 号和 8 号车商务座（见图 3-68）配备了无线充电装置，支持无线充电功能的手机放上去可以立即进行充电。座椅有加热和按摩等功能，还可进行 90°~180°调整、360°旋转，旅客可以利用座椅内侧的调节按钮自行调整。座椅扶手后方设有阅读灯，座椅扶手下设有小桌板。商务座席如图 3-68 所示。

图 3-68　商务座

2. 一等座

1 号车一等座（见图 3-69）头靠增加了包裹感，私密性更强，头枕可折叠，腰靠更加舒适。座椅设有靠背调节按钮，旅客可以利用座椅扶手内侧的调节按钮调整角度，前排座椅后方设有脚踏板，扶手上设有充电口，供电子设备充电。

图 3-69　一等座

3. 二等座

2~4、6~8 号车为二等座（见图 3-70），座椅设有靠背调节按钮，旅客可以利用扶手上的调节按钮调整靠背角度；座椅下方的充电口设有两孔、3 孔插座和 USB 接口，小桌板上印有"中国铁路"微信公众号、铁路 12306App 等二维码，方便旅客关注和下载。无障碍卫生间位于 4 号车，设有扶手、紧急呼叫按钮、婴儿护理台等设施。

4. 多功能座

5 号车为多功能座（见图 3-71），设置媒体工作区，提供 12 个办公桌，可容纳 48 人，5 号车座椅采用滑道式安装，可快速拆装。工作台可进行推拉以增加使用面积，最大拉伸长度为 80cm，下方配有国际通用的大功率多功能插座，方便各种电子设备快速充电。列车融合"高铁 +5G+4K"技术，打造世界首个高铁 5G 超高清奥运演播室，实现 5G 高清赛事直播，具备 6 个频道 4K 直播能力。

图 3-70　二等座

图 3-71　多功能座

5. 吧台

不同于传统复兴号的餐吧车，多功能车的餐吧吧台（见图 3-72）采用开放式设计，车厢视觉通透，没有遮挡餐台的顶端灯光，还可以呈现五环图案。

6. 智能交互终端

车厢顶部采用放射性蓝色灯光，契合冬奥会的冰雪主题。5 号车的开放式餐吧区以被称为"2022 北京奥运蓝"的冰蓝色为主基调，体现冬奥健儿的拼搏精神。列车不仅提供中文、英文广播播报及信息显示，商务座旅客智能交互终端（见图 3-73），还提供高铁娱乐中心、无线投屏、车辆功能介绍、车辆运行信息查询等服务。

7. 滑雪器材存放柜

动车组 1 号、4 号、8 号车二位端设置滑雪器材存放柜（见图 3-74），用于滑雪爱好者存放滑雪板等器材，并设有滑雪器材锁，保证存放安全；4 号车还设置了轮椅存放区、无障碍卫生间及站台补偿器，便于轮椅无障碍存放和通过，适应冬残奥会需要。

三、智能环境感知调节

复兴号智能动车组的车内灯光有智能调节功能，车内卫生间增加了自动感应功能，无人时自动关闭灯光，商务区可以实现通过光线感知，从而自动调节灯光的亮度。智能动车组的商务座调节面板如图 3-75 所示。

列车可以定时设置不同色温，进出隧道时可以根据隧道运行状态提前调节亮度，减少视觉冲击。观光音量、观光风量、观光照明、内温、外温等各项指标都会在车厢内的控制面板上显示。复兴号智能动车组的智能环境感知调节技术实现温度、灯光、车窗颜色等自动调节，使旅客的乘坐体验更加舒适。

列车的每节车厢都配备了大尺寸头顶显示屏，显示屏可以分屏显示多种内容，节目播放与行车提示信息互不干扰。

图 3-72　吧台

图 3-73　智能交互终端

图 3-74　滑雪器材存放柜

图 3-75　智能动车组的商务座调节面板

【笔记区】

任务展示

(1) 全新的智能动车组的智能体现在什么地方？

(2) 复兴号智能动车组如何实现更加安全可靠、经济高效、温馨舒适、方便快捷和节能环保？

(3) 展示任务书，并进行讨论。

任务评价

任务 3.7　熟悉复兴号智能动车组设备设施

班级		姓名		日期	
项目		评价内容		分值	得分
师评	知识能力考核	复兴号智能动车组智能化认知		10	
		掌握复兴号智能动车组车厢设备设施的使用方法		10	
		掌握复兴号智能动车组智能服务设备设施的使用方法		10	
	职业素养考核	出勤情况	出勤( )　缺课( )	5	
		任务书完成情况		10	
		任务书展示态度积极，口齿清楚，仪态得体		10	
	作业			10	
自评	自我反思(自填)			—	—
	任务书完成情况	完整(5分)	自主(5分)	10	
	是否展示汇报	是(5分)	否(0分)	5	
互评	任务书完成情况	能够积极参与讨论，完成任务书		10	
	展示汇报	能够在组内积极进行任务展示		10	
总分				100	

头脑风暴

(1) 复兴号智能动车组座椅与其他车型复兴号座椅相比有哪些更人性化的设计？

(2) 本项目介绍的复兴号智能动车组哪些设备设施是为冬奥会设计的？

(3) 复兴号智能动车组还可以设计哪些智能服务设备设施？

任务3.8 掌握复兴号动车组列车应急安全设备设施的使用方法

【任务发布】

复兴号动车组列车安全应急设备设施的主要构成和使用性能,是动车组列车乘务岗位人员及管理人员必须掌握的知识。我们是否思考过复兴号动车组列车设置有哪些应急安全设备设施?复兴号动车组列车应急安全设备设施是如何布置的?让我们带着这些疑问走进任务。

【任务要求】

(1)查阅相关资料,了解复兴号动车组列车应急安全设备设施的布置。

(2)查阅相关资料,学习复兴号动车组列车应急安全设备设施的使用方法。

(3)通过学习任务信息,完成任务书。

【任务目标】

(1)了解复兴号动车组列车应急安全设备设施的布置。

(2)掌握复兴号动车组列车灭火器的使用方法。

(3)掌握复兴号动车组列车逃生设备的使用方法。

(4)培养自主学习及动手操作的能力,充分对接岗位需求,培养职业素养。

【任务书】

任务3.8 掌握复兴号动车组列车应急安全设备设施的使用方法

班级		姓名		日期	
课前思考	作答区			
复兴号动车组列车应急安全设备设施是如何布置的					
复兴号动车组列车灭火器应如何使用					
复兴号动车组列车逃生设备有哪些?应如何使用					
车内紧急开门应如何操作					

任务3.1 走进复兴号动车组
任务3.2 掌握复兴号CR400AF系列动车组车型
任务3.3 掌握复兴号CR400BF系列动车组编组形式
任务3.4 了解复兴号CR300系列动车组
任务3.5 了解复兴号CR200J系列动车组
任务3.6 熟悉复兴号动车组列车设备设施
任务3.7 熟悉复兴号智能动车组设备设施
任务3.8 掌握复兴号动车组列车应急安全设备设施的使用方法

任务信息

一、复兴号动车组列车应急安全设施布置

CR400BF 系列复兴号动车组各车厢应急安全设备设施的布置如图 3-76 所示。

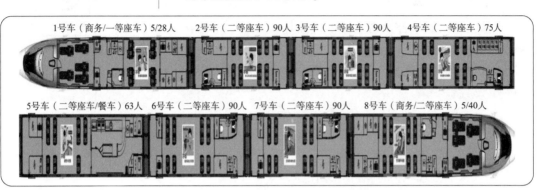

图 3-76　CR400BF 系列复兴号动车组各车厢安全设备设施的布置

二、灭火器

灭火器是指在内部压力下,将充装的灭火剂喷出,以扑灭火灾的灭火器材。按照充装的灭火剂不同,可分为水基型灭火器、干粉型灭火器、二氧化碳型灭火器、洁净气体型灭火器。按照驱动灭火器压力形式不同,可分为储气瓶式灭火器和储压式灭火器。按照灭火器移动方式不同,可分为手提式灭火器和推车式灭火器。

(一)配备位置和数量

在 1 号车(TC01)和 8 号车(TC08)司机室内各放置一个 5kg 的干粉灭火器;一位端和二位端走廊各放置两个 2kg 的灭火器,包括一个水基型灭火器和一个干粉灭火器;其余各车在一位端和二位端走廊各放置两个 2kg 灭火器,包括一个水基型灭火器和一个干粉灭火器。

(二)适用范围和使用方法

1. 干粉灭火器

充装的干粉灭火剂不同,干粉灭火器适用场所也不同。碳酸氢钠和碳酸氢钾干粉灭火器适用于扑救易燃液体、可燃气体的初期火灾。磷酸铵盐干粉灭火器除可扑救上述物质的

初期火灾外,还可扑救固体物质的初期火灾。干粉灭火器适用于扑救石油、石油产品、有机溶剂和电气设备等火灾。

干粉、水雾灭火器使用方法及范围同和谐号动车组灭火器使用方法及范围。

常见储压式手提灭火器(干粉、水基型、二氧化碳型)的构造如图3-77所示。

2. 水基型灭火器

水基型灭火器可扑灭A类(可燃固体)、B类(可燃液体)、C类(可燃气体)及电器火灾,保质期3年。该灭火器具有抗36kV电压的特点,是现阶段比较适合铁路电气化区段的新型灭火器。

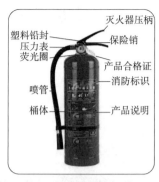

图3-77 常见储压式手提灭火器的构造

(三)注意事项

(1)扑灭电器火灾时,灭火距离不少于1m。

(2)灭火后处理现场时,必须切断电源。

(3)灭火时应顺风,不宜逆风,要选择上风位置接近火点。

三、逃生设备

在1~8号车每个客室内四角各设1个紧急逃生窗,餐车走廊设置1个紧急逃生窗,每个司机室两侧各设置1个紧急逃生窗,全车共计41个紧急逃生窗。

(一)紧急逃生窗

紧急逃生窗分别在车厢的前后两边。窗户上部中间位置有一个大红点,在每扇紧急逃生窗的旁边配备了一把紧急破窗锤。如果车厢内发生了火灾,可以将紧急破窗锤的铅封拔下,取下紧急破窗锤,用力敲击紧急逃生窗红色圆圈提示位置。紧急逃生窗的玻璃有特殊涂料,可以避免玻璃被敲碎的时候四处溅射和尖角伤人,而且只会向车厢外侧方向倾倒碎裂。

(二)紧急破窗锤

在车内每个紧急窗旁边设有紧急破窗锤,并带有明显标志。全列紧急破窗锤共计41个,其中1车、8车各8个(司机室各2个),5车5个,其他2、3、4、6、7车厢各4个。紧急情况下,可用紧急破窗锤敲碎紧急窗的玻璃逃生。紧急破窗锤的使用分为三步:第一步,取下紧急破窗锤,用锤头敲击逃生玻璃红点至玻璃最外层;第二步,用力往外推玻璃;第三步,玻璃推落后从逃生窗有序逃脱。紧急逃生窗和紧急破窗锤的位置如图 3-78 所示。

四、紧急制动操作设施

图 3-78　紧急逃生窗和紧急破窗锤

为应对突发状况,列车在车辆内部设置了紧急制动操作设施,包括旅客紧急报警装置、乘务员室紧急制动拉闸、监控室(机械师室)紧急制动拉闸。

1. 旅客紧急报警装置

旅客紧急报警装置由紧急制动拉闸手柄、话筒及扬声器 3 部分组成。旅客拉下紧急制动拉闸手柄,自动触发旅客紧急报警,对讲灯亮起时讲话,实现和司机的对讲通话,对讲由司机话筒端挂断复位或直接复位。当多个旅客紧急报警装置触发报警时,按照时间先后顺序排队等候,依次触发。

拉下紧急制动拉闸手柄后,旅客紧急制动环路断开,触发全列车紧急制动。司机操纵台上设有旅客紧急制动报警复位按钮,司机可以操纵此按钮缓解紧急制动,使动车组继续行驶,以选择适当位置停车。旅客紧急报警装置如图 3-79 所示。

图 3-79　旅客紧急报警装置

2. 乘务员室紧急制动拉闸

在 5 号车乘务员室内设有紧急制动拉闸。紧急制动拉闸手柄被拉下后,旅客紧急制动环路断开,触发全列车紧急制动。司机可以操纵司机台上的旅客紧急制动报警复位按钮缓解紧急制动,使动车组继续行驶,以选择适当位置停车。

图 3-80　乘务员室紧急制动拉闸

当紧急制动拉闸手柄恢复后,旅客紧急制动环路重新建立,紧急制动指令取消。乘务员室紧急制动拉闸如图 3-80 所示。

3. 监控室(机械师室)紧急制动拉闸

图 3-81　监控室(机械师室)紧急制动拉闸

在 5 号车监控室(机械师室)内设有紧急制动拉闸。紧急制动拉闸手柄被拉下后,触发全列车紧急制动。紧急制动不能被司机旁路(即司机不能更改紧急制动情况,此紧急制动装置与司机的控制在并联通道上),只有在动车组停车后,通过复位紧急制动拉闸,主控司机室进行紧急制动复位操作后,才能缓解紧急制动。监控室(机械师室)紧急制动拉闸如图 3-81 所示。

五、应急安全设备与设施的配置与使用

应急安全设备设施包括安全渡板 2 个（分别存放于 4 号、5 号车车辆备品柜内）、防护网 13 个（存放于 5 号车车辆备品柜内，其中 12 个普通网，1 个宽网）、乘降梯 2 个（分别存放于 1 号、8 号车车辆备品柜内）。

（一）侧门防护网

1. 侧门防护网的尺寸

侧门防护网（普通）：外形尺寸 1350mm（高）×640mm（宽），网格尺寸 160mm（高）×190mm（宽）。

侧门防护网（宽）：外形尺寸 1350mm（高）×740mm（宽），网格尺寸 160mm（高）×190mm（宽）。

2. 侧门防护网的安装与使用

安装侧门防护网时，必须保证编织网上的警示标志从车内看是正面（见图3-82）。

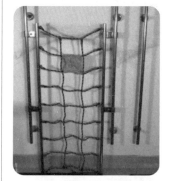

图 3-82　侧门防护网

使用时，从防护栏杆存放处取出防护栏杆，展开防护网，然后把防护栏杆立柱上两个卡箍上的拧紧螺栓用通用钥匙完全松开，把两个内盖板转动到与立柱平行，然后把卡子套在门口扶手杆上，立柱下端顶在地板面上，把可旋转的内盖板复原，使卡箍把门口扶手杆套住，然后用通用钥匙拧紧紧固螺栓，这样卡箍便可与扶手杆紧固在一起。采用同样的操作方法，把另一侧的立柱固定在扶手杆上，防护栏杆就安装完毕了。

需要拆卸时，先用通用钥匙松开立柱卡箍上的紧固螺栓，松开行程至少 5mm，然后便可以转动内盖板，脱离门口扶手杆，这样立柱便可以从扶手杆上取下。取下两根扶手杆，把可旋转压板复位，拧紧紧固螺栓，防止旋转压板晃动，然后用立柱把防护网卷起、捆扎，放回存放处。

（二）安全渡板的安装与使用

1. 使用前

备品室使用专用钥匙打开，为快速使用安全渡板，拟救援下车的通过台不得聚集过多人员，应由专业人员在车下指挥协助（应有两名专业人员操作，其中一人在车下）。

2. 地面转移救援

安全渡板、防护绳和保护棒放置在备品室中，使用时打

开备品室门即可取出,然后迅速转移到最近可开放的侧拉门门口处。

安全渡板转移到门口位置,在正门口将安全渡板展开。展开长度可根据野外条件,车内距离外部地板高度较高时应全部展开,展示时应锁定,展开长度约 2.5m。把安全渡板伸出端朝向车外,将安全渡板伸出车外并支撑在地面上,形成适当的坡度。安全渡板与车辆搭接处必须将安全渡板挂钩卡在侧拉门门口滑槽内,把 4 根保护棒分别插入安全渡板两侧的插槽内,将带有穿绳环的一端向上,将防护绳带小卡环的一端依次穿过侧拉门立罩扶手、保护棒上端穿环,并卡在安全渡板前端环内,将防护绳带大卡环的一端锁紧在防护绳上,保持防护绳拉紧状态。安全渡板安置妥当后,引导车上人员有序迅速转移下车。

六、防火隔断门

动车组防火隔断门包括外端拉门、内端拉门和小间门。

外端拉门设置在车体端墙上,用于连通相邻车厢的门,分为电动外端拉门和手动外端拉门。

电动外端拉门具有隔离功能,在车门关闭位置操作门扇隔离锁,实现对车门的隔离,同时切断门系统的供电。电动外端拉门具有自复位功能,在有火警信号或门系统断电情况下,打开的车门会自动关闭。

外端拉门结构和材料具有耐火功能,可有效阻止火势蔓延。

(一)开门操作

通过门扇两侧的开门按钮开门,两个门上的任意一个按钮可打开同一车端的两个车门,延时 10s 后自动关闭。

(二)手动电动转换操作

在门口正上方的门上中间位置内部,设置手动电动转换开关。车门打开后,从门与车体的缝隙伸入手指便可操作。

(三)外端门隔火操作

电动状态时,人员撤离后可等待延时 10s 自动关闭,或切换车门到手动状态手动关门。无电或处于手动状态时,直接手动拉动关闭到位即可。外端拉门操作如图 3-83 所示。

图 3-83 外端拉门操作

七、紧急开门

紧急开门分为车内紧急开门和车外紧急开门两种情况。每套车门在车内门口处设置内部紧急解锁装置,在车外侧墙上设置车外紧急解锁装置。

(一)车内紧急开门

(1)车辆有电时,机械师、乘务员首先操作四角锁芯从"红点"到"绿点",旅客也可以打破塑料保护罩,按下内部的红色按钮,此时蜂鸣器鸣响,然后拉起红色的紧急解锁手柄。

(2)保持拉起状态:手动向外推门并打开车门。

(3)退出紧急解锁状态:把四角锁芯从"绿点"转到"红点",或者复位旅客红色按钮,此时蜂鸣器停止鸣响。电控关门一次,车门恢复正常。

(4)车辆无电时:无须操作四角锁芯或旅客红色按钮,直接拉起红色手柄保持拉起状态,手动向外推门可打开车门。

内部紧急解锁装置如图3-84所示。

(二)车外紧急开门

拉起车外白色手柄并保持其拉起状态,手动拉门并将门打开。车外紧急解锁装置如图3-85所示。

图3-84 内部紧急解锁装置

(三)车门隔离操作

每套侧门都设有在客室内可操作的车门隔离装置,用通用四角钥匙操作。当该门出现故障,功能不正常时,可以将此门隔离掉而不影响其他门的正常动作。当隔离锁锁闭时,门被设为一种非使用状态,在紧急情况下也无法打开车门。具体操作如下:手动关闭至完全锁闭后,从车内用四角钥匙操作门扇上的隔离锁,将车门可靠锁闭隔离。隔离到位与否不能以隔离锁拧不动为判断标准,必须以隔离锁锁舌可靠地插入锁口板为准。隔离到位时,隔离锁的指示标志(红点)才能出现在相应的观察窗。

图3-85 车外紧急解锁装置

八、烟火报警系统

烟火报警系统分布贯通整个列车,在司机室、乘务员室、卫生间内、客室区、厨房区域车顶上设有探测器,在乘务员室设有控制单元和指示单元。

使用时机和方法:烟火报警主机通过电流环与终端装置通信,将每个感烟探头的状态发送给终端装置,起到报警和及时应对的作用。这些信息会在机械师室的显示屏上显示。

发生烟火报警时,机械师和列车长根据司机通知立即到报警车厢查实确认,查看指定车厢的客室、卫生间,机械师重点查看电气设备。若发生客室或设备火情,列车长或机械师应立即通知司机实施制动停车,并按规定处理。若确认因吸烟等非火情导致烟火报警时,由机械师处理即可。

感烟探头如图 3-86 所示。

CR400AF-B 型动车组应急备品存放位置及数量如表 3-7 所示。

图 3-86 感烟探头

CR400AF-B 型动车组应急备品存放位置及数量　　　表 3-7

品名	1	2	3	4	5	6	7	8	9	10	11	12	13	14	15	16	17	合计
车种代码	SW	ZY	ZE	ZE	ZE	ZE	ZE	ZE	ZEC	ZE	ZE	ZE	ZE	ZE	ZE	ZY	ZYS	
定员	17	60	90	90	90	90	90	75	48	90	90	90	90	90	90	60	33	1283
应急梯	2	—	—	—	—	—	—	—	—	—	—	—	—	—	—	—	2	4
渡板	—	—	—	1	—	—	1	1	—	—	—	—	1	—	—	—	—	4
防护网	—	—	—	4	—	—	—	12	11	—	—	—	4	—	—	—	—	31
应急喇叭	—	—	—	—	—	—	—	—	1	—	—	—	—	—	—	—	—	1

【笔记区】

任务展示

（1）查阅相关资料，讨论复兴号动车组的应急设施配置与使用方法。

（2）查阅相关资料，归纳复兴号动车组列车灭火器及防火隔断门的使用方法。

（3）展示任务书，并进行讨论。

任务评价

任务3.8　掌握复兴号动车组列车应急安全设备设施的使用方法

项目		评价内容	分值	得分
班级		姓名	日期	
师评	知识能力考核	掌握复兴号动车组列车应急安全设备设施使用的布置	10	
		掌握复兴号动车组列车灭火器及防火阻断门的使用方法	10	
		掌握复兴号动车组列车车内逃生设备的使用方法	10	
	职业素养考核	出勤情况　出勤（　）缺课（　）	5	
		任务书完成情况	10	
		任务书展示态度积极，口齿清楚，仪态得体	10	
		作业	10	
自评	自我反思（自填）		—	—
	任务书完成情况	完整（5分）　自主（5分）	10	
	是否展示汇报	是（5分）　否（0分）	5	
互评	任务书完成情况	能够积极参与讨论，完成任务书	10	
	展示汇报	能够在组内积极进行任务展示	10	
		总分	100	

头脑风暴

（1）动车组安全应急设备及备品由哪些部分组成？

（2）复兴号动车组列车车内逃生设备有哪些？

（3）应如何使用动车组列车紧急破窗锤？

（4）应如何使用安全渡板？

（5）复兴号动车组列车灭火器应如何使用？

思政课堂　"中国发展"的速度与温度

高速铁路网不断延伸,复兴号奔驰在祖国广袤的大地上。同时,81对公益性"慢火车"多年不调价,经停一个个小站,每年运送沿线群众1200万人次。疾驰如风的动车组与慢悠悠的绿皮火车,对照鲜明、耐人寻味,勾勒出一幅中国铁路的生动图景。

老乡口中的"小慢慢",平均速度一般不足40km/h,全年无休、票价低廉,承载着许多人的生计与梦想。不只是"慢火车",从深山中新建普遍服务通信基站,到确保小品种药稳定生产供应;从推进移动互联网应用适老化改造,到完善儿童保障制度……近年来,围绕为民服务,我国在多领域推出满足特殊群体需求的公共服务项目。一项项务实举措,有针对性地破解民生难题,扎扎实实地增强了老百姓的获得感、幸福感、安全感。这生动说明新时代中国不仅注重发展的速度,更始终追求发展的温度。

发展的温度展现出不以短期利益做取舍的境界。蜿蜒于崇山峻岭的"慢火车",乘坐几站的车票价格仅仅几元钱,如果进行简单的经济成本核算,显然是亏本的,但它却是沿线老百姓出行离不开的"生命线和致富路"。偏远山村没有几户人家,但通信基站依然如常架设、巍然矗立,因为造福群众不能囿于计算经济效益。发展不仅是国家的宏大叙事,更关乎个体的切身利益,是具体又细微的。

今天,日新月异的中国用实绩标注着创新发展的速度。"奋斗者"号深潜万米,"九章"横空出世,"天问一号"进入火星停泊轨道,5G信号加速覆盖城乡……神州大地上,到处都能感受到发展的脉动。但也应看到,我国发展不平衡、不充分问题仍然突出。我们必须一步一个脚印地勇毅前行,把为人民谋福祉的事业推向前进。始终坚持以人民为中心的发展思想,坚持共享发展理念,就能在奔跑中日益丰富发展的维度,拓展发展的价值。

"我的使命就是一辈子把这一件事做好,这与火车的快慢无关。"一列"慢火车"的列车长如是说。"利民之事,丝发必兴"。永葆初心、砥砺恒心,切实为群众办实事解难题,让发展更有温度、民生更有厚度,我们就一定能汇聚起风雨无阻向前进的磅礴力量,赢得民心、赢得未来。

(资料来源:"中国铁路"公众号,引文有改动。)

讨论:

阅读以上内容,体会快时代下的"慢火车",感受铁路部门在新时代下应有的担当和铁路部门"人民铁路为人民"的根本宗旨,小组之间互相交流研讨,总结公益"慢火车"存在的意义。

【笔记区】

任务 4.1　使用客运对讲设备和音视频记录仪

任务 4.2　操作高速铁路站-车客运无线交互系统终端设备

任务 4.3　了解电子客票移动检票和列车移动补票设备的组成

项目 4　高速铁路站-车移动设备

【课前预习】

【项目描述】

高速铁路客运工作人员应该掌握高速铁路站-车移动设备的构成、功能和用途，并能够正确进行操作。本项目主要介绍客运对讲设备和音视频记录仪，高速铁路站-车客运无线交互系统终端设备，电子客票移动检票和列车移动补票设备相关知识。通过本项目的学习，学生应掌握高速铁路客运工作人员移动配置设备的构成、功能和用途。

对于高速铁路站-车移动设备，要求重点掌握以下内容。

（1）对讲设备和音视频记录仪的操作方法。

（2）高速铁路站-车客运无线交互系统终端设备的操作方法。

（3）电子客票移动检票和列车移动补票设备的操作方法。

【建议学时】

任务序号	任务内容	建议学时
4.1	使用客运对讲设备和音视频记录仪	2
4.2	操作高速铁路站-车客运无线交互系统终端设备	2
4.3	了解电子客票移动检票和列车移动补票设备的组成	4
合计		8

项目 4　高速铁路站-车移动设备　217

任务4.1 使用客运对讲设备和音视频记录仪

【任务发布】

　　站-车客运移动对讲设备已经成为客运工作中必不可少的通信工具,高速铁路客运人员需要配置具备录音功能的客运对讲设备和音视频记录仪。客运对讲设备以及音视频记录仪的基本构造和用途是什么?应如何操作?让我们带着这些疑问走进任务。

【任务要求】

　　(1)查阅相关资料,了解客运对讲设备和音视频记录仪的配置情况。
　　(2)通过学习任务信息,完成任务书。

【任务目标】

　　(1)掌握高速铁路客运对讲设备的构造。
　　(2)掌握客运对讲设备的基本操作方法。
　　(3)掌握客运音视频记录仪设备的构造。
　　(4)严格遵守规章制度和劳动纪律,增长见识。

【任务书】

任务4.1 使用客运对讲设备和音视频记录仪

班级		姓名		日期	
课前思考	作答区					
简述对讲机的基本构造					
对讲机的呼叫和接收如何操作					
对讲机常见的问题及解决办法					
客运音视频记录仪设备的构造					

- 任务4.1 使用客运对讲设备和音视频记录仪
- 任务4.2 操作高速铁路站-车客运无线交互系统终端设备
- 任务4.3 了解电子客票移动检票和列车移动补票设备的组成

任务信息

一、客运对讲设备

客运对讲设备已经成为客运工作中必不可少的通信工具。

(一)对讲机基本构造及用途

对讲机包括天线、顶键(编程键)、信道选择旋钮、电源开关/音量旋钮、状态指示灯、挂绳孔、PTT 键、中间键(编程键)、左下键(编程键)、MIC-SP 插孔/数据端口、扬声器、话筒、皮带夹等部位。对讲机的基本构造如图 4-1 所示。

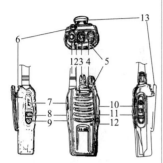

图 4-1 对讲机的基本构造

1-天线;2-顶键(编程键);3-信道选择旋钮;4-电源开关/音量旋钮;5-状态指示灯;6-挂绳孔;7-PTT 键;8-中间键(编程键);9-左下键(编程键);10-MIC-SP 插孔/数据端口;11-扬声器;12-话筒;13-皮带夹

(1)天线。

对讲机具有螺纹插头的天线,用于接收与发射信号。

(2)顶键(编程键)。

该键出厂默认设置为特殊功能键。

(3)信道选择旋钮。

旋转信道选择旋钮,可以选择工作信道,在信道播报功能开启情形下,同时具有语音信道播报提示。

(4)电源开关/音量旋钮。

电源开关/音量旋钮用于打开或关闭对讲机电源以及调节音量。

(5)状态指示灯。

状态指示灯发射过程中红灯亮,接收到信号时绿灯亮。当电池电量不足时红灯闪烁,在扫描过程中绿灯闪烁。

(6)挂绳孔。

挂绳孔用于系挂绳。

(7)PTT 键。

按下该键,对讲机处于发射状态,使用者可以开始讲话,松开则恢复到接收状态。

(8)中间键(编程键)。

该键出厂默认设置为电量管理键。

(9)左下键(编程键)。

该键出厂默认设置为通话管理键。

(10)MIC-SP 插孔/数据端口。

MIC-SP 插孔/数据端口用于连接耳机或编程线。

(11)扬声器。

扬声器用于输出声音。

(12)话筒。

话筒用于输入声音。

项目 4　高速铁路站-车移动设备 | 219

(13)皮带夹。

可用皮带夹将对讲机身夹在皮带上,便于携带。

(二)对讲机基本操作

(1)开机与关机。

按顺时针方向转动电源开关/音量旋钮,听到"嘟"声音提示和"咔嗒"声,表示接通对讲机电源。按逆时针方向转动电源开关/音量按钮,听到"咔嗒"声,表示已关闭对讲机电源。

(2)调节音量。

按顺时针方向转动电源开关/音量按钮,接通对讲机电源后,继续转动该旋钮可调节音量。可以在监听状态下监听背景噪声,然后调节音量。

(3)选择信道

调节信道选择旋钮,可以选择1~16的工作信道。选择信道时,可参照信道选择旋钮底部的数字以及符号标志,同时可以依据语音信道播报提示进行操作。

(4)呼叫。

需要进行呼叫时,在按住PTT键的同时用正常的声调对着话筒讲话。操作人员应保持话筒距离嘴唇约5cm。按下PTT键时,状态指示灯发出红光,表示开始发射。如果状态指示灯红光闪烁,则表示电池电量不足。如果电池不足以维持对讲机正常工作时,则不能发射信号。

(5)接收。

接收信号时,操作人员必须放开PTT键。当操作人员正在使用的信道被呼叫时,便可以听到对方的送话音。如果呼叫信号较弱,并且用户给对讲机设定了较高静噪电平(需核对),操作人员可能无法听到该呼叫信号。

(三)录音管理

(1)设备功能。

可录音手持电台具备所有频道实时录音功能,能储存60h的录音内容。满60h后,新录音内容自动覆盖前60h的录音内容。

(2)录音管理。

现场工作人员班前必须确认手持电台的录音功能良好,班中作业时必须保持录音状态。严禁现场工作人员私自下载录音内容进行个人留存、移交他人或在网络、媒体发布等行为。

（四）设备维护

1. 日常维护

无线对讲机是具有优良设计和工艺的产品，为维护机器正常使用，平时需要注意以下事项。

（1）保持干燥，雨水、湿气和各种液体或水分都可能腐蚀电子线路。

（2）不要扔放、敲打或振动无线对讲机，否则会损坏对讲机内部的电路板及精密结构。

（3）取放时不要直接提住天线或外置话筒。

（4）更换天线时，只能使用配套的或经认可的天线。若使用未经认可的天线或改装附件，可能会损坏无线对讲机。

（5）用不起毛的布拭擦对讲机上的灰尘、污渍，防止接触不良。

（6）不使用对讲机时，应将附件插孔盖盖上。

（7）对讲机长期使用时，按键、控制旋钮和机壳很容易变脏，可以使用中性洗涤剂（不要使用强腐蚀性化学药剂）和湿布进行清洗。

2. 常见问题及解决方法

对讲机使用过程中的常见问题及解决办法如表4-1所示。

对讲机使用过程中常见问题及解决办法　　　　　　　表4-1

常见问题	解决方法
没有电源	电池可能已耗尽，必须进行再充电或更换已充电电池
电池电力在充电后持续时间不长	电池的寿命已到，必须更换电池
不能与组内的其他成员对话	确认所使用的频率和随路信令是否与组内其他成员相同，组内的其他成员可能离得太远，确认是否在其他对讲机的有效范围内
信道中出现其他（非组员）的声音	应改变信道，这时务必改变组内所有对讲机的相应设置
发射讲话信号时无声音或对方听到的声音小	确认音量旋钮是否已转到最大，检测话筒是否损坏
噪声常开	组内其他成员可能离得太远，不能接收到对方呼叫，应靠近组员后再打开对讲机重试

二、客运音视频记录仪

图4-2　音视频记录仪

高速铁路客运人员工作时佩戴的音视频记录仪（见图4-2）可以规范并监督客运人员的作业标准，在处理突发事件时也可以全程收集影像资料，为后续工作提供有效证据。

(一)客运音视频记录仪的作用与结构

客运音视频记录仪蕴含了多项最新的定位和视音频处理技术,使用该设备可进行现场定位,实时记录,收集证据,规范作业,真实记录作业过程,保证作业更加标准。音视频记录仪由录像键、镜头和与之配套的充电宝、存储卡、供电线等相关设备组成。

(二)客运音视频记录仪基本操作

(1)快速操作。

按"开关机"键开机,进入待机画面,按"录音功能"键开始录音,按"拍照"键拍摄照片,按"摄像"键进行录像。在夜间按"红外夜视灯"键开启无影红外夜视灯。短按"一键播放"键快速回放浏览最后一个操作记录的音视频文件。短按"OK"键分别进入视频、照片、录音文件夹中选择音视频资料,选择确认后播放。短按"菜单"键对机器功能及参数进行设置。在操作过程中按"开关机"键可返回上一界面。

(2)开机。

按住"开关机"键 2s 后,提示音响,绿色待机指示灯亮,屏幕进入实时监控待机状态。

(3)录音。

在实时监控待机状态下,短按"录音功能"键,机身振动,黄色录音指示灯闪烁,开始录音。再次按下"录音功能"键停止录音,机身振动,黄色录像指示灯熄灭,录音已保存。

(4)一键录音。

在机器关机时,长按"录音功能"键约 4s,机器会开机录音。

(5)一键切换视频分辨率。

在机器待机状态下,长按"录音功能"键约 4s,机器会自动切换高清和标清两种分辨率。

(6)拍照。

在实时监控待机状态下,短按"拍照功能"键即拍摄并保存照片。在待机状态下长按"拍照功能"键约 4s,开启 LED 白光灯爆闪功能,白光灯会按照一定的频率闪烁。

(7)录像。

在实时监控待机状态下,短按"录像功能"键,机身振动,语音提示"现场作业,录像开始",红色录像指示灯闪烁,开始录像。再次按下"录像功能"键停止录像,机身振动,红色录像指示灯熄灭,录像结束并已保存。

（三）车站客运作业日常使用

（1）客运音视频记录仪仅作为客运作业使用。所有持有客运音视频记录仪的人员必须严格自觉遵守相关法律法规及有关规章制度，严禁移作他用，禁止非法使用设备。

（2）配发客运音视频记录仪的客运人员，从作业开始到作业结束必须按规定随身佩戴设备，交接班时应对客运音视频记录仪进行开机试验（包括开机状态、信号、电量、配件、储存卡等），确保设备正常使用。如发现问题，应及时登记在交接本上，由业务室负责联系客运科维修或更换。

（3）客运音视频记录仪用于录制客运作业标准质量、乘降组织过程、站车交接、安全防护等关键作业环节，以及突发情况处置等过程。

（4）检票口人员按照每趟列车运行情况，对检票口客运作业进行巡视摄录，如遇到突发情况，必须提前开启客运摄录仪进行摄录。

（四）动车组列车客运音视频记录仪管理

（1）旅客列车按照以下原则配发：旅客列车（指导车长、本务车长、值班员、安全员）按照一人一机配备客运音视频记录仪，其他岗位由使用单位按需配备。

（2）客运音视频记录仪的管理应遵循"谁使用，谁管理，谁负责"的原则，由设备使用车队负责管理。

（3）遇有下列情况，必须使用客运音视频记录仪进行录制。

①如遇有旅客人身伤害、遗失物品、站车交接、普速列车途中交接班、列车运行途中发生设备设施故障、采集旅客旁证资料、现场典型事件及突发等情况，必须进行全过程录制。

②其他情况应使用客运音视频记录仪时，由各设备使用者按照现场实际情况自行确定。

本趟作业结束后，工作人员应将必须录制的影像资料导出并交车队保存。其中，现场典型事件长期保存；旅客人身伤害保存时间不少于5年；遗失物品等关键作业环节保存时间不少于1年；突发情况处置过程等情况保存时间不少于1年，必要时长期保存。

【笔记区】

（1）查阅相关资料，了解客运对讲设备和音视频记录仪的配置情况。

（2）展示任务书，并进行讨论。

任务展示

任务评价

任务4.1 使用客运对讲设备和音视频记录仪

班级		姓名		日期	
项目		评价内容		分值	得分
师评	知识能力考核	掌握高速铁路客运对讲设备的构造		10	
		掌握客运对讲设备的基本操作		10	
		掌握客运音视频记录仪的构造		10	
	职业素养考核	出勤情况	出勤（ ） 缺课（ ）	5	
		任务书完成情况		10	
		任务书展示态度积极，口齿清楚，仪态得体		10	
	作业			10	
自评	自我反思（自填）			—	—
	任务书完成情况	完整(5分)	自主(5分)	10	
	是否展示汇报	是(5分)	否(0分)	5	
互评	任务书完成情况	能够积极参与讨论，完成任务书		10	
	展示汇报	能够在组内积极进行任务展示		10	
总分				100	

头脑风暴

（1）简述高速铁路客运对讲设备的构造。

（2）如何操作客运对讲设备？

（3）简述客运音视频记录仪的构造。

任务4.2 操作高速铁路站-车客运无线交互系统终端设备

任务4.1 使用客运对讲设备和音视频记录仪

任务4.2 操作高速铁路站-车客运无线交互系统终端设备

任务4.3 了解电子客票移动检票和列车移动补票设备的组成

【任务发布】

高速铁路站-车客运信息无线交互系统是车地协作的信息平台。地面售票情况通过该系统及时报送到指定列车，列车工作人员可以精确掌握每个席位的使用情况、乘降区段，包括旅客实名信息、挂失信息和互联网电子票等信息，使客运组织和管理准确、有序，提高服务水平。列车工作人员可以利用地面信息做好旅客服务工作，同时也可以向地面系统及时汇报列车上的客运信息，从而实现车地信息一体化。

【任务要求】

（1）查阅相关资料，讨论高速铁路站-车客运无线交互系统终端设备的组成。

（2）查阅相关资料，学习高速铁路站-车客运无线交互系统终端设备的操作方法。

（3）学习任务信息，完成任务书。

【任务目标】

（1）掌握高速铁路站-车客运无线交互系统终端设备的构成及使用。

（2）掌握高速铁路站-车客运无线交互系统终端设备的相关功能。

（3）具有精益求精的工匠精神，尊重劳动、热爱劳动。

【任务书】

任务4.2 操作高速铁路站-车客运无线交互系统终端设备

班级		姓名		日期	
课前思考		作答区			
站-车无线交互系统终端发生无法连接GPS故障时应如何处理					
列车到达终点站后应如何正确关闭正在运行的系统？操作步骤是怎样的					
点击【通知单】按钮查看通知单没有数据，原因是什么					
车次信息功能包括哪几个方面的内容					
数据下载功能包括哪几个方面的内容					

列车便携式移动终端通过公用无线网(非公众网),经由信息交互平台,向客票信息发布服务器发送查询请求信息。

一、高速铁路站-车客运无线交互系统概述

高速铁路站-车客运无线交互系统由列车便携式移动终端和地面设备组成。列车便携式移动终端配备双模无线通信手持终端,可以在 GSM 及 GSM-R 网络间切换;地面设备由在中国国家铁路集团有限公司和中国铁道科学研究院设置的客票信息发布服务器、与 GSM 和 GSM-R 网络互联的信息交互平台 GPRS 接口服务器、路由器及防火墙等设备组成。客票信息发布服务器与既有客票信息系统互联。

为确保客票等信息系统的安全,GPRS 接口服务器通过路由器,采用专线方式与中国移动的 GPRS 连接,或与 GSM-R 的 GPRS 连接,GPRS 接口服务器通过客票安全系统及防火墙与信息发布服务器与中国国家铁路集团有限公司客票中心数据库互联。

列车从车站开出后,地面系统负责从客票系统获取乘车人数通知单、列车席位等相关信息,并通过无线传输,发送给指定的移动终端设备,列车长可通过无线终端机接收座位的出售情况,从而大大提高了列车席位的查询效率。同时,此系统还可杜绝两站重复出售同一席位的问题。除了客票信息,站-车客运无线交互系统终端机还设定了验票程序。

二、硬件设备构成及使用

手持终端设备支持 GSM 和 GSM-R 无线网络,支持 GPRS 数据通信,运行于 Android4.0 及以上版本的操作系统,显示屏为触摸屏,尺寸为 4.3 英寸(10.922cm)以上,运行内存为 1GB 以上,可扩展存储空间为 4GB 以上,配备 500 万及以上像素摄像头等组件。

三、软件使用

(一)软件安装

下载"客运站车.apk"安装包,卸载手机 SD 卡,将其装载到读卡器上,连接计算机,在 SD 卡根目录下新建"客运站车"

图4-3 软件图标

文件夹,将安装包复制到"客运站车"文件夹下,卸载读卡器上的 SD 卡,将其装载到手机上,在手机 SD 卡里找到安装包进行安装,安装完成后,手机屏幕上出现图 4-3 所示的软件图标。

(二)程序启动

启动程序前,请安装 SD 卡、专用的 GSM 或 GSM-R 卡,并确认本设备、SD 卡、GSM-R 卡信息已经注册。

当上述条件满足后,点击软件图标,启动程序。如果遇到系统权限提示,请选择"始终允许"(存储数据,读取本机信息等)。

程序启动成功后进入登录界面。登录后,进行相关功能操作。需要注意的是,首次进入软件时,可先在系统设置界面(见图4-4)查看设备信息(见图4-5),根据本机信息进行注册,并设置 APN、服务器信息(见图4-6),查看系统软件信息。

图4-4 系统设置界面

(三)软件相关功能及使用

手持终端软件的操作流程如下。

1. 登乘

(1)单击登录界面(见图4-7)中的【系统设置】按钮进入登乘界面(见图4-8)。

(2)点击版本切换,弹出版本对话框(见图4-9),确认登乘。

(3)返回登乘界面。

(4)选择登乘日期、车次(必须始发和折返日期和车次),选择路局、客运段,填写人员信息和电话号码(必须实名制)。

(5)单击【登乘】按钮,进入数据下载界面(见图4-10)。

图4-5 设备信息

图4-6 设置 APN、服务器信息

图4-7 登录界面

图4-8 登乘界面

图4-9 版本对话框

项目4 高速铁路站-车移动设备 | 227

2. 数据下载

(1) 进入数据下载界面后会自动下载数据(见图 4-11)。

图 4-10　数据下载界面

图 4-11　自动下载数据

(2) 下载完数据会自动进入电子票夹设置界面(见图 4-12)。

(3) 选择岗位类型、负责车厢,输入餐车车厢号和总席位数,选择到站提醒席别,设置到站前提醒时间(见图 4-13)。

(4) 设置完成,单击【保存】按钮,进入电子票夹主界面。

3. 进入电子票夹主界面

电子票夹主界面如图 4-14 所示。

图 4-12　电子票夹设置界面

图 4-13　设置到站前提醒时间

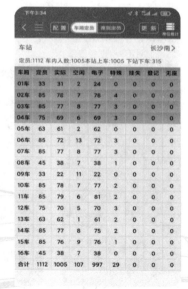

图 4-14　电子票夹主界面

(1)侧滑菜单。

点击左上角菜单键,显示侧滑菜单界面(见图4-15)。

(2)搜索功能。

点击搜索框进入搜索界面(见图4-16)。未输入内容时,显示功能建议,点击功能建议下方具体功能按钮,进行相关操作。输入功能名称或旅客信息,拼音及拼音缩写、乘车人姓名、身份证号(完整身份证号或后6位)、手机号等关键词进行查询。可查询功能信息(见图4-17)和旅客车票信息(见图4-18)。搜索功能将保留搜索历史,点击搜索历史可快速重新搜索,单击【清除历史记录】按钮,可以清除历史搜索记录。

图4-15 侧滑菜单界面

图4-16 搜索界面　　　　图4-17 查询功能信息

(3)扫描功能。

点击右上角扫码图标,进入扫码界面(见图4-19),可以直接扫描车票二维码,获取旅客车票信息(见图4-20)。点击底部相应的按钮,进入OCR扫描证件界面(见图4-21),通过扫描旅客证件获取车票信息。车票信息界面右上角有【扫描】按钮,单击该按钮可再次进入扫描界面,进行扫描操作。

(4)蓝牙功能。

单击右上角蓝牙图标,会弹出蓝牙功能列表框,可通过蓝牙连接补票机、证件识读器,进入数据下载界面下载补票机相关文件。

图 4-18 查询旅客车票信息

图 4-19 扫码界面

图 4-20 旅客车票信息

(5)查看车站上下车人员信息。

点击车次下面车站信息的车站名,会弹窗显示该车站的上下车人数信息(见图 4-22)。

(6)当前站车厢登记信息。

点击当前站,会弹窗显示车次所有站(见图 4-23),选择要操作或查看的车站。

图 4-21 OCR 扫描证件界面

图 4-22 上下车人数信息

(7)更新。

单击【更新】按钮,更新所有车厢旅客信息。

(8)负责车厢。

电子票夹设置界面设置了负责车厢,车厢置灰(见图4-24)且可单击进入车厢可视化界面(见图4-25)。

图4-23 显示车次所有站界面

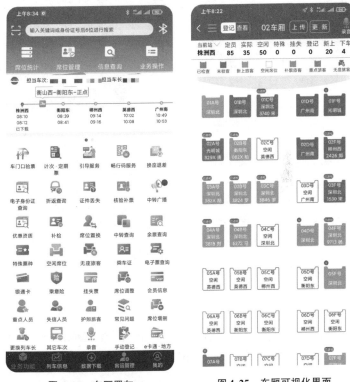

图4-24 车厢置灰　　　图4-25 车厢可视化界面

4. 进入车厢可视化界面

车厢可视化界面中可根据旅客不同的状态显示不同的背景颜色、已检、未检查、新上旅客、空闲席位、补票旅客、重点旅客等信息。

单击标题栏中【上传】按钮可提交本车厢登记信息。

单击标题栏中【更新】按钮可下载所有车厢席位登记信息。

单击标题栏中菜单键弹出侧滑菜单。

5. 登记车厢席位信息

注意,应登记后再点击上传。

(1)登记旅客换座信息。

例如,要将6车1F换到6车1D(见图4-26),只需要单击席位1D,弹出登记框(见图4-27),选择原车厢号6,原席位号1F,点击【确定】按钮,即可完成换席位登记。

(2)登记已检、未上车、补票旅客和重点旅客。

例如,13D席位旅客是重点旅客,点击该席位,弹出席位复用框(见图4-28),单击重点旅客,弹出重点旅客类型选择框(见图4-29),单击选择的类型,即可将其标记为重点旅客(见图4-30)。已检、未上车、补票旅客同样操作。

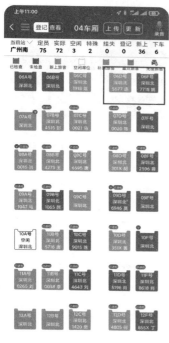

图4-26　6车1F换到6车1D

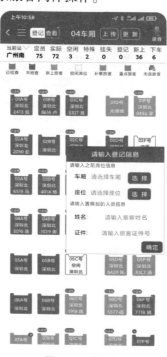

图4-27　登记框

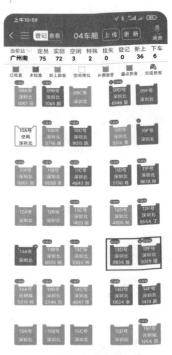

图4-28　席位复用框

补票和重点旅客会有补票类型和重点类型选择(见图4-31和图4-32),选择的类型会在席位复用框上显示(见图4-33)。

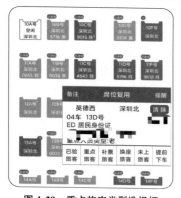

图4-29　重点旅客类型选择框

图4-30　标记重点旅客

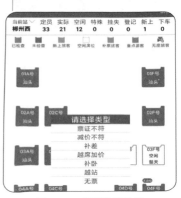

图4-31　补票类型选择

登记未上车的旅客(席位左上角有红色字,见图4-34),单击该席位,弹出席位复用框,将【未上旅客】按钮改为【已上旅客】(见图4-35)。单击【已上旅客】按钮,将该旅客标记为已上车旅客。标记已上车旅客席位左上角有红色"已"字(见图4-36)。

(3)登记提前下车。

例如,12车1A席位旅客要在济南西提前下车,并且该旅客是重点旅客。单击1A席位,弹出席位复用框,单击【提前下车】按钮(见图4-37),会弹出提前到站登记框(见图4-38)选择提前下车站,点击重点旅客,即可完成登记(见图4-39)。

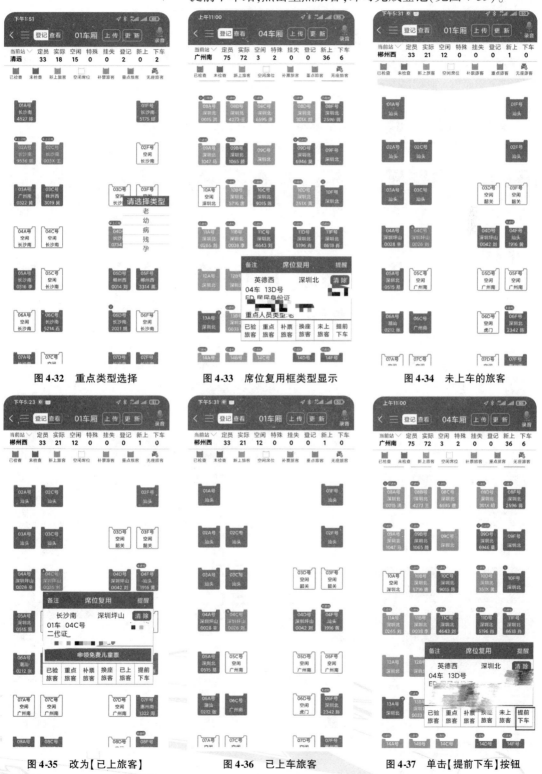

图 4-32　重点类型选择　　　图 4-33　席位复用框类型显示　　　图 4-34　未上车的旅客

图 4-35　改为【已上旅客】　　图 4-36　已上车旅客　　　图 4-37　单击【提前下车】按钮

（4）登记备注信息。

例如，12车01D旅客有同行儿童。单击01D席位，弹出席位复用框（见图4-40），跳转到免费儿童票申领界面（见图4-41），输入同行儿童信息，单击【更新】按钮，返回席位可视化界面。01D席位左上角会有一个红色的"注"字样。单击该席位，弹出席位复用框，证件号码下面会有备注信息（见图4-42）。单击儿童票席位，备注登记界面同行儿童变为同行家长。

（5）登记已提醒。

单击旅客席位，弹出席位复用框，单击【提醒】按钮（见图4-43），登记提醒成功，该席位会有对钩显示。

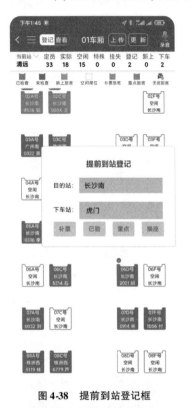

图4-38 提前到站登记框

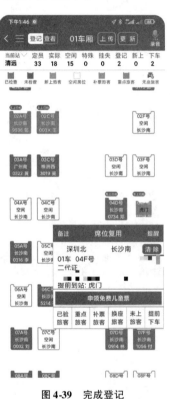

图4-39 完成登记

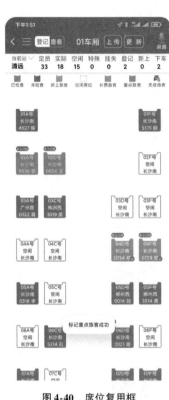

图4-40 席位复用框

图4-41 免费儿童票申领界面

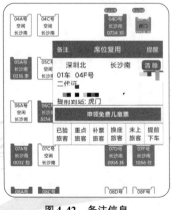

图4-42 备注信息

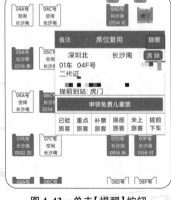

图4-43 单击【提醒】按钮

(6)清除登记信息。

单击旅客席位,弹出席位复用框,已登记信息旅客,复用框会有【清除】按钮(见图4-44),单击该按钮会弹出确认清除弹窗,单击【确定】按钮清除成功。

6. 录音

(1)单击首页侧滑菜单中的【录音】按钮(见图4-45),进入录音列表界面(见图4-46)。单击想要播放的条目即可播放该条录音(见图4-47),点击叉号可删除录音。

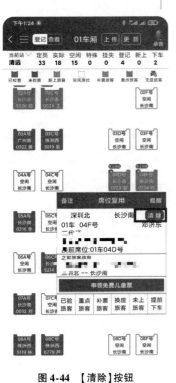

图4-44 【清除】按钮

图4-45 侧滑菜单【录音】按钮

图4-46 录音列表界面

(2)单击右下角话筒按钮,打开录音功能界面,单击【开始】按钮即可开始录音,单击【停止】按钮完成录音,并把该录音添加到录音列表。

7. 进入护照旅客界面

单击【护照旅客】按钮(见图4-48),进入护照旅客界面(见图4-49),此外显示所有护照购票旅客的车票信息,没有则显示"0"。

8. 手动登记

单击【手动登记】按钮(见图4-50),进入手动登记界面(见图4-51),登记列车上无票、本列票和非本列票的旅客信息(除其他证件外,都可点击小相机进入OCR扫描界面,扫描证件号)。单击右上角【已登记旅客】按钮,进入已登记旅客列表界面。在

项目4 高速铁路站-车移动设备 | 235

搜索框中输入证件号或证件号的一部分,单击【搜索】按钮,可精准查询登记的旅客信息。单击【登记席位】按钮,弹窗提示是否删除登记信息,单击【确定】按钮删除登记旅客。

图 4-47　开始录音界面

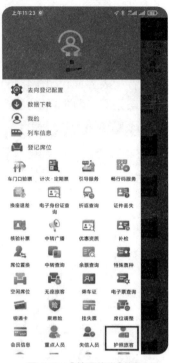

图 4-48　【护照旅客】按钮

车厢	席位	发站	到站	票种	席别
01	03D号	长沙南	深圳北	全	一等座
01	04A号	株洲西	深圳北	全	一等座
01	04F号	衡阳东	深圳北	全	一等座
01	05A号	广州南	光明城	全	一等座
01	05F号	长沙南	深圳北	全	一等座
01	06A号	长沙南	深圳北	全	一等座
01	07A号	广州南	深圳北	全	一等座
01	08A号	广州南	深圳北	全	一等座
01	08C号	广州南	深圳北	全	一等座
01	08D号	广州南	深圳北	全	一等座
01	08F号	广州南	深圳北	全	一等座
02	01C号	长沙南	深圳北	全	二等座
02	01D号	广州南	深圳北	全	二等座
02	02A号	长沙南	光明城	全	二等座
02	02B号	株洲西	衡阳东	全	二等座
02	02B号	广州南	深圳北	全	二等座
02	02C号	英德西	深圳北	全	二等座
02	02D号	广州南	深圳北	全	二等座
02	02F号	长沙南	郴州西	全	二等座
02	03A号	株洲西	深圳北	全	二等座
02	03B号	株洲西	深圳北	全	二等座
02	03C号	株洲西	深圳北	全	二等座

图 4-49　护照旅客界面

图 4-50　【手动登记】按钮

图 4-51　手动登记界面

拓展知识 4-1

1. 封装号和版本号

本次升级基于 kyzc6.0-KYZC1112 版本在线升级,升级后版本号为 kyzc6.0.1-KYZC1228,如图 4-52 所示。

2. 功能优化

(1) 核验补票。

①新增资质状态条件查询,默认显示资质无效的学生票,可根据情况自主选择查询全部或有效资质的学生票,核验补票界面如图 4-53 所示。

②学生票资质采集,滚动显示姓名,解决部分学生姓名过长导致显示不全的问题。

③学生票核验未到发车时间,提示未到核验时间,如图 4-54 所示。

图 4-52 升级后版本号

图 4-53 核验补票界面

图 4-54 提示未到核验时间

(2) 联网电子票查询。

①刷证查询不过滤车次,查询结果为所选日期全天内所有车次电子票信息,如图 4-55 所示。

②手动输入证件号查询同乘接续旅客购票信息,输入其中一张车票信息(发到站或席位),查询结果显示该旅客当天全部购票信息,如图 4-56 所示。

(3) 席位复用框等页面姓名修改为完整显示。

(4) 在线补签模块去掉实名制补签功能,在线补签界面如图 4-57 所示。

(5) 优化乘车证查询方式,解决一名职工同时有通勤票和全年定期公免票时查询不到公免票的问题。

(6) 车票信息界面获取到证件信息后,增加【联网电子票查询】按钮,单击该按钮可跳转到联网电子票查询界面,在此可查询联网电子票信息,不过滤车次,如图 4-58、图 4-59 所示。

(7) 优化上水站查询方式,解决部分车次上水站获取不全的问题。

(8) 修复部分终端蓝牙连接补票机获取停靠站闪退的问题。

图 4-55　查询结果

图 4-56　查询旅客购票信息

图 4-57　在线补签界面

3. 新增功能

(1) 护照旅客席位复用框等界面增加国籍码显示,如图 4-60 所示。

(2) 新增电子身份证查询功能。

此功能需要电子临时身份证明功能全路开通后方可使用。

从首页功能区进入电子身份证查询界面,输入证件号码,单击【查询】按钮,查询到旅客已申请电子临时身份证明,显示旅客电子临时身份证明信息,单击【车票查询】按钮,可跳转到车票信息界面,查询旅客购票信息。查询到旅客未申请电子临时身份证明,提示"电子身份证暂未开通"。查询到旅客申请的电子临时身份证明已过期,提示"电子身份证过期"。

图 4-58　未查到车票信息

图 4-59　查询旅客购票信息

图 4-60　增加国籍码显示

任务展示

(1) 查阅相关资料，了解高速铁路站、车客运无线交互系统终端设备的操作方法。

(2) 展示任务书，并进行讨论。

(3) 结合课本内容，总结关于车客运无线交互系统终端设备相关知识。

(4) 分组进行 PPT 汇报。

任务评价

任务 4.2　操作高速铁路站-车客运无线交互系统终端设备

班级		姓名		日期	
项目		评价内容		分值	得分
师评	知识能力考核	掌握高速铁路站、车客运无线交互系统终端设备的构造		10	
		掌握高速铁路站、车客运无线交互系统终端设备的基本操作方法		10	
		掌握硬件设备的结构和使用方法		10	
	职业素养考核	出勤情况	出勤（　） 缺课（　）	5	
		任务书完成情况		10	
		任务书展示态度积极，口齿清楚，仪态得体		10	
		作业		10	
自评	自我反思（自填）			—	—
	任务书完成情况	完整(5分)	自主(5分)	10	
	是否展示汇报	是(5分)	否(0分)	5	
互评	任务书完成情况	能够积极参与讨论，完成任务书		10	
	展示汇报	能够在组内积极进行任务展示		10	
		总分		100	

头脑风暴

(1) 简述高速铁路站-车客运无线交互系统终端设备的构造。

(2) 简述终端软件的操作流程。

任务4.3 了解电子客票移动检票和列车移动补票设备的组成

【任务发布】

　　手机是生活中常见物品，打电话、上网都离不开它。在火车站、列车上，人们经常会看到铁路工作人员经常拿着"手机"开展工作，铁路人的"手机"是什么？这种"手机"有哪些作用？它又能实现哪些功能？应该如何使用它？让我们带着这些疑问走进任务。

【任务要求】

　　(1) 查阅相关资料，讨论电子客票移动检票设备和列车移动补票设备的组成。

　　(2) 查阅相关资料，思考电子客票移动检票设备和列车移动补票设备的操作方法。

　　(3) 通过学习任务信息，完成任务书。

【任务目标】

　　(1) 掌握电子客票移动检票设备和列车移动补票设备的组成。

　　(2) 掌握电子客票移动检票设备和列车移动补票设备的操作方法。

　　(3) 能够正确使用电子客票移动检票设备和列车移动补票设备进行检票和补票作业。

　　(4) 培养自主学习、归纳总结的能力，具备精益求精的工匠精神，尊重劳动、热爱劳动，严格遵守规章制度和劳动纪律，树立铁路职业意识。

任务4.1　使用客运对讲设备和音视频记录仪

任务4.2　操作高速铁路站-车客运无线交互系统终端设备

任务4.3　了解电子客票移动检票和列车移动补票设备的组成

【任务书】

任务4.3　了解电子客票移动检票和列车移动补票设备的组成

班级		姓名		日期	
课前思考	作答区				
简述电子客票移动查验设备的操作方法					
简述移动补票机设备的操作方法					
补票机进入"补票操作"后，第一项任务是什么					

任务信息

列车便携式移动终端通过公用无线网（非公众网），经由信息交互平台，向客票信息发布服务器发送查询请求信息，客票信息发布服务器收到查询请求信息后，从客票系统获取该次列车席位等相关信息，并反馈到列车便携式移动终端。

一、铁路客运便携式移动检票终端

铁路客运便携式移动检票终端的主要配置包括存储模块（ROM、RAM）、处理器模块、摄像头模块、信息屏、内置电池模块、GPS模块、通信接口模块（SIM卡、蓝牙、Wi-Fi）、耳机、身份证件、中铁银通卡二合一识读模块和二维码扫描枪模块。铁路客运便携式移动检票终端如图4-61所示。

（一）设备功能

1. 车票二维码识读

车票二维码、电子票乘车二维码识读功能符合下列要求：具备动态扫描功能，可连续扫描；具有感应扫描模式，无须外接传感器；支持扫描识别手机屏幕上的客票二维码。

2. 二合一识读模块

（1）支持第二代居民身份证、港澳台居民居住证、外国人永久居留证识读，能读取含证件有效期在内的身份证存储信息。

（2）支持中铁银通卡读写操作。

（3）支持符合ISO、IEC7816标准的PSAM卡。

3. 移动网络通信

（1）无线通信应支持2G、3G、4G网络。

（2）支持 GSM、TDS、WCDMA、CDMA、TD-LTE、FDD-LTE、WLAN等网络，支持铁路G网，支持GPRS数据通信。

（3）支持SIM卡模式接入铁路客票，双卡双待。

4. 信息显示

有信息显示屏，显示工作人员移动办公所需的相关信息。

5. 触摸操作

有触摸操作屏，工作人员通过触摸操作实现相关业务操作。

图4-61 铁路客运便携式移动检票终端

6. 图像浏览

（1）能够浏览 JPEG、PNG、GIF、BMP 等主流格式的图像文件。

（2）支持图像的预览、放大缩小等功能。

（3）支持图像的批量选择、删除。

（4）支持图像的裁剪、标记、旋转等编辑功能。

7. 音频播放

能够播放 PCM、AAC、AAC+、MP3、AMR、WAV 等主流格式的音频文件。

8. 视频播放

能够播放 MPEG、MPG、AVI、MOV、ASF、WMV、NAVI、3GP、RealVideo、MKV、FLV、RMVB 等主流格式的视频文件。

9. 定位

具备支持 GPS 定位功能的模块，可实现对设备的定位。

10. 蓝牙模块

支持蓝牙通信，可通过蓝牙连接外设，如蓝牙打印机。

11. 操作系统升级

设备操作系统支持 OTA 升级。

（二）安装应用程序操作

1. 安装应用程序

zhanche.apk 为站车服务 App 的安装包，JYPDnew2.1.apk 为移动检票 App 的安装包。将 2 个文件复制到设备中，设备操作系统是 Android6.0，直接运行安装。

2. 网络设置

插入 4G 网卡，选择网络（中国移动网），进入设备设置界面，单击【无线和网络】下的【SIM 卡管理】，把数据连接打开并选择相应的网络。网络设置中新增一个 APN 节点。进入设备设置界面，单击【无线和网络】下的【移动网络】下的【接入点名称（APN）】按钮，单击右上角菜单键，采用中国移动的 GSM 网络时，将【名称】设为【kyzc-gsm】，【APN】设为【CMIOTTDBKYZC】，进行保存。

3. 站车无线服务设置

单击【客运站车平台】下的【设置】下的【服务器地址设置】按钮，单击【选择 GSM】下的【中心】按钮，进入设置界面，单击【服务器地址设置】下的【开始设置】按钮。

单击【检票应用】，单击右下角设置菜单，用户名密码检票操作时会统一下发。IP为198.218.8.243（固定填写），端口号为8299（固定填写），电报码处填写对应站的电报码（如白马井为BFQ），节点码处填写对应站所对应的节点（如海南环岛为Qz），入网方式输入"站车无线方式"，不要有空格和换行，输入完成后，单击【保存】按钮，检票应用会自动重启。

站车无线服务设置如图4-62所示。

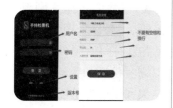

图4-62 站车无线服务设置

（三）手持检票机操作

1. 登录

进入手持检票机应用，对设置进行配置，然后单击【保存】按钮。正确配置并保存之后，应用会自动重启，并且出现站车通信服务登录成功提示。配置之后，根据下发的用户名和密码登录。手持检票机登录界面如图4-63所示。

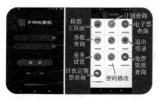

图4-63 手持检票机登录界面

分体设备相对于一体机设备增加了一个蓝牙设置模块，用来给分体设备连接蓝牙读卡器。新产品查询模块需要对应权限，只有开通了新产品的线路车站才会显示这个模块。

可以使用身份证读卡器、手输证件号、扫码检票。电子票查询可以通过证件读卡器、手输证件号进行查询电子票。登录的用户会被锁定，所以在用完该应用之后一定要退出登录。

2. 开始检票操作

单击【应用】按钮，首先进入计划刷新界面，计划刷新界面有以下两种模式。

（1）计划模式。计划模式无右上角的+号按钮，没有左下角的【控】按钮；

列车的开检停检刷新之后实时和中控室的操作同步，能查询出从当前时间往后一个小时内的车站全部车次，计划模式如图4-64所示。

图4-64 计划模式

可以勾选一趟或者多趟列车进行检票，一般建议进站口勾选一趟，出站口可以勾选多趟，防止车票检错。

（2）运行图模式。运行图模式右上角有+号按钮，左下角有【控】按钮，如图4-65所示。

计划刷新：能够刷出运行图时间在前一个小时和后一个小时内的车次。

针对普速车早晚点较多情况，如果无法正常刷出，可以单击右上角的【+】按钮，输入车次和日期，添加对应日期车次的计划，然后勾选检票。

图4-65 运行图模式

图 4-66　选择检票闸机操作

图 4-67　开始检票操作界面

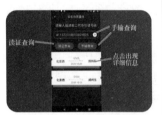

图 4-68　电子票查询操作

单击【开检】按钮,默认进站检票(进出站检票可以显示近一个小时内的检票计划)。开始检票的时候颜色会变绿色,可单一勾选和多个勾选并单击下面的蓝色【开始检票】按钮,选择检票闸机操作,如图 4-66 所示。在计划刷新过程中,初始化进入时,可以下拉刷新一次,不要多次连续刷新,否则会让应用崩溃。单击【进入】按钮后,会显示图 4-67 所示的开始检票操作界面。加载过程需要时间给硬件设备进行上电和初始化,加载完成之后可以刷身份证和手动输入进行证件获取,二维码读取页面加载结果和使用身份证相同。

3. 电子票查询操作

电子票查询可以实现证件读取和手动输入两种模式。查出的票状态即为票在系统中的真实状态。处于扫描二维码、读身份证模式、电子票查询模式下,读卡器和扫描头会持续耗电,所以在不使用时应尽可能返回计划查询或者主界面。电子票查询操作如图 4-68 所示。

4. 计次/定期票查询功能

单击【约号查询】按钮,手输或者读取证件号后,可以查询出旅客的约单信息,可以单击【进站检】或【出站检】按钮检票,如图 4-69 所示。

单击【产品查询】按钮,手输或者读取证件号后,可以查询出旅客的订单信息,可以输入乘坐车次和乘车日期,单击【点击检票】按钮检票,如图 4-70、图 4-71 所示。

图 4-69　约号查询

图 4-70　产品查询

图 4-71　点击检查

5. 免票资质查询功能

免票资质查询:提供根据免票号查询资质功能,如图 4-72 所示,手动输入免票号,单击【查询】按钮即可进行查询。

图 4-72 免票资质查询

二、列车移动补票机

列车移动补票机是旅客列车上配备的主要补票设备,能够处理各种情况下的票务手续。

(一)移动补票机设备使用管理

1. 电池的使用

(1)第一次使用补票机时,电池必须充满电。电池初次充电时,必须在补票机上连续充电 12h 以上。

(2)电池日常最少充电 3h。

(3)使用电池时遵照"耗尽-充满"原则,避免电量显示不准。未正确使用或长期闲置不使用时,补票机电池可能出现显示电量与实际电量不符的现象,此时可通过 1~3 次的"耗尽-充满"操作来恢复正确的电量显示。

(4)电池充电期间,AC 充电器上的 LED 指示器显示红光。当充电到电池容量的 80% 时,显示绿光;当电池充满或断开充电器连接时,LED 指示器熄灭。

2. 移动补票机管理

(1)领取交接。

①始发前 1~1.5h,列车长(单乘时列车长派人)陪同列车值班员到收入地面接收站领取补票机,与领取票据同步进行。

②检查、确认补票机电量是否充足,电量显示是否达到 100%。

③检查补票机内存储车次、班组信息等参数是否正确,发现错误应立即更正,并加以确认。

④检查补票机机内日期、时钟是否正确,若发现日期、时钟与实际不符应立即更正,并加以确认。

⑤检查补票机内是否有残余存根,若有存根记录应立即清除,并加以确认。

⑥检查完好无误后,签字确认。

(2)使用管理。

①使用前再次检查、确认出乘日期、车次、时间,检验机内参数设置是否正确。

②装好票卷,确认票号,保证补票机内票号与票纸上票号一致。

③途中交接补票机与票据交接一并进行,由交者在票据进款交接班簿记事栏记载,正常情况只记载补票机号码和

④接者确认接收的补票机号码无误后,按"补票作业前❓"流程确认补票机状态,检查参数、核对票号。

⑤确认无误后,签字接收补票机,开始正常作业。有疑❓,退回交者进行校正,无法校正的,将现状补充记载于交❓,停止使用,交接簿记明,锁入金柜,启用备机或手工票。

⑥补票机按票据要求保管。折返站停留超过 2h 与备用❓用时段,均必须将补票机锁入金柜保管,其余时间不得❓机分离。

⑦列车移动补票机暂停补票作业时应退出主界面。

(3)终到交接。

①一趟乘务终了,列车长(单乘时列车长派人)陪同列❓班员,于列车终到后 2h 内到收入科地面值班室交验补❓,未使用的备机也必须同时交验。出乘过程中的异常❓说明一并递交,填写收入科地面值班室的补票机交❓簿。

②收入地面值班人员验看补票机状态,下载补票数据信息与交款收据核对无误后,打印车移报告。对于补票机设备损坏等异常情况,要初步判断状况和原因。

3. 移动补票机身份卡的管理

(1)配置两张身份卡的分别由两人单独持有,不得一人持两张卡。

(2)如需调整票号时,必须由两名持卡人同时确认有效。

(3)补票作业时,身份卡必须从补票机内取出,不得带卡作业,因带卡作业造成的误打车票及身份卡损坏由责任人自行赔偿,并纳入考核。

(二)列车移动补票机系统启动

单击程序图标启动系统,启动后要核对基础信息,包括单位设备号、存根条数、系统时间、SD 卡、版本号等信息。列车移动补票机的构造如图 4-73 所示。

1. 设备号

每台机器固定分配一个设备号,作为在客票网的唯一标志。此设备号需要在客票网注册,否则无法使用联网功能。设备号的规则为"2 + 区域码 + 站段代码 + 机器码"。此设备号也用于支付宝与微信系统的设备生成支付二维码。

2. 存根条数

补票员出乘前需要核对存根条数,必须是"0000"方可正常使用,否则需要联系地面管理人员进行处理。这里的数字代表本机上的存根条数,也就是打票的张数。出乘前如果不归零,结账时存根肯定错误,导致票款不符。

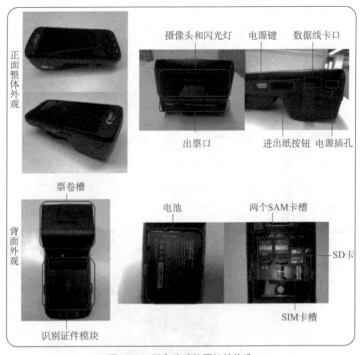

图 4-73　列车移动补票机的构造

3. 系统时间

出乘前应检查本机系统时间是否存在较大误差,如果存在,需要联系地面管理人员进行纠正,误差范围建议控制在 10min 之内。

4. SD 卡

如果本机装载了外置 SD 卡,存根备份文件、地面计算机传输的车次文件自动存储在外置 SD 卡。如未装外置 SD 卡或者外置卡损坏,将自动使用内置 SD 卡。建议使用外置 SD 卡,以防止机器发生故障导致存根数据无法读取。

5. 版本号

版本号指本版程序的发布日期。

(三) 列车移动补票机登录

列车移动补票机登录包括 IC 卡登录和工号登录两种方式。

1. IC 卡登录

补票员使用 IC 卡登录系统时,应输入账号(机器可以自动识别账号)和密码登录系统。此种方式需要预先给补票员发放一张IC卡。IC卡由地面系统认证设置后才能使用,IC卡中记录了补票员的工号、班组、权限、有效期等信息。

2. 工号登录

补票员使用地面系统分配的工号登录系统时,应输入账号和密码登录系统。此种方式需要借助地面系统,预先生成工号并下传到本机。单击"铁科院补票系统"应用程序,运行补票系统,进入选择工号的界面,选择除"9999"以外的工号进行登录,密码默认为"12345678",登录后进入选择始发日期(始发车次从始发站开出的日期)的界面,调整完日期后点完成,进入选择始发车次的界面,单击要补票的始发车次,单击【下一步】按钮,就进入补票系统主界面。列车移动补票机登录如图4-74所示。

图4-74 列车移动补票机登录

(四)补票作业

1. 主界面补票操作

在主界面选择"补票操作"(这里以正常补票为例,其他事由操作相同,只是选择的具体项目不同),界面显示当前系统的票号,补票员需要核实是否正确。票号格式根据各地的要求自行设置成7位或8位。

需要修改票号,则单击【修改】按钮。如果是地面系统设置的输入票号,会弹出输入框,直接输入即可。

确认无误后单击【下一步】按钮,当前车次是现在正在使用的车次。这里的车次是地面系统预先下载的,不可改变。出乘日期是本车次始发站的开车日期。

在补票系统主界面单击【开始补票】按钮,单击【确定】按钮清除备份存根后,就进入补票主界面,主界面补票操作如图4-75所示。

图 4-75　主界面补票操作

2. 无原票补票操作

旅客无票上车或持站台票上车时,需要进行补票。

（1）选择票种。

直客特快卧(例如旅客无票上车,欲补一张北京西至西宁的硬卧全票）。

选择正常票后进入界面:根据旅客的实际情况选择旅客上车的起始站(见图 4-76）。

图 4-76　选择票种

客(特快卧)为正常无票旅客,孩免单卧为 1.2m 以下儿童单独使用卧铺,补签为提前乘车未办理改签。

根据实际情况选择全价票、小孩票、学生票或残军票。

（2）选择座别。

进入座别选择界面,座别信息是地面系统根据实际情况预先设定好的,根据实际情况选择即可,如选择二等座,选择座别后屏幕上显示票价里程等信息。选择座别如图 4-77 所示。

图 4-77　选择座别

(3) 票面预览。

选择张数后,点击【下一步】按钮,可预览整个票面信息。与旅客核对所选信息后,输入车厢号、座位号,不输默认为无座。选择证件类型,输入证件号。有原票的,根据要求输入原票号。

联网取席位:从客票网查询是否有空余席位,若有则客票网返回车厢席位号,若没有则提示相关信息。票面预览如图 4-78 所示。

图 4-78　票面预览

(4) 支付票款。

微信支付时,显示微信支付码,旅客扫码支付票款。支付宝支付时,显示支付宝支付码,旅客扫码支付票款。系统同时支持微信与支付宝,二维码界面可以滑动切换微信、支付宝。支付票款如图 4-79 所示。现金支付跟微信、支付宝一样,只是多一步提示。

(5) 打印车票。

点击二维码界面【打印车票】按钮,车票标记相关支付方式。选择支付方式,确认旅客支付成功后,点击【支付完成】按钮,然后点击【确认】按钮,进入票面预览界面,此时按补票

机左侧的 + 号键或 – 号键调整票纸到合适位置,点击【出票】按钮即可出票。旅客持电子客票,在列车上要求越站或越席时,在有运输能力的情况下应予以办理。微信支付越站补票如图 4-80 所示。

图 4-79　支付票款　　　　　　　　　　　图 4-80　微信支付越站补票

3. 本列票

例如,旅客有一张本次列车的票,要进行补票业务,越站变座补卧(旅客有一张本次车的西安至天水的硬座全票,欲越站补卧到兰州),本列票补票流程如图 4-81 所示。

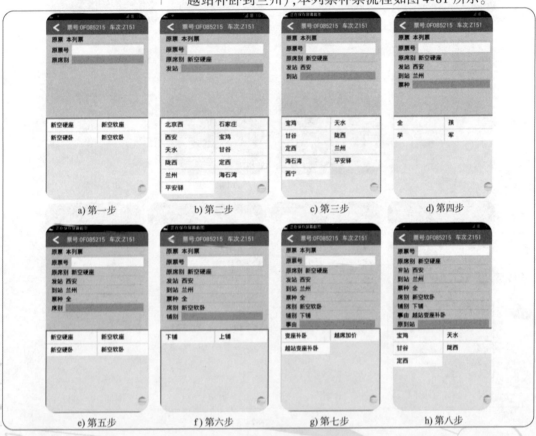

图　4-81

图 4-81 本列票补票流程

4. 非本列票

例如，旅客有一张车票，该票不是本次车的票，不是通票，也不是探亲票，上车要进行补差业务（旅客有一张石家庄到宝鸡的非本次车的票，票价 10 元，上车进行补差业务），非本列票补票流程如图 4-82 所示。

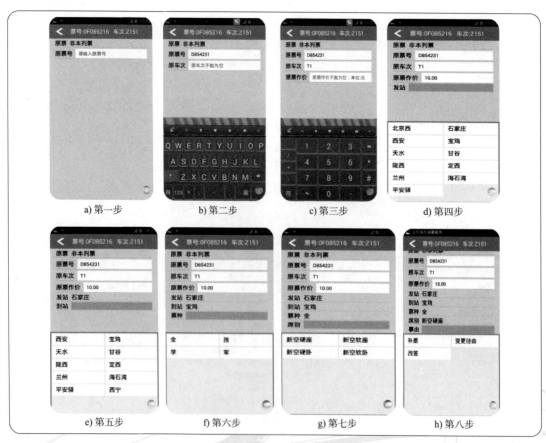

图 4-82

i) 第九步　　j) 第十步　　k) 第十一步　　l) 第十二步　　m) 第十三步

图 4-82　非本列票补票流程

(五) 废票处理

在补票系统主界面点击【业务处理】下的【废票处理】按钮,输入废票票号,点击【查询】按钮,点击【作废】按钮,确定作废,废票处理成功,废票处理流程如图4-83所示。

图 4-83　废票处理流程

(六) 联网补票

此时把该应用最小化,运行补票程序,进行联网补票,联网补票操作流程如图4-84所示。

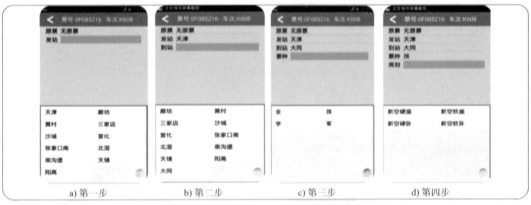

a) 第一步　　　b) 第二步　　　c) 第三步　　　d) 第四步

图　4-84

图 4-84 联网补票操作流程

【笔记区】

任务展示

(1)展示任务书,并进行讨论。
(2)通过小组讨论,总结电子客票移动检票设备和列车移动补票设备的组成。
(3)分组进行PPT汇报。

任务评价

任务4.3　了解电子客票移动检票和列车移动补票设备的组成

班级		姓名		日期	
项目		评价内容		分值	得分
师评	知识能力考核	掌握电子客票移动检票设备和列车移动补票设备功能		10	
		掌握电子客票移动检票设备操作技能		10	
		掌握列车移动补票设备操作技能		10	
	职业素养考核	出勤情况	出勤(　)　缺课(　)	5	
		任务书完成情况		10	
		任务书展示态度积极,口齿清楚,仪态得体		10	
		作业		10	
自评	自我反思(自填)			—	—
	任务书完成情况	完整(5分)	自主(5分)	10	
	是否展示汇报	是(5分)	否(0分)	5	
互评	任务书完成情况	能够积极参与讨论,完成任务书		10	
	展示汇报	能够在组内积极进行任务展示		10	
总分				100	

头脑风暴

(1)简述电子客票移动查验设备的操作方法。
(2)简述移动补票机设备的操作方法。
(3)补票机进入"补票操作"后,第一项任务是什么?
(4)对使用列车移动补票机办理补票时的操作程序有何要求?
(5)使用列车移动补票机时,对票据使用有何规定?
(6)对补票机打印不完整的车票(如字迹不全、票面不清、发到站错误、车次不正确等)应如何处理?
(7)对补票操作过程中打印车票前后的作业有何要求?
(8)怎样获取席位预览信息?

思政课堂 加强铁路客运设备设施的研发和生产，提升铁路客运服务质量

列车乘务员常常拿着一台黑色的触屏"手机"，时不时看一看、点一点。"她们一边工作一边看手机，这样真的好吗？"曾有旅客发出这样的疑问。其实，列车乘务员手中拿的并不是普通手机，而是站车无线交互系统设备，它可以帮旅客解决许多问题。

高铁上遗失的双肩包被迅速找回

某日，旅客张先生乘坐杭州到汉口的 D2188 次列车，于汉口站下车后将双肩包遗忘在列车上。当天值乘的列车长陈勇军接到 12306 工单后，第一时间赶到张先生乘坐的座席，并在上方行李架上找到了双肩包，同时电话联系张先生确认包内物品。经协商，陈车长于次日通过 D2194 次列车帮张先生将背包带回汉口。其实，张先生能如此迅速找回丢失的物品，要归功于铁路企业开发的功能强大的站车无线交互系统设备。

某日，武汉市民邬女士乘坐 G77 次列车前往长沙，10 时 19 分到达长沙南站。下车时，她不慎将一顶新买的帽子遗失在了座位上，出站时才发现。她第一时间拨打了 12306 铁路客服热线，并将她的座位信息 04 车 13D 告诉了客服人员。

没过多久，她就接到了列车长周女士的电话，周女士告诉她帽子找到了。电话里，她和列车长约定了交接物品的方式。客服人员受理了邬女士的诉求后，立即查询到了 C77 次列车的运行情况和值乘人员的情况，并将旅客邬女士遗失帽子的信息，以工单的形式发送到了列车长周女士的手持"交互机"上。列车长看到信息后，直奔 04 车 13D 座位，果然找到了仍然挂在衣帽钩上的帽子，并通过邬女士留的电话回复了她。

快速查找座位信息

列车工作人员手持的站-车无线交互系统设备，在外观上确实和普通手机没有太大区别，但它集合了近 10 项功能。

某日，由宁波开往武汉的 G582 次列车，杭州东站开车后，列车长余琴接到车站来电称有旅客将一个黑色双肩背包遗忘在 5 号车厢，包里有 6 万多元现金。如此多的现金，失主一定急坏了，余车长急忙和乘警一起寻找。由于失主张先生不能提供准确位置，大范围推广使用电子客票后，帮旅客查座位成了站-车无线交互系统设备一个非常重要的功能。

通过站-车无线交互系统设备查询,列车长终于在第 15 排座位找到这个黑色背包,里面果然有 60900 元现金。他们一捆一捆地清点,核对准确后,余车长把包交到宣城站,并通知张先生到车站领取。找回 6 万多元钱的张先生非常激动,多次致电向列车工作人员表达谢意。

据了解,站-车无线交互系统设备还有余票查询、挂失补办理、中转换乘等功能,这不但提高了乘务人员的工作效率,也帮旅客解决了许多问题。

加强设备设施的研发和生产有助于产品的升级、服务质量的提升,也促进了生产力的发展和社会的进步。不断研发新的铁路客运设备设施也是为了完善铁路客运服务产品,更好地为人民服务、为旅客服务。

(资料来源:"中国铁路"公众号,引文有改动)

请思考:

作为一名乘务服务人员,要与时俱进,熟练使用各种客运新设备、新设施,请讨论应该如何在增强综合素质上下功夫,不断提升服务品质和服务质量?

【笔记区】

参 考 文 献

[1] 谢立宏,王建军.铁路客运组织[M].3 版.成都:西南交通大学出版社,2017.
[2] 刘建国.高速铁路运输组织[M].北京:中国铁道出版社,2012.
[3] 李飞,梁炜昭.动车组认知与常用操作[M].北京:北京交通大学出版社,2018.
[4] 王海星.高速铁路概论[M].北京:中国铁道出版社,2021.
[5] 中国铁路总公司.铁路旅客运输规范[M].北京:中国铁道出版社,2014.
[6] 裴瑞江.高速铁路客运设备与设施[M].北京:中国铁道出版社,2019.
[7] 王越,万龙.高速铁路客运设备运用与管理[M].北京:人民交通出版社股份有限公司,2019.
[8] 袁绍东,刘涛.高速铁路客运设备设施[M].北京:北京交通大学出版社,2021.
[9] 钱铭,张大勇,廖洪涛.复兴号高原双源动力集中动车组关键技术[J].中国铁路,2022(06):1-9.
[10] 刘惠娟,李增楼,马辉,等.200km/h 市域动车组转向架构架组焊工艺[J].焊接技术,2022,51(05):93-97.
[11] 相阿峰.CR300AF 标准动车组牵引电机概述[J].电力机车与城轨车辆,2022,45(03):11-17.
[12] 李富强.柴国利.速度 200km/h 动力集中型动车组关键技术分析研究[J].智慧轨道交通,2022,59(02):50-55.
[13] 邵林,杨欣,郭奇宗,等.时速 400 公里动车组紧急制动距离标准设计研究[J].铁道机车车辆,2021,41(05):144-148.
[14] 国家铁路局.高速铁路设计规范:TB 10621—2014[S].北京:中国铁道出版社,2014.